L'UTOPIE

THOMAS MORE

L'UTOPIE

ou

Le Traité de la meilleure forme de gouvernement

Traduction de Marie DELCOURT

Présentation et notes
par Simone GOYARD-FABRE
Professeur à l'Université de Caen

*Publié avec le concours
du Centre National des Lettres*

GF-Flammarion

© 1987, FLAMMARION, Paris,
pour cette édition
et pour la traduction de Marie Delcourt.

(1re édition : 1966)

ISBN : 2-08-070460-5

REPÈRES CHRONOLOGIQUES

HISTOIRE	VIE CULTURELLE
1450 Essor de l'imprimerie.	
1453 Fin de l'Empire de Byzance.	
1455 Début de la guerre civile dite « Guerre des Deux-Roses » (entre Richard d'York — la rose blanche — et Henri VI de Lancastre — la rose rouge).	Marsile Ficin : *Institutiones platonicae.*
1461 Mort de Charles VII ; avènement de Louis XI.	
1463 Création des Etats généraux des Pays-Bas.	Marsile Ficin commence à traduire Platon. Naissance de Pic de la Mirandole (1463-1494).
1467 Charles le Téméraire succède à Philippe le Bon.	Naissance de Guillaume Budé (1467-1540).
1469 Isabelle de Castille épouse Ferdinand d'Aragon.	Naissance d'Erasme (1469-1536). Naissance de Machiavel (1469-1527).
1470	L'imprimerie est introduite en Sorbonne.
1471	Naissance d'A. Dürer (1471-1528).

1473	Naissance de Copernic (1473-1542).
1474	Naissance de l'Arioste (1474-1533).
1475 Charles le Téméraire envahit la Lorraine.	Naissance de Michel-Ange (1475-1564).
1476 Charles le Téméraire battu par les Suisses. Révolte de la Lorraine.	
1477 Mort de Charles le Téméraire.	Création de l'Université d'Upsal.
1478	**NAISSANCE DE THOMAS MORE**
1481 Institution de l'Inquisition en Espagne. Torquemada.	
1482	Découverte de l'embouchure du Congo.
1483 Mort de Louis XI. Mort d'Edouard IV ; Richard III, son frère, s'empare de la couronne d'Angleterre en faisant assassiner les fils d'Edouard.	Naissance de Luther (1483-1546). Naissance de Guichardin (1483-1540). Naissance de Raphaël (1483-1520).
1484 Bulle papale contre la sorcellerie.	Naissance de Zwingli (1484-1531). Marsile Ficin traduit Plotin. Rencontre de Marsile Ficin et de Pic de la Mirandole.
1486	Voyage de Covilham et Païva dans l'océan Indien. Condamnation de Pic de la Mirandole par le pape.
1488	Bartolomeu Dias double le cap de Bonne-Espérance.

1489		Commynes commence la rédaction des *Mémoires*.
1490		Naissance de Thomas Münzer (1490-1525). Lefèvre d'Etaples : *Introduction à la Métaphysique* d'Aristote.
1491		Naissance d'Ignace de Loyola.
1492	Christophe Colomb aborde aux Antilles.	Lefèvre d'Etaples : Paraphrase sur la *Physique* d'Aristote.
1494	Chute des Médicis à Florence.	Naissance de Rabelais (1494-1553).
1495	Constitution de la Sainte Ligue.	
1497	Excommunication de Savonarole. Début du voyage de Vasco de Gama.	Naissance de Melanchthon (1497-1560).
1498	Mort de Charles VIII ; avènement de Louis XII. Mort de Savonarole.	
1500		Erasme : premiers *Adages*.
1501	Des esclaves noirs partent pour l'Amérique.	
1503		Albuquerque en Inde.
1507		Naissance de Michel de l'Hospital (1507-1573).
1509	En Angleterre, Henry VIII succède à Henry VII (il régnera jusqu'en 1547). Il épouse Catherine d'Aragon.	Naissance de Calvin (1509-1564). Naissance de Michel Servet (1509-1553). Naissance d'Etienne Dolet (1509-1546).
1511		Erasme : *Eloge de la Folie*.

1512	Naissance de Mercator (1512-1594).
1513	Naissance de Jacques Amyot (1513-1593).
1514 Mort de Louis XII.	Guillaume Budé : *De asse*.
1515 Avènement de François Ier. Wolsey, chancelier d'Angleterre.	Naissance de sainte Thérèse d'Avila (1515-1582).
1516 Mort de Ferdinand d'Aragon. Avènement de Charles Quint.	Erasme édite le *Nouveau Testament*.
1516	Machiavel : *Le Prince*. Thomas More : *L'Utopie*. L'Arioste : *Le Roland furieux*. Pomponazzi : *Tractatus de immortalitate animi*.
1517	Publication des 95 thèses de Luther contre les indulgences. Naissance d'Ambroise Paré (1517-1590).
1520 Camp du Drap d'or. Découverte du détroit de Magellan. Révolte du Mexique contre Cortès.	Luther : *Appel à la noblesse chrétienne ; De captivitate babylonica ; De libertate christiana*.
1521 Diète de Worms ; elle met Luther au ban de l'Empire.	Machiavel : *De l'art de la guerre*. Melanchthon : *Loci communes*.
1522 L'Inquisition aux Pays-Bas. Naissance de l'anabaptisme en Allemagne.	Erasme : *Colloques*. Naissance de J. du Bellay (1522-1561). Luther : *De l'autorité temporelle*.

Vivès : *De ratione studii.*
Holbein : portrait d'Erasme.

1524 Mort de Bayard.
Pizarre chez les Incas.

Luther : *Lettre aux princes de Saxe.*
Erasme : *De libero arbitrio.*
Naissance de P. de Ronsard (1522-1585).
Naissance de F. Hotman (1522-1590).

1525 Bataille de Pavie.

Luther : *De servo arbitrio.*
Naissance de Breughel le Vieux.
Mort de Müntzer.

1526

Ignace de Loyola : *Exercices spirituels.*

1527 Henry VIII et François Ier font la guerre à Charles Quint.

Le luthéranisme, religion d'Etat en Suède et au Danemark.

1529 Opposition du pape Clément VII au divorce d'Henry VIII.
Disgrâce de Wolsey.
Thomas More chancelier d'Angleterre.

Triomphe de la Réforme.
Développement de l'anabaptisme aux Pays-Bas.
Guillaume Budé : *Commentarii linguae graecae.*

1530 Couronnement impérial de Charles Quint.
Confession d'Augsbourg.

1531 Henry VIII se déclare chef de l'Eglise anglaise.

Naissance d'Henri Estienne (1531-1598).

1532 Démission de Thomas More.

Rabelais : *Grandes et inestimables chroniques de Gargantua. Faits et prouesses de Pantagruel.*
Robert Estienne : *Thesaurus linguae latinae.*

1533 Henry VIII épouse Ann Boleyn.

Calvin adhère à la Réforme.

Naissance d'Elizabeth. Thomas Cromwell chancelier de l'Echiquier.

Naissance de Montaigne (1533-1592).

1534 Début de la révolte du Pérou contre Pizzare.

Jacques Cartier au Canada.
Rabelais : *Vie du grand Gargantua*.
Budé : *De transitu*.

1535 Massacre des anabaptistes à Müntzer.
EXÉCUTION DE THOMAS MORE et de Fisher
François Ier et Charles Quint reprennent la guerre.

La Réforme adoptée à Genève.

1536 Exécution d'Ann Boleyn.

Calvin à Genève.
Mort d'Erasme.

1537 Lorenzaccio assassine Alexandre de Médicis.

1540 Henry VIII épouse puis répudie Anne de Clèves. Exécution de Thomas Cromwell.

1547 Mort d'Henry VIII ; avènement d'Edouard VI.
Mort de François Ier ; avènement d'Henri II.

1548

La Boétie rédige le *Discours de la servitude volontaire*.

La liste des repères chronologiques se rapportant à la fin du XVIe siècle se trouve dans notre édition de La Boétie, Discours de la servitude volontaire, *GF Flammarion, 1983.*

THOMAS MORE
ET
L'UTOPIE

Les références au texte de *L'Utopie* sont données :
1. en caractères romains, à l'édition de Marie
Delcourt (Renaissance du Livre, Bruxelles ; reprint
Droz, Genève, 1983) ;
2. en caractères *italiques,* à notre édition.

INTRODUCTION

La vie et l'œuvre de Thomas More s'inscrivent dans un temps de mouvance où des drames sanglants se mêlent à des créations éblouissantes. En effet, le début du xvie siècle est, partout en Europe, secoué de guerres et d'intrigues ; les questions religieuses, âprement débattues, conduisent, ici, à l'Inquisition, là, à la Réforme. Mais, simultanément, le monde géographique s'élargit grâce aux grandes découvertes tandis qu'un incomparable élan illumine la vie culturelle. C'est en ce temps de contradictions, marqué aussi bien par le sac de Rome et le début de la traite des Noirs que par l'explosion intellectuelle qui engendre les œuvres d'Erasme, de Commynes et de Rabelais, que Thomas More invente un néologisme appelé à une ample fortune. Son *Utopia*, en 1516, expose ce que l'on a généralement considéré comme l'un des « rêves » politiques de la Renaissance : « rêve » si puissant qu'il se déroule en l'Ile de Nulle-Part et que, par-delà tous les lieux et tous les temps, l'*eutopie* vient en lui couronner l'*utopie* et l'*uchronie*[1].

---

1. L'*Utopie*, par la formation même du mot, désigne la contrée qui n'est nulle part : le *ou* de *ou-topos* ou *u-topie*, est privatif ; comme elle n'a existé ni n'existera en aucun temps, l'u-topie est aussi, selon la même formation linguistique, *ou-chronos* ou *u-chronie*.

Dans le sizain qui, en tête des deux éditions de Bâle de 1518, précède la carte d'*Utopie*, More donne à son île le nom d'*Eu-topie* : elle est l'île du bonheur.

Sans l'avoir vraiment voulu, More créa un genre littéraire pour lequel les siècles à venir devaient s'engouer : de l'abbaye de Thélème au phalanstère de Fourier, en passant par la *Cité du Soleil*, la *Nouvelle Atlantide* ou la fête révolutionnaire, nombreux furent les auteurs qui ciselèrent la dialectique par laquelle les légendes dorées permettent de fuir les noires réalités. L' « utopie » devint l'écriture fantastique d'un principe d'espérance : la métaphore apte à véhiculer, dans son défi au temps, les règles de bonheur des sociétés idéales.

A dire vrai, More ne s'était guère soucié d'inventer un genre littéraire. Parce que l'Angleterre, minée par les tristes exploits des princes aux lendemains de la Guerre des Deux-Roses, épuisée par la cupidité des seigneurs en armes, était politiquement et socialement malade, More avait cherché une « forme de gouvernement[1] » dont l'excellence pût écarter les maux et les malheurs. Il traça donc l'épure d'une île idéale dont la coupure topographique devait faire le lieu d'une république parfaite.

Le « beau rêve », assurément, correspond au besoin d'évasion que More partageait avec la plupart des humanistes de la Renaissance. Mais, d'une part, l'Utopie morienne n'est pas un paradis artificiel : elle ne ressemble ni à la province de Bigoudi décrite dans le *Décaméron* (Boccace, 8e journée, 3e nouvelle), ni au Pays de Cocagne peint par Breughel l'Ancien. Loin de faire miroiter les chimères d'une terre d'élection, elle propose plutôt les projets prudents d'un homme d'Etat qui, pour conjurer la décadence de la Cité, entend allier l'éthique et la politique. En effet, d'autre part, ce serait détourner *L'Utopie* de son sens que d'omettre ou même d'atténuer la profondeur spirituelle du message qu'elle apporte. Ainsi lorsque Rabelais, seize ans plus tard, accentue jusqu'au mythe l'idéalité utopique, il est infidèle à l'esprit de More :

---

1. Le titre exact est : *L'Utopie ou le traité de la meilleure forme de gouvernement.*

Pantagruel a beau être né de l'union de Gargantua et de Badebec, fille du roi des Amaurotes en Utopie, il a perdu le sérieux et la ferveur des Utopiens inventés par Thomas More. L'univers de liberté des Thélémites est un ailleurs fantastique où la vie intérieure, si importante chez More, ne compte guère. De même, chez les Sévarambes de Veirasse ou au pays de Macaria, la topographie utopique ne vise guère qu'à provoquer le merveilleux du dépaysement géographique et politique : ce sont des mondes clos dont l'image charme et envoûte. C'est à une tout autre altitude que se situe *L'Utopie* de More. Le merveilleux qui nimbe l'Ile de Nulle-Part possède une bivalence troublante : il est à la fois matériel et spirituel. Ce tour extraordinaire, en quoi s'allient le vecteur d'évasion et la force de la foi est inimitable, ce qui explique l'altération et les mutations sémantiques d'un néologisme dont la richesse s'est très vite changée en ambiguïté.

Afin de saisir le sens de *L'Utopie*, il faut interroger tout ensemble la vie de Thomas More et, par-delà sa compréhension réaliste du problème politique, sa conception de la nature humaine.

I

LA VIE DE THOMAS MORE
1478-1535

BIOGRAPHIES

In *Histoire des Rois de Bretagne* de Geoffroy de Monmouth, notes manuscrites de John More — père de Thomas — écrites sur les pages blanches (cité par A. Prévost, édition de *L'Utopie*, p. 33); Manuscrit 1125 Galfro Monumetensis, Historia Regum Britanniae, f° 140, Trinity College, Cambridge.

BRIDGETT, *Life and Writings of blessed Thomas More*, Londres, 1891.

DUDOCK G., *Sir Thomas More and his Utopia*, Amsterdam, 1923.

HARPSFIELD N., *The Life and Death of Sir Thomas More*, Londres, 1932.

LEYRIS P., *Thomas More, Ecrits de prison et vie de Sir Thomas More*, Paris, Seuil, 1953.

ROPER W., *The Life of Sir Thomas More*, Londres 1935; trad. française par Pierre Leyris, cité précédemment.

RO : BA[1], *The Lyfe of Syr Thomas More, sometymes Lord Chancellor of England*, 1599; éd. E. H. Vaughan, Londres, 1950.

WALTER, *Thomas More et son époque*, 2ᵉ éd., Tours, 1855.

---

1. Ces mystérieuses initiales désignent un auteur anonyme.

Les dates d'une vie

1478 : Les biographes ne sont pas d'accord sur la date de naissance de Thomas More. Très vraisemblablement pourtant, il est né à Londres le 7 février 1478. Son père, haut magistrat londonien, entendit ne rien négliger pour l'éducation de son fils. Confié d'abord aux maîtres raffinés de Saint Anthony School, le jeune garçon fut initié très tôt au latin et à la rhétorique — ces deux enseignements, dont la conversation d'Hythlodée portera la marque — allant d'ailleurs de pair.

1490 : Thomas More entra comme page dans la « maison » de John Morton, grand personnage du temps, archevêque de Cantorbéry, grand chancelier du Royaume depuis 1487 et cardinal en 1493. Auprès de cet homme hors du commun, le jeune garçon reçut une éducation sévère et commença son initiation politique. Tandis que le cardinal discernait chez l'adolescent de très riches promesses — « il deviendra certainement un homme extraordinaire », aurait-il déclaré [1] —, Thomas More était, quant à lui, tellement frappé par la sagesse lucide du prélat qu'il dessinera dans *L'Utopie* un portrait généreux de ce ministre que, pourtant, l'Angleterre n'appréciait que fort médiocrement [2].

1492 : Nanti de ce premier bagage, le jeune More partit, à l'âge de 14 ans, pour l'université d'Oxford. Là, il devait parfaire sa connaissance de la rhétorique et du latin. Il apprit le grec et la philologie avec William Grocyn et

---

1. W. ROPER, *La Vie de Sir Thomas More*, trad. P. Leyris, Seuil, 1953, p. 5.
2. Cf. *L'Utopie*, livre I, p. 17 ; p. 93.

Thomas Linacre. Parmi ses maîtres, il faut citer également John Colet dont la culture humaniste, la pureté morale et la piété constituèrent pour sa pensée un apport décisif. L'enseignement reçu non seulement lui permit de lire, avec son ami William Lily, les *Dialogues* de Lucien de Samosate [1], dans lesquels il découvrit la valeur de l'ironie et du sophisme comme chemins de la vérité, mais les institutions avec lesquelles il se familiarisa devaient lui fournir un modèle pour régler la vie intellectuelle de ses Utopiens [2].

1494 : Son père, inquiet de voir More se passionner pour les antiquités grecque et latine, le fit inscrire à New Inn puis, deux ans plus tard, à Lincoln's Inn afin qu'il y apprît le droit. Bien qu'il eût avoué n'avoir guère de goût pour la science juridique, il fit des études brillantes.

1499 : Après avoir soutenu une thèse, aujourd'hui perdue, More obtint son inscription — il n'avait que 21 ans — au barreau de Londres.
C'est à cette époque, probablement après un dîner chez Lord Mountjoy, que More rencontra Erasme. Malgré la différence d'âge — Erasme a douze ans de plus que More —, les deux hommes se lièrent d'amitié. Dorénavant, ils entretiendront une correspondance assidue et, plus tard, en 1508-1509, c'est dans la demeure de More qu'Erasme achèvera l'*Eloge de la Folie* en la dédiant à son jeune ami. En 1517-1518, c'est Erasme qui surveilla la publication et les corrections de *L'Utopie* (3e et 4e édition).

1503 : More, élu « professeur de droit » par ses pairs, enseigna à Furnivall's Hall, annexe de Lincoln's Inn. Mais, bien qu'il eût toujours éprouvé grand plaisir à fréquenter le monde gréco-latin (avec W. Lily et Erasme, il avait traduit, outre les *Œuvres* de Lucien, des épigrammes grecs en latin), il devait embrasser alors la carrière politique. Elu membre de la Chambre des Communes, il se fit remarquer aussitôt par la fermeté avec laquelle il refusa de voter les subsides réclamés par le roi Henry VII, dont les caprices et les dépenses somptuaires le scandalisaient.

---

1. Il composa même en 1506 des *Luciani Compluria Opuscula*, version latine de trois *Dialogues* de Lucien.
2. Cf. *L'Utopie*, livre II, p. 65-69 ; p. *146-148*.

C'est l'époque aussi où, quatre années durant, il aurait accompli une retraite à la Chartreuse de Londres. Là, il partagea l'existence des moines et acquit une connaissance minutieuse de la Bible[1]. Il découvrit avec ravissement l'œuvre mystique de Denys l'Aréopagite.

Dès cette époque de jeunesse, sa piété n'avait d'égale que son amour de la politique. Il ne sembla pas avoir eu en effet, quoi qu'on en ait dit parfois, de vocation pour les ordres monastiques, dans lesquels se glissent toujours — *L'Utopie* le rappellera non sans malice — quelques moines nonchalants préoccupés de tout autre chose que de religion.

1504 : Thomas More ne tarda pas d'ailleurs à se marier, non sans sacrifier son véritable amour, puisqu'il épousa par devoir Jane Colt, sœur aînée (elle n'avait cependant que 17 ans) de la jeune fille qui avait conquis son cœur. Sa vie de famille, auprès d'une jeune épouse pleine d'admiration à laquelle il apportait une éducation raffinée, fut heureuse mais brève. Jane lui donna quatre enfants — trois filles et un fils — dont l'aînée, Marguerite, devint Mrs. Roper ; selon Marie Delcourt, elle fut « la vraie fille de son intelligence et de son cœur[2] ». Mais Jane More mourut en 1514. Quelques semaines plus tard, More se remaria avec une veuve, Alice Middleton, qui lui fut infiniment dévouée.

Quant à sa vie professionnelle, elle ne manquait pas d'originalité. Jeune avocat, il refusait toujours de plaider une cause où la morale lui paraissait offensée. Il cherchait moins d'ailleurs à gagner sa vie qu'à réconcilier les parties en litige. Devenu en 1510 sous-shérif de la Cité de Londres, il s'employa moins à l'action judiciaire du prétoire qu'à l'action pacificatrice des esprits, surtout parmi la population ouvrière de la ville.

En vérité, il projetait ses préoccupations morales et spirituelles dans tout ce qu'il faisait. Sa vie politique, tout particulièrement, était le miroir de sa haute spiritualité. Homme de devoir avant tout et lecteur attentif, à cette époque de sa vie, du *De Civitate Dei* de saint Augustin, il tolérait très mal l'intransigeance tyrannique du roi Henry VII. Il dut même, en 1508, s'exiler en France.

---

1. Cf. G. MARCHADOUR, *Thomas More et la Bible*, Vrin, 1963.
2. *In* Introduction à *L'Utopie*, éd. Droz, 1983, p. 13.

1509 : L'avènement d'Henry VIII l'emplit d'espoir. Il rentra à Londres où il reprit sa profession d'avocat. Le jeune prince, célèbre alors par son humanisme, remarqua le brillant magistrat lors d'une audience. Il le pria de se mettre à son service. La piété et l'humilité de More l'amenèrent à n'accepter sa promotion comme sous-shérif de Londres — puis, plus tard, comme grand chancelier — qu'avec « résignation ». Il aimait en effet son métier d'avocat ; mais participer à la vie politique du Royaume lui apparut comme un devoir. Il voulait qu'Henry VIII devînt « un père pour le peuple et non un maître d'esclaves ».

1515 : L'une des premières missions officielles de More — qu'évoque la première page de *L'Utopie* — le dépêcha à Bruges, de mai à octobre 1515. Il devait y débattre d'affaires commerciales. De Bruges, il gagna Anvers, cité de lettrés dont il appréciait l'humanisme généreux. C'est chez son ami Pierre Gilles (1487-1533), secrétaire de la Ville et correcteur chez Thierry Martens, éditeur à Louvain, que, ayant à l'esprit l'exemple de Pic de la Mirandole, il imagina la rencontre avec Raphaël Hythlodée qui ressemble comme un frère à son éblouissant modèle.
Au retour de sa mission dans les Flandres, il rédigea le récit du voyage imaginaire d'Hythlodée — la seconde partie de *L'Utopie*. Mais ses fonctions l'absorbant tout entier, il délaissa son projet, qu'au dire d'Erasme, il caressait pourtant depuis 1509 afin de faire diptyque avec l'*Eloge de la Folie*. Son manuscrit demeura donc inachevé. Néanmoins, Erasme le pressant de le terminer, More céda à ses instances. Il composa la première partie, une lettre-préface, une conclusion dédiée à Pierre Gilles, et il confia l'ensemble à Erasme.

1516 : La publication du livre en latin fut un prodigieux succès. Bien qu'il fût compris de diverses manières, il suscitait un flot d'éloges, sans être pour autant traduit en anglais.
Dans le même temps, Henry VIII — qui ne semble pas avoir connu le livre de More — lui prodiguait maintes attentions, exigeant en contrepartie toujours plus de son humanisme et de son amitié. En 1518, il le nomma membre du Conseil privé du Roi. Le cardinal Wolsey qui, depuis 1516 justement, était le chancelier d'Henry VIII,

ne voyait pas d'un œil serein l'ascension de More dont la droiture, les hautes compétences en matière de politique et d'administration aussi bien que l'indépendance d'esprit jusque dans les affaires religieuses le troublaient fort.

1520 : Le roi Henry VIII pria Thomas More de l'accompagner au somptueux camp du Drap d'or où il rencontra le roi de France François Ier. La magnificence étalée par le monarque français sembla à More de mauvais goût et de mauvais aloi. Mais il lui apparut que le roi d'Angleterre, par son intelligence et par son prestige, pouvait devenir l'arbitre de l'Europe conformément à la fière devise qu'il avait adoptée : « Qui je défends est maître. »

1521 : More accompagna à Bruges le chancelier Wolsey. C'était l'époque où Henry VIII composait contre Luther un traité théologico-politique qui devait lui valoir le titre de « défenseur de la foi ».

En cette même année 1521, se situe la dernière rencontre de More avec son ami Erasme.

1524 : More, heureux, s'installa à Chelsea, à deux miles de Londres, dans la demeure qu'il avait fait construire pour les siens.

Erasme a fait le récit de la vie chaleureuse qui se déroulait dans la demeure familiale [1] ; il compare la confortable maison à « une école ou université de christianisme », vante la pratique des sciences libérales et, surtout, la vertu qui y accompagne la gaieté.

1527 : Thomas More fut envoyé par le roi en mission de confiance à Amiens. Cependant, il prit nettement position dans l'affaire du divorce d'Henry VIII et de Catherine d'Aragon [2]. Ce divorce, en effet, heurtait tout ensemble sa foi catholique et son sens moral. En cour de Rome, l'affaire traîna en longueur. Le pape était d'autant moins favorable à ce divorce que Catherine, tante de Charles Quint, avait une très grande puissance en Italie.

---

1. Ce récit se trouve dans sa lettre à Ulrich von Hutten, *in* P. S. ALLEN, *Opus Epistolarum Desidorii Erasmi denue recognitum et auctum*, Oxford, 7 vol., 1906-1928, *in* tome IV.

2. Le mariage, à raison de la parenté qui unissait le roi et la reine, n'avait pu avoir lieu qu'avec une dispense accordée par le pape Jules II. Ce fut après dix-huit ans de mariage qu'Henry VIII s'avisa, selon la parole officielle, de l'irrégularité de cette dispense ; aussi demanda-t-il au pape Clément VII d'en prononcer l'annulation.

1529 : Malgré les pressions exercées sur lui par le roi qui crut obtenir ses faveurs en le désignant comme grand chancelier après l'éviction de Wolsey, More ne modifia pas son attitude. Sa piété, de plus en plus profonde, lui dicta de demeurer hostile au divorce du roi.

1530 : Nonobstant le poids et les difficultés de sa charge politique, More prit part aux querelles théologiques engendrées par le mouvement de la Réforme. Il composa plusieurs textes (*Supplication of Souls ; Dialogues*, 1531 ; *Answer to Frith*, 1532) dans lesquels il plaida avec une conviction émouvante en faveur de l'Eglise catholique et de l'unité de la foi chrétienne.
More, par un effort colossal, entreprit dans le même temps d'assainir le monde judiciaire dans lequel Wolsey avait laissé s'installer laxisme et irrégularités. Malgré la ferveur de son catholicisme, il ne se montra jamais intolérant envers les protestants.

1532 : Le roi, ayant pressé More d'user de son plus haut prestige pour obtenir du Parlement des décisions dont il ne pouvait approuver la teneur, en vint à le contraindre de lire à la Chambre basse des déclarations plus ou moins authentiques selon lesquelles les plus grandes universités d'Angleterre, de France et d'Italie reconnaissaient la validité de son divorce. Par souci de droiture, More remit sa démission au Roi, rendant le sceau sous prétexte de sa mauvaise santé. Henry VIII devait ne jamais le lui pardonner.

1533 : Le roi confisqua les biens de Thomas More qui dut tristement quitter Chelsea.
Cranmer, archevêque de Cantorbéry, ayant, par ambition, prononcé la nullité du mariage royal avec Catherine, Ann Boleyn fut couronnée reine d'Angleterre.

1534 : Henry VIII, furieux d'être excommunié par le pape, fit voter par le Parlement l'*Acte de suprématie* qui le plaçait à la tête de l'Eglise d'Angleterre. Il n'en fut que plus à l'aise, à l'heure où il commença à persécuter le clergé monastique, pour accuser Thomas More de complicité avec Elizabeth Barton, « la nonne du Kent », qui avait prophétisé les malheurs d'Henry VIII après son union avec Ann Boleyn.
Il réclama des prêtres de Londres et de Westminster un double serment : la reconnaissance de sa suprématie

spirituelle et leur allégeance envers les descendants de la reine Ann[1].

More, à qui — bien qu'il ne fût point prêtre — avait été intimé l'ordre de prêter ce double serment, refusa[2]. Il fut arrêté et enfermé à la Tour de Londres.

1535 : Pendant une année, More, en prison, subit de mauvais traitements et les pressions incessantes du roi. Sa résistance ne faiblit pas.

Le roi obtint que le Parlement décrète de haute trahison toute opposition au roi comme chef spirituel. Au prix d'un faux témoignage de l'attorney général Rich, More fut donc accusé de haute trahison et condamné, le 1er juin, à être pendu, exposé et écartelé.

Henry VIII transmua cette condamnation. Le 6 juin, More, en même temps que son ami l'évêque Fisher, fut décapité à Tower Hill.

---

1. Mary, fille de Catherine, était exclue du droit de succession à la couronne tandis qu'Elizabeth, fille d'Ann Boleyn, était proclamée héritière de la couronne. Elle succédera effectivement à Marie Tudor et régnera sur l'Angleterre de 1558 à 1603.

2. A l'instigation de Fisher, évêque de Rochester, ainsi que de quelques amis, More avait admis la question successorale ; mais il demeura intransigeant sur la question religieuse.

II

LE SENS DE L'UTOPIE

L'Utopie, qui emporte le lecteur sur l'Ile de Nulle-Part, est, a-t-on dit, « un extraordinaire exercice de rhétorique ». Il est même incontestable que le livre, par son plan, par les techniques de l'écriture et, plus encore, par la vivacité d'esprit qui, sous l'influence de l'élégance érasmienne, s'y manifeste, a enfanté dans la république des lettres un genre littéraire aux effets stylistiques et esthétiques puissamment durable.

Mais More a une formation de juriste et il est homme de loi. En outre, les idées et l'action politique le fascinent. Comme naguère Aristote — dont Lefèvre d'Etaples vient de commenter la *Physique* et la *Métaphysique* —, et à l'opposé des habitudes de logique formelle de la scolastique dont, après Erasme, il a si souvent déploré le peu de pertinence, More a accumulé des notes et des remarques sur les lois et les usages de toutes les sociétés dont il a pu avoir connaissance, soit par la lecture des Anciens, soit à travers les travaux des savants ou les récits des voyageurs de son temps. Comme Machiavel, dont il est l'exact contemporain [1], il est sensible au réalisme des situations politiques et économiques, au caractère dramatique de la condition sociale. Aussi bien *L'Utopie* n'est-elle pas — pas davantage en tout cas que

---

1. Machiavel (1469-1527) commence à écrire *Le Prince* et les *Discours sur la première décade de Tite-Live* en 1513.

l'*Eloge de la Folie* ou *Le Prince* — un simple exercice
de rhétorique. « La meilleure forme de gouvernement [1] » n'est pas rêvée par More selon les formes
pures de l'éloquence. Thomas More est beaucoup trop
curieux de l'événement et de l'histoire, trop ouvert au
monde social, trop soucieux de l'expérience vécue,
trop avide d'action et de justice, trop épris de droiture
pour se complaire dans les images et les mirages du
romanesque littéraire.

A l'heure où il met sur le métier les pages qui
deviendront son chef-d'œuvre, son office d'avocat, ses
missions diplomatiques et sa magistrature civile ont
fait de lui un observateur lucide et un juge impartial.
Loin de chercher l'évasion dans un ailleurs idéal, il
construit, avec un étonnant réalisme, la charpente
juridique et sociale d'une *autre* politique en laquelle se
liguent, afin de conjurer la folie des hommes, les
puissances institutionnelles et morales d'un anti-
monde. Ce réalisme de l'altérité est, tout ensemble,
une lutte politique et un combat spirituel.

1. LE RÉALISME DE L'ALTÉRITÉ.

A. Prévost a reconstitué l'histoire de la rédaction de
L'Utopie [2]. Etant établi que le livre II a été rédigé
antérieurement au livre I, il rappelle que More, depuis
1510, a amassé, à l'instigation de son ami Erasme,
documents et réflexions ; que, lors de sa mission dans
les Flandres, il mit de l'ordre dans ses notes de travail
sans pour autant élaborer une suite de chapitres ;
qu'au cours de l'automne 1515, à Bruges puis à
Anvers, tirant profit des *Voyages* du navigateur Amerigo Vespucci au Nouveau Monde [3], il insuffla à son
texte originaire une dimension et un accent nouveaux.

1. Tel est le sous-titre de *L'Utopie*.
2. A. PRÉVOST, *Introduction* à l'édition de *L'Utopie*, p. XLI.
3. Amerigo Vespucci (1451-1512) avait publié en 1507, à Saint-
Dié, ses *Quatuor Americi Vespuccii Navigationes*.

Il importe d'en saisir l'inspiration profonde pour comprendre le sens de *L'Utopie*.

a. *Aux sources de l'Utopie.*

L'humanisme évangélique des maîtres d'Oxford avait, très tôt, orienté More vers les défenseurs de la foi. Sous l'influence de John Colet, il avait découvert, dans l'œuvre de Pic de la Mirandole, l'importance de la Bible, de Plotin et de saint Augustin. La lecture du *De civitate Dei* fut pour lui un voyage dans l'au-delà dont la dimension métaphysique a pu prendre valeur d'archétype fondamental. L'amitié d'Erasme et les heures passées avec lui pour traduire les *Dialogues* de Lucien de Samosate avaient attisé en son esprit l'attrait du périple extraordinaire et, surtout, stimulé une sensibilité critique qui le conduisit aussitôt à dénoncer l'imposture de ces théologiens et de ces moines qui, manquant à leur vocation véritable, distillent le venin de la superstition et des miracles.

Sans doute ne s'agit-il point là, à proprement parler, des « sources » de *L'Utopie*. Car l'érudition de More est pratiquement sans limites. Il est probable que, sans qu'il ait versé dans l'éclectisme, son immense savoir ait fourni bien des pierres à la construction de *L'Utopie*. Ainsi, ni le stoïcisme ni l'épicurisme n'ont de secrets pour More. Cicéron, Denys l'Aréopagite, Epictète, saint Jean Chrysostome, Dante peut-être... lui ont fourni le matériau d'une topologie eschatologique en laquelle se retrouvent d'ailleurs nombre des préoccupations de l'humanisme renaissant. Cela n'a rien d'extraordinaire quand on côtoie Erasme et Guillaume Budé. Mais il est remarquable que, dès ses années d'étude, More se soit nourri d'un humanisme chrétien qui est un mélange de la sagesse évangélique puisée dans les Textes sacrés ou chez les Pères de l'Eglise et de la sagesse antique dont Platon et le néo-platonisme lui offraient le modèle.

Il n'est pas douteux en effet que, directement et, surtout, à travers Marsile Ficin, More ait admiré Platon : il aimait non seulement le philosophe de *La*

République, mais aussi celui du *Philèbe* et du *Timée*.
Nombre de détails de la vie des Utopiens — la
propriété commune des terres, une éducation identique pour les deux sexes, l'élite des savants et des
magistrats, les rapports du bonheur et de la justice,
l'importance des lois... — rappellent les exigences de
la Cité platonicienne. Seulement, lors même que les
remparts de l'île d'Utopie ressemblent fort aux fortifications de l'Atlantide, lors même que la distinction
établie par le *Cratyle* entre l'*himeros* et le *pothos*[1]
préfigure avec précision l'opposition de la *dystopie* et
de l'*eutopie* qui fournit sa structure au livre de More,
l'idéalisme platonicien n'est pas le moule de la pensée
politique qu'expose *L'Utopie*[2]. Nous irons même
jusqu'à dire que More n'est pas du tout « philosophe »
au sens où l'est le maître de l'Académie. D'une part, le
logos nécessaire à « l'art royal » défini par l'*Euthydème*
(291 b-d) et qui glisse en lui la « concorde » et
l' « unanimité » (*République*, I, 351 d 5-6 et IV, 442 c
10- d 12) par lesquelles il est la réplique de l'ordre du
monde décrit par le *Timée* (cf. *Lois*, V, 746 e sq et VI,
771 b), n'a guère de place chez Thomas More. D'autre
part, si More appelle de ses vœux le règne des rois-
philosophes, ce n'est pas, selon lui, la contemplation
des essences intelligibles qui est nécessaire pour
permettre le gouvernement des hommes dans la Cité ;
il ne conçoit pas la politique dans la perspective
dialectique de la connaissance vraie. Il existe, enfin,

---

1. *Cratyle*, 420 a. L'*himeros* est le désir caractérisé par sa
démesure et son instabilité devant les choses présentes. Le *pothos* est
le désir d'aller toujours plus loin vers l'ailleurs et l'impossible. Cf.
Victor EHRENBERG, *Alexander and the Greeks*, Oxford, 1938.
2. La thèse du platonisme de More est soutenue par J. SERVIER,
Histoire de l'Utopie, Paris, Gallimard, 1967, p. 134 et par G. DU-
DOK, *Sir Thomas More and his Utopia*, Amsterdam, 1923, p. 88.
R. TROUSSON, in *Voyages aux pays de Nulle-Part*, Bruxelles,
1975, avec beaucoup de nuances, refuse globalement cette thèse et
considère que, « même dans les détails, les identités sont plus
apparentes que réelles » (p. 56). « Si More, ajoute-t-il, se définit par
rapport à Platon, c'est au moins autant par contraste que par
ressemblance » (p. 57).

dans la politique platonicienne et, tout particulièrement, dans la législation civile, un jeu subtil de la
nécessité et de la raison auquel More n'est pas assez
philosophe pour faire référence. Le « platonisme » de
Thomas More est un platonisme de cœur beaucoup
plus qu'une adhésion philosophique. Cela suffit certainement à expliquer que les Utopiens possèdent en
leurs bibliothèques la plupart des œuvres de Platon ;
mais cela n'autorise pas à faire de l'Utopie morienne le
reflet de la République platonicienne.

D'ailleurs, les Utopiens lisent aussi Aristote et la
pensée de More porte l'empreinte du péripatétisme
que Grocyn avait exposé avec talent à ses élèves à
l'heure où l'engouement de l'université d'Oxford pour
Aristote était intense. A. Prévost estime à juste titre
que l'esprit de *L'Utopie* est fidèle à la métaphysique et
à la morale d'Aristote. La conception du juste et,
corrélativement, la conception du droit que développe
More reflète les thèses de l'*Ethique à Nicomaque* dont,
d'ailleurs, les commentaires des *Pandectes* et les gloses
des romanistes, certainement aussi bien connus de
Thomas More que de Guillaume Budé, avaient souligné l'importance pour la conduite des affaires humaines.

De son côté, G. Marc'hadour rappelle[1] combien
More a été sensible au réalisme, voire au « positi-
visme » du Stagirite, principalement en matière politique. En effet, la méthode de travail de More,
expérimentale et accumulative, rappelle celle de
l'équipe de chercheurs qu'Aristote avait rassemblés
autour de lui pour étudier les Constitutions des
anciennes cités grecques et barbares ; en outre, l'idée
de « communauté naturelle » chère aux Utopiens,
ainsi que de nombreux aspects de la belle république
ressemblent fort aux traits de la Cité idéale dessinée
par le livre VII de *La Politique*.

En fait, pourtant, la pensée de Thomas More est
celle d'un esprit libre, qui n'est inféodé à aucune

1. G. MARC'HADOUR, *More ou la sage folie*, Seghers, Paris, 1971,
p. 69.

philosophie. Comme la plupart des humanistes de son temps, comme Pic de la Mirandole surtout, dont il a tant admiré en sa jeunesse le savoir universel et l'ample générosité, More a l'ambition d'une synthèse œcuménique en laquelle se conjuguent des influences venues, certes, de Platon et d'Aristote, mais aussi de la Bible, de la patristique, du stoïcisme, de l'épicurisme et même de la Kabbale. Et, comme rien d'humain ne lui est étranger, il puise non seulement à de nombreuses sources doctrinales, mais il leur adjoint maintes références expérimentales. Lecteur attentif dès que ses charges professionnelles et familiales lui en laissent le loisir, il savoure les récits de voyages qui lui font découvrir d'autres lieux, d'autres hommes et d'autres mœurs : ainsi fera-t-il de Raphaël Hythlodée le marin-philosophe compagnon de fortune de Vespucci [1] ; Pierre Gilles évoquera explicitement l'île de Ceylan et le port indien de Calicut [2] visité par Covilham en 1487 et par Vasco de Gama en 1498 ; la beauté et la liberté des Utopiennes seront celles des femmes dont Christophe Colomb a découvert au Nouveau Monde le genre de vie, insoupçonné des Européens [3] ; les bateaux et les ports de l'île fortunée sortiront tout droit du livre de bord de Vasco de Gama...

More, de surcroît, possède un sens aigu de l'observation. Avocat, il a scruté d'un regard lucide le monde des plaideurs et des juges ; homme politique, il sait mieux que quiconque les habitudes qui règnent à la Cour et au Parlement ; diplomate, il a mesuré et déploré les hypocrisies auxquelles laissent place les tractations ; appelé à enseigner le droit, il connaît l'Université, ses méthodes, ses querelles d'idées, les rivalités qui s'y déploient, les débouchés professionnels auxquels elle conduit ; le monde de l'édition où se

1. Rappelons que les *Navigationes* ont paru en 1507 mais aussi que, par Diodore de Sicile, More connaît le récit du voyage imaginaire du marchand Iamboulos à l'île tropicale d'Héliopolis.
2. Il s'agit du port actuel de Kozhicode, non de Calcutta.
3. Cf. *The Four Voyages of Christophe Colomb*, éd. J. M. Cohen, Penguin Classics, 1969.

développe la jeune imprimerie n'a guère de secrets pour lui ; au cours de ses missions, il a assisté aux conversations des marchands de Londres ou d'Anvers pour conclure des accords commerciaux et cela, déjà, lui a révélé les us et coutumes des Indes orientales ; sa piété lui fait également côtoyer des hommes d'Eglise chez qui il n'est pas sans discerner souvent entêtement ou étroitesse d'esprit... Faut-il ajouter qu'il s'intéresse aux conquêtes de la technique, aux bouleversements qu'elles introduisent en matière maritime, commerciale ou militaire ? Il s'intéresse à la médecine et à la pharmacopée du moment. Il n'est indifférent ni à la mode vestimentaire ni aux jeux. Le théâtre et, plus directement, la langue des rues, les manies ou les commérages du bas-peuple lui semblent instructifs. Erasme rapporte même qu'il se plaisait à étudier le caractère des bêtes...

Ce regard scrutateur, jeté sur le monde et sur la vie, est, bien davantage que les sources livresques, l'inspirateur et l'instituteur de *L'Utopie*. Mille observations convergent donc pour tracer l'épure minutieuse d'un pays fantastique où la Sagesse répond, comme son autre, à la Folie. More et Erasme sont « jumeaux » : en 1509, l'*Eloge de la Folie* était dédié à Thomas More. Dès 1510, More songeait à écrire l'autre volet d'un diptyque : l'*éloge de la sagesse*, mais d'une sagesse si belle qu'elle ne pouvait exister « nulle part » : *Nusquama nostra*, diront les deux amis... Dès lors, par un travail de six années, au cours desquelles, peu à peu, les réflexions enrichirent ou corrigèrent la puissante intuition originaire, More cisela l'anti-monde que, en 1516, par une inspiration de génie consistant à forger un mot latin transcrit du grec[1], il appela *U-topia*[2].

----

1. Dans la lettre que Thomas More écrit vraisemblablement en octobre 1516 à l'intention de son ami Pierre Gilles et qui constituera la *Préface* de l'édition de Louvain, il insiste, dès le début, sur sa connaissance de la langue grecque (p. 1).

2. C'est précisément dans cette même lettre à Pierre Gilles que le mot *Utopia* apparaît pour la première fois. L'invention en est définitive.

b. *L'esprit de l'Utopie.*

Le réalisme.

Selon Guillaume Budé, l'île d'Utopie se trouve située hors des limites du monde connu : on ne peut la situer sur aucune carte, mais on peut l'imaginer en inversant les données géographiques les plus courantes : c'est pourquoi elle n'est en aucune contrée ; la ville d'Amaurote y est une cité-mirage ; le fleuve Anhydre y est sans eau ; la vie s'y déroule hors du temps... Sous le signe du négatif et de l'anti-réalité, le pays de Nulle-Part est tout ensemble u-topie et u-chronie. Mais, en fabriquant à plaisir un vocabulaire ésotérique et provocant [1], More ne cède nullement aux sortilèges de la fantasmagorie : l'apparemment impossible est pour lui plus prégnant et plus vrai que le réel en sa platitude. Il ne s'égare pas dans un rêve mais s'attache à une logique de l'ailleurs qui n'a rien de chimérique. Bien au contraire, c'est un troublant réalisme que manifestent les descriptions du Livre II de *L'Utopie* (qui sont, rappelons-le, l'écriture primordiale de l'ouvrage). Ainsi, l'île, en forme de croissant et protégée de hautes montagnes qui en rendent l'accès fort difficile, comporte cinquante-quatre cités identiques les unes aux autres ; il suffira donc d'en connaître une, Amaurote, pour connaître toutes les autres. Cent soixante-deux membres de ces cités siègent en un Conseil confédéral dont les compétences sont rigoureusement déterminées. Le port d'Amaurote est actif ; les fortifications, les remparts, le tracé des rues, l'alimentation en eau, l'architecture des maisons, le dessin des jardins... n'ont rien de fuyantes illusions. More exprime avec minutie, précision et rigueur sa vision concrète, colorée et vivante de l'altérité : *L'Utopie* dépeint, en son second livre, *la réalité de l'ailleurs absolu.* Les brouillards de la Tamise,

---

1. Faut-il évoquer par exemple le « pays sans contrée » des Achoriens, ou la « cité sans peuple » qu'est l'Alaopolérie ?

le vacarme criard du port de Londres, l'obscurité insolite des rues de la capitale, l'insalubrité, les dogmes politiques ou sociaux, religieux ou philosophiques, les paradoxes spécieux, en cette île de l'ailleurs, n'ont pas cours. Un *autre* mode de vie, une *autre* organisation, un *autre* esprit règnent sans partage. La *différence* s'est installée ; l'*altérité*, partout, affirme sa présence et son triomphe. Les multiples détails accumulés par More dans sa description ne laissent rien dans l'ombre : la fondation d'Utopie, le nombre des cités, l'organisation du Conseil de l'île en un Sénat confédéral, la répartition des terres cultivables, la planification de l'économie impliquant la coopération des populations rurale et urbaine, le caractère électif des fonctions publiques et religieuses, la complémentarité des métiers principaux, la distribution des heures de travail, les institutions éducatives, les aménagements relatifs à l'hygiène, à la santé et aux sports, la réglementation du mariage, l'administration de la justice, l'art de la guerre, la diplomatie nécessaire à la paix... toutes ces questions auxquelles est suspendue la vie concrète et quotidienne d'un peuple sont examinées avec un luxe de méticulosité qui ne peut passer inaperçu. Rien, dans les problèmes sociopolitiques, ne demeure flou ou n'est abandonné à l'improvisation : par exemple, la nuptialité est de 22 ans pour les hommes et de 20 ans pour les femmes ; la « classe aristocratique » — qui n'est ni une aristocratie nobiliaire ni une aristocratie d'argent mais qui, précise More, repose essentiellement sur le mérite, la valeur, la vertu et le désintéressement — ne peut excéder cinq cents personnes ; chaque jour, six heures sont consacrées au travail, huit heures au sommeil et le reste du temps à la culture... Dans l'île d'Utopie, il est impossible de s'ennuyer ou de ne pas savoir que faire. Tout est prévu jusque dans le moindre détail et avec un réalisme exemplaire. L'écriture utopique n'a pas la vertu proliférante de l'imaginaire. A travers une luxuriance de détails, complémentaires les uns des autres, More n'écrit pas une fable ; il ne dessine pas

non plus une parabole. Loin de proposer la silhouette
d'une république mythique, il transpose en une
véritable charte politique les requêtes d'une société
heureuse. Celle-ci ne peut pas être livrée au hasard et à
l'improvisation. Elle a besoin de lois, de règles et de
codes. Et cette normativité nécessaire ne tolère pas le
vague ou l'approximation : une loi est précise ou ce
n'est pas une loi ; une règle de droit appelle une
application concrète rigoureuse, à défaut de quoi,
dépourvue d'effectivité, elle versera dans le chaos du
non-droit. Aussi bien Thomas More ne peut-il rêver le
gouvernement d'Utopie. Il lui faut en énoncer les
structures et les dispositifs de telle sorte qu'ils répondent à toutes les dimensions de la vie quotidienne
effective que son expérience lui a révélées. Il n'est pas,
selon l'expression de R. Trousson, « un législateur en
chambre [1] ». Si les coordonnées de l'univers utopien
sont nées d'une métamorphose essentielle de la banalité géographique, rien, sur le croissant escarpé de
Nulle-Part, n'a perdu sa consistance. L'organisation
et la vie de la communauté utopienne se placent sous
le signe d'un sain *réalisme*.

La vertu polémique.

L'écriture fantastique par laquelle Thomas More
déploie la réalité de l'ailleurs ne laisse pas place à
l'étrange polysémie dont, au fil du temps, se lestera le
terme d' « utopie ». Les diverses figures de l'Utopie
— qu'il s'agisse, au cours du second livre, de géographie, d'urbanisme, de droit constitutionnel, du travail
et des loisirs, de démographie, de voyages, de guerre
ou de religion —, signifient *la différence :* à travers
elles, se lisent, comme à l'envers, les vices de la
« dystopie [2] ». Elles permettent donc à l'auteur, non
pas de raconter une légende ou un mythe, mais de se

---

1. R. TROUSSON, *Voyages aux pays de Nulle-Part*, p. 51.
2. La *dystopie* est l'opposé de l'*eutopie* ; le préfixe *dys* (*dus*) y
désigne la négation et le malheur.

faire visionnaire et prophète de la politique : « on ne renonce pas à sauver le navire dans la tempête parce qu'on ne saurait empêcher le vent de souffler [1] ». Le philosophe Hythlodée, qui est, somme toute, le marin de la pensée, doit livrer le message dont il est porteur. En consommant une rupture radicale avec l'*hic et nunc*, la vieille civilisation des Utopiens propose un modèle de sagesse. Le long récit d'Hythlodée déroule une atmosphère insoupçonnée où la réalité utopique se profile avec une extraordinaire *vertu polémique*.

En effet, la texture de l' « autre » monde possède, en chacune de ses fibres, une puissance critique. Par un admirable effet spéculaire, les structures institutionnelles d'Utopie révèlent les failles et les faiblesses des gouvernements de la terre. Parce qu'en Utopie, dans l'ailleurs absolu que n'accueillera jamais nul coin de notre globe, la misère et le malheur des hommes sont conjurés, parce que la république y est une seule grande famille libérée des faux biens et des faux plaisirs, parce que l'étude y conduit aux joies sublimes de la contemplation, parce que la justice y est la même pour tous..., la vie bienheureuse qui s'y écoule indique que le mensonge et la lourdeur des royaumes terrestres sont l'offense suprême à l'humanité de l'homme.

Aussi bien n'est-ce pas le merveilleux et, encore moins, le miracle, que l'on découvre au bout du grand voyage sous la gouverne du marin philosophe. Utopie n'est pas un paradis. More-Hythlodée, penseur de l'altérité, invite à voir, avec les yeux de l'esprit, la *différence de nature irréductible* qui sépare les mœurs des Utopiens et celles des terriens, principalement dans l'Angleterre vacillante du siècle. De l'ici à l'ailleurs, la distance est infinie. C'est pourquoi il est si difficile d'aborder à l'Ile de là-bas. Mais on peut saisir la raison de ce prodigieux éloignement : c'est que, au règne du principe individualiste qui triomphe parmi les hommes et dont More a déjà compris qu'il était

1. *L'Utopie*, livre I, p. 49 ; p. *126*.

voué à vicier, fondamentalement, par son enflure, toutes les sociétés à venir, les Utopiens ont substitué une loi de communauté qui est l'axiome de base de leur existence éthique et politique. La communauté de nature entre les Utopiens entraîne non seulement la communauté des biens, mais la configuration des villes, les structures agraires, l'existence d'un jardin commun aux îlots des maisons, leurs portes sans serrures, la distribution des produits de la terre... Dès lors, il n'y a pas, en Utopie, de riches et de pauvres ; le désir, l'orgueil et la cupidité ne rongent pas les habitants de l'île ; la propriété privée et, surtout, les signes de richesse et l'argent n'existent pas. Au royaume de cette anti-terre, les triomphes maléfiques de la subjectivité qui, dans les cités terrestres, engendrent la misère et les drames, ne peuvent pas se produire. La Cité utopienne est véritablement une « communauté civile ». Il n'est pas question que se glissent en elle les prérogatives ou les revendications de l'individu. La personnalité des Utopiens n'est pas pour autant niée ; mais nul n'est fondé à réclamer cette espèce de droits que l'évolution juridique de la Modernité définira comme « droits de l'homme » ou « droits subjectifs ». More, dès le début du XVIᵉ siècle, a entrevu les dangers de l'individualisme pour la gouverne des cités. La vie communautaire de son Utopie est une *déclaration de guerre* au principe individualiste qui commence à poindre dans la politique moderne.

Mais si l'axiome communautaire est indubitablement une *arme critique* destinée à pourfendre les tendances que manifeste, dès son aurore, la politique moderne, il ne suffit pas pour que l'on prête à More l'intuition doctrinaire d'un « communisme » militant, lointain prélude au socialisme scientifique du XIXᵉ siè-cle[1]. L'anachronisme est évident, même quand on

1. A. L. MORTON, in *L'Utopie anglaise,* trad. fr., Paris, 1964, estime que More est « un point de repère sur la route du socialisme scientifique », p. 44.

veut insister sur l'idée-image d'une « société sans classes » et sur l'abolition de la propriété privée : les contextes sociaux et économiques du début du XVIᵉ siècle et du XIXᵉ siècle sont si différents, le « capitalisme » possède ici et là des dimensions si dissemblables que la construction utopienne ne peut anticiper sur une doctrine « révolutionnaire ». Thomas More, humaniste, a pu trouver chez Aristophane[1], chez Platon[2] ou chez Aristote[3] le thème communautaire qui est l'une des idées-force — mais non la seule — de *L'Utopie*. Comme le dit Erasme de manière fort clairvoyante dans sa lettre à Hutten, l'intention de More était « de marquer pour quelles causes les Etats européens sont corrompus » ; il précise dans la même missive que « référence spéciale [est faite par More] à la politique anglaise qu'il connaissait si bien[4] ». Dès lors, le maniement de l'arme critique devient, dans *L'Utopie* — c'est même, explicitement, l'enjeu du débat que le livre I situera à Anvers, dans l'hôtel de More[5] — l'occasion de s'interroger sur l'éventualité et la possibilité de desseins réformistes.

Le vœu réformiste.

On peut considérer en effet que *L'Utopie* exprime les métamorphoses qu'appelle l'espérance humaniste pour redresser, s'il en est encore temps, la Cité gangrenée par le mal. Animé par un immense principe d'espoir, More tracerait donc, en n'omettant aucun détail, l'épure d'un réformisme marqué du sceau de la différence. Il sait bien que Platon, avec raison,

---

1. Les *Discours* d'Aristophane et *L'Assemblée des femmes* suggèrent la peinture d'Etats où l'idée communautaire est fondamentale.
2. La communauté des femmes et des enfants chez les guerriers de *La République* de Platon (livre V, 457d sqq) sert moins la thèse « communiste » que l'idée de l'unité de la Cité.
3. L'idée de communauté est, selon Aristote, au principe même de la Cité (*Politique*, 1252 a).
4. Lettre à Hutten, *in* ALLEN, t. III, p. 476.
5. *L'Utopie*, livre I, p. 15 ; p. 91.

« invitait les sages à s'abstenir de toute activité politique [1] » et Raphaël Hythlodée n'a guère envie de se jeter dans une bataille constitutionnelle et idéologique. Il entraîne pourtant ses auditeurs — et More, ses lecteurs — sur un vecteur d'espérance où la profusion des images, qui sont autant d'idées, laisse déchiffrer les conditions du salut de l'humanité.

L'Utopie se présente en effet comme un livre de sagesse — « véritable livre d'or » (*libellus vere aureus* [2]) dont More voulait faire un livre d'étrennes pour ses contemporains et, probablement, une offrande à l'humanité tout entière. La forme même de l'île d'Utopie en est le symbole : le croissant de la nouvelle lune est le début d'une « re-naissance ». Dès lors, l'efficience des lois et des coutumes en cette contrée qui s'ouvre au renouveau, la force de dépaysement de sa langue, la vertu tonifiante de son mode de travail, le pouvoir constructeur de son économie, les effets salutaires de son système judiciaire, la fécondité de ses conceptions pédagogiques et culturelles... font d'elle l'antithèse de la décadence et de la corruption.

Le réformisme de More est si concret et si précis qu'il lui permet d'ironiser sur les pratiques judiciaires utilisées en Europe au début du XVIᵉ siècle, sur les soldats mercenaires soucieux de leur argent avant que de défendre le pays, sur les trésors royaux ou les prestiges nobiliaires qui sécrètent la misère ou l'abâtardissement, sur la politique conquérante qui mène aux désastres et aux ruines... Ce réformisme parodique n'est pas un simple effet stylistique où les figures rhétoriques de l'opposition, de la contradiction, de l'antithèse, de l'antinomie... trouveraient une place de choix. Il est l'index du mal radical qui pervertit les sociétés, si bien que, au-delà de ses clauses sociales et politiques, il prend une dimension quasiment ontologique.

Ce mal essentiel, ce sont assurément les ferments

---

1. *L'Utopie*, livre I, p. 51 ; p. *128*.
2. Cette expression figure en tête de l'édition de 1516.

individualistes en lesquels l'amour-propre dégénère en égoïsme. Dès leur apparition, ils ont engendré, avec la complicité tacite d'un pouvoir politique autocratique, le délire de la propriété individuelle d'où sont nées les disparités sociales et économiques du capitalisme naissant ; dorénavant, les ambitions politiques des riches ont eu l'occasion belle pour sécréter des injustices de tous ordres. C'est pourquoi les cités utopiennes, qui ne connaissent pas ces drames, sont présentées comme formant « une seule et même famille ». Mais il y a là bien plus qu'une politique privilégiant, contre les intérêts privés, les modalités communautaires de l'existence. Après tout, il est de l'essence même du politique de viser le bien public et l'intérêt général. La pensée de More se situe à une autre altitude et prend un sens métaphysique. En montrant que la société civile est, dès sa cellule originelle, une vaste famille, il lui assigne comme règle, dans une mutuelle affection, la cohésion et la solidarité. Par voie de conséquence, les lois, en leur généralité, doivent être, pour tous, le rempart de l'égoïsme. D'une part, donc, il est impossible de séparer l'éthique et la politique ; d'autre part, leur intime union a quelque chose de sacré puisqu'elle répond à la nature fondamentale des choses : avant que d'être des individus, les hommes sont frères dans la grande communauté humaine. L'humanisme réformiste de Thomas More a pour règle première de répondre aux requêtes ontologiques de l'*humanitas*.

Progrès et spiritualité.

L'humanité veut la vie. Le réalisme, à la fois polémique et réformiste de More insuffle donc à la société utopienne une puissante vitalité. C'est un contresens, en effet, que de considérer l'île d'Utopie comme « une société achevée » ou comme un modèle immuable en sa perfection. A la différence de la République idéale selon Platon, Utopie n'a pas la raideur hiératique d'un archétype. Elle vit. Sa vie est intense, ouverte au perfectionnement des techniques, aux progrès économiques, aux amendements institutionnels, à l'amélioration incessante de la condition sociale... Elle n'évoque nullement l'excellence d'un Age d'or originaire car elle a une histoire dont les annales des cités de l'île, tenues depuis 1760 années, montrent qu'elle est ouverte, par le mouvement immanent qui la porte, vers un avenir à construire sans relâche.

Mais il est assez remarquable que, dans leur fringale de proversion, les Utopiens ne laissent jamais le progrès technique ou matériel dévorer leur âme. Non seulement ils consacrent chaque jour trois heures à l'étude et à la culture de l'esprit, mais ils tiennent pour primordiales les vertus de tolérance et de liberté. Quoique planifiée avec un soin méticuleux, la *praxis* n'étouffe pas la *theoria*. Au contraire, la vie utopienne qui va toujours de l'avant puise ses ressources dans l'activité intellectuelle et dans la clarté spirituelle. Il n'y a de véritable progrès, donc, de possibilité d'avenir, qu'en échappant à l'illusion réificatrice ; et, pour cela, il importe au premier chef de sauvegarder les plus hautes valeurs.

Ainsi s'explique que les Utopiens soient profondément religieux, même s'ils ignorent la Révélation. Leur société, a-t-on dit, est une « théonomie [1] ». De nombreuses religions s'y côtoient sans heurts. Certes, la douceur du christianisme attire quelques Utopiens ; mais ils révèrent principalement le dieu Mythra qui les invite à une espèce de religion naturelle. Mythra n'a pas besoin de parler à travers des dogmes ; il est omniprésent ; et son omnipotence se manifeste dans toute la nature ; la lumière des cieux exprime son infinie bonté. C'est bien pourquoi les Utopiens, en toutes leurs entreprises, regardent le ciel. Leur prière,

---

1. Cette théonomie n'est pas synonyme de théocratie. More dit explicitement que les prêtres (qui, d'ailleurs, se marient conformément aux lois de la nature) ne jouissent « d'aucun pouvoir politique ».

à la fin du livre II, révèle combien leur âme est pétrie de foi et d'espérance. Comme dans l'humanisme chrétien d'Erasme, passe en Utopie un puissant souffle de spiritualité.

2. LUTTE POLITIQUE ET COMBAT SPIRITUEL.

Il y a un pouvoir ontologique de l'utopie qui, sous ses métaphores, provoque ou, du moins, appelle la métamorphose. Cela suffit à expliquer que l'humanisme de Thomas More ne soit ni gratuit ni innocent. D'une part, en effet, le livre premier de *L'Utopie*, rédigé, on le sait, rapidement et sur les instances d'Erasme pour les besoins de la publication — il faut comprendre : pour que l'ouvrage produise son effet bouleversant —, indique sans ambages la charge polémique dont il est porteur. Thomas More, homme du droit et homme politique, est un pamphlétaire audacieux qui ne redoute pas d'engager sa plume au service de sa pensée : le « livre d'or » est une déclaration de guerre au régime anglais et, plus généralement, aux méfaits de l'*hybris* politique. Mais, d'autre part, le chrétien qu'est More lit dans ces désordres la contradiction qui déchire la nature et la vérité de l'homme. La critique socio-politique se double donc d'un combat spirituel dont la puissance purificatrice ne le cède en rien à la causticité de la critique sociale.

a. *Contre l'hybris politique.*

Le procès de la tyrannie.

L'Angleterre que connaît Thomas More traverse une crise générale grave. Certes, la fin de la Guerre des Deux-Roses a permis, à partir de 1485, l'effacement de la féodalité ; les grandes découvertes ont pu donner à ce pays de navigateurs et de marchands une impulsion bénéfique. Mais les soldats qui n'ont plus à combattre ne trouvent pas de travail dans les campagnes ; les débuts de l'économie capitaliste transfor-

ment non seulement la vie des villes mais la vie rurale
qui, accordant confiance aux jeunes manufactures
lainières, s'oriente largement vers l'élevage ovin et
délaisse l'agriculture vivrière ; les *enclosures*, fruit de
l'appropriation privée, se multiplient. Simultanément, la moyenne ou grande propriété terrienne
provoque la dépossession des petits paysans qui sont
condamnés à devenir, quand ils le peuvent, domestiques ; plus généralement, on les rencontre errant
dans les campagnes, sans travail, sans argent et
affamés. La misère est intense ; compagne du vagabondage, elle engendre l'inflation du vol et du pillage.
La justice pénale se montre impitoyable ; elle punit de
mort le voleur et même le vagabond.

Ainsi, à l'heure où s'amorce le progrès, le régime
anglais — voilà ce qui, en More, frappe l'homme
d'Etat — est franchement rétrograde. A l'heure où les
hommes peuvent entrevoir le bonheur, il est — voilà
ce qui, en More, déchire l'humaniste et le chrétien —
un lieu de misère et de malheur. Cela explique le ton
passionné du livre premier de *L'Utopie* qui, aux
antipodes de la parabole ou de la théorie abstraite,
s'accroche à l'actualité brûlante et douloureuse de
l'Angleterre. Sans fard ni précautions oratoires, More
intente procès au précédent roi, Henry VII Tudor,
exactement comme, trois ans plus tôt, il avait fustigé
Richard III Plantagenêt [1] dans l'une de ses œuvres
anglaises. La diatribe est, ici comme là, sans ménage-
ments. « Les cruautés horribles du roi Richard III [2] »
dépassent cependant, dans l'esprit de More, le fait
historique dans sa nudité. Elles sont un signe : l'index
des maléfices que tout usurpateur et tout tyran

1. Richard III d'York (dont Shakespeare a fait le personnage
central d'un drame) fut roi d'Angleterre de 1483 à 1485, après s'être
emparé de la couronne en écartant par le crime les enfants de son
frère, le roi Edouard IV. Son règne fut un absolutisme inique et
sanglant.
2. Le titre de la traduction française de Pierre Mornand (*Lumen
animi*, IX, Paris, 1932) est : *La Pitoyable Vie du roi Edouard IV et les
cruautés horribles du roi Richard III*.

peuvent faire endurer à un peuple. On a dit que le *Richard III* de Thomas More (que Louis XVI traduira en langue française) comportait des invraisemblances psychologiques et des inexactitudes historiques, que More y adoptait le ton d'un procureur, qu'il plaidait pour les Tudor... L'important est ailleurs : il fait comprendre que l'Angleterre a pâti gravement de l'ambition et des abus de pouvoir du prince tyran[1]. La première partie de *L'Utopie* peut être considérée comme le complément du *Richard III*. Par-delà la mise en accusation d'un homme et le procès des abus du régime monarchique anglais, More soulève des problèmes juridiques que l'actualité du moment rend particulièrement aigus : celui, par exemple, de la légitimité du prince, la question dynastique, celles du mariage des rois, de la dévolution de la Couronne, de l'immunité légale... Juriste et homme politique, More ne peut que déplorer la manière désinvolte dont le droit public et les lois fondamentales du royaume sont parfois bafoués[2]. Les exactions d'Henry VII, les délires expansionnistes de Louis XII de France montrent à quoi conduisent le pouvoir arbitraire et l'appétit insatiable de l'homme de pouvoir, surtout quand il cultive le secret d'Etat et cède à la flatterie des hommes de cour. Dès lors, le droit malmené, ce sont le *désordre* et la *déraison* qui s'installent ; après quoi, tous les *maux* déferlent. Erasme — et, sous d'autres cieux, Machiavel — l'ont, eux aussi, compris.

---

1. Voici le portrait du tyran Richard III : « Il était d'un caractère secret et fermé, retors et dissimulateur ; arrogant de cœur, il se montrait ouvertement familier là où il haïssait intérieurement, et n'hésitait pas à embrasser celui qu'il pensait tuer ; cruel et sans pitié, non toujours pour faire mal, le plus souvent par ambition et pour servir ses fins, amis et ennemis lui étaient tous indifférents, car, là où se trouvait son avantage, il n'épargnait personne de ceux dont la vie pouvait être un empêchement à ses desseins », *Richard III*, *in* trad. française citée, p. 42.

2. On comprend donc pourquoi More, déchiré par le dérèglement général de la vie suscité par la crise, avait mis tant d'espoir, en 1509, dans l'avènement du roi humaniste Henry VIII et de la jeune reine Catherine d'Aragon.

Le dialogue que le sage Morton noue, dans sa maison, avec Hythlodée [1] est, par sa langue même, révélateur de l'état d'esprit de More. La charge lancée contre la rigueur aveugle des lois pénales qui, sans aucune nuance, conduisent les voleurs à la potence, donne le ton. Dans la conversation des deux hommes, suivent la critique du mercenariat dont la France, avec une cécité totale à l'égard de ses conséquences en temps de guerre comme en temps de paix, use et abuse ; puis la longue et lourde charge lancée contre une économie qui ôte à l'homme son courage, sa dignité, son humanité — ce sont « les moutons qui dévorent l'homme » — et qui transforme l'instauration des monopoles et la cupidité des propriétaires assoiffés de luxe en disette et en calamité pour les ouvriers. La critique, pénétrante, insidieuse et dure, met l'accent sur les méfaits moraux du malaise socio-économique : les tavernes, les bouges, les maisons publiques, les jeux détestables pullulent dans un univers qui s'écroule. L'incurie et l'impuissance des hommes d'Etat devant ce spectacle touche au scandale.

« Chassez, s'écrie More, ces funestes fléaux (*perniciosas pestes*) »...

Mais il sait que le Pouvoir est sourd à toute sagesse pratique et fermé à la philosophie : elle « n'a pas accès, dit-il, auprès des princes ». D'ailleurs, le tyran n'écoute aucun conseil [2]...

Alors, comment mettre fin à l'affreux régime, sinon par un coup de force semblable à celui d'Utopus en Abraxa ? On ne peut, ici, oublier que, dès 1506, More et Erasme ont travaillé ensemble à un *Tyrannicide* inspiré de Lucien [3]. Pour Thomas More, il est parfai-

---

1. *L'Utopie*, livre I, p. 34-52 ; p. *111-133*.
2. C'est là un trait général du tyran. Cf. *La Tyrannie*, Cahiers de philosophie politique et juridique, n° VI, 1984, Caen.
3. Il est assez remarquable que la question du tyrannicide, qui prendra tant d'importance, dans le dernier quart du siècle, chez les Monarchomaques (cf. Simone Goyard-Fabre, in Cahiers de philosophie politique et juridique, n° 1, 1982, *Au tournant de l'idée de*

tement clair que la fin des tyrans est analogue à la fin des sauvages. Ce n'est pas seulement une figure de style emphatique : la lutte contre la folie du Pouvoir appelle une rupture. Les malheurs du politique ne seront conjurés que par une conversion à la raison.

Le corpus des passions politiques.

A l'opposé des royaumes déréglés et pervertis du continent européen, l'île d'Utopie manifeste donc en tous domaines ses puissances d'*ordre*. Tout y est *raison* et *mesure*. Son organisation — qu'il s'agisse des magistratures, des colonies, de la puissance militaire, de la liturgie... — nie toujours la négativité qui mine les royaumes de la terre. Elle est, comme telle, affirmation d'équilibre et de contrôle. Mais que l'on ne se méprenne point : lorsque More avait exposé, dès la rédaction du Livre II, la maîtrise de l'espace, du travail, de la démographie, de la santé, de la culture... dont sont capables les Utopiens, c'était, déjà, sous la litote, non seulement les carences et les faiblesses des royaumes qu'il mettait en accusation, mais bien les hommes eux-mêmes.

Il n'y a rien d'étonnant d'ailleurs qu'un humaniste rattache sa pensée à la conception qu'il se fait de l'homme. Seulement, Thomas More, qui n'est pas véritablement un philosophe, ne construit pas, systématiquement, une théorie de la nature humaine. De manière très concrète, existentielle pourrions-nous dire, il a éprouvé douloureusement les distorsions, les déséquilibres et les aberrations qui se logent dans la vie quotidienne des hommes. Ses charges publiques ont révélé à sa sensibilité la fourberie, l'ambition et les calculs, parfois cyniques, qui tissent l'action des

---

démocratie : *l'influence des Monarchomaques; in* n° 2, 1982, *Le « peuple » et le droit d'opposition;* cf. également, Introduction à La Boétie, *Discours de la servitude volontaire*, GF Flammarion, 1983), soit posée en termes parfaitement explicites par More dès le début du XVIe siècle.

hommes politiques. Dans sa vie professionnelle, il a appliqué sa bonté et sa générosité à redresser ces déviations qu'il a vu proliférer du plus bas au plus haut niveau de la société. Mais, parce qu'il connaît admirablement les choses et les gens, il a très vite compris que ses efforts ne donneraient jamais que des résultats ponctuels, à tout prendre infimes et peut-être inutiles tant lui semble profonde la dépravation humaine. Sous son regard aigu, il lui est apparu que les hommes ne sont ni ce qu'ils pourraient être ni ce qu'ils devraient être. *L'Utopie* est un essai prodigieux pour rendre à l'homme sa véritable nature : elle remodèle la vie extérieure des hommes, elle les fait renaître à la vie intérieure.

D'une part, le réformisme utopien répond à la hantise qu'éprouve More des tares et des vices qui souillent les institutions. Aux pieds du trône et dans la rue, il a vu déferler la débauche, il a vu couler les larmes et le sang. A-t-il deviné que le nouveau roi Henry VIII, malgré sa silhouette auréolée de lumière, serait son bourreau et épouserait successivement huit reines pour en mener deux à l'échafaud ? Même s'il n'a pas cette prescience, il sait par-devers lui, comme Hamlet, que tout est pourri au royaume d'Angleterre et que la France, sa voisine, ne vaut guère mieux. Sous les maximes d'Etat des monarchies qui règnent sur ces pays malades — « le roi ne peut mal faire » ; il est le « propriétaire absolu du royaume et de ses sujets » ; sa loi est « son bon plaisir » ; la misère du peuple est « le rempart du royaume »... —, More a déchiffré le *corpus des passions politiques* : chez les princes, l'amour de la guerre, de la conquête et de la gloire, la cupidité et la prodigalité, l'ambition, l'égoïsme, la ruse, l'inconscience... ; chez les ministres et les courtisans, la flatterie, l'hypocrisie, le calcul, la rouerie, le mensonge... ; chez les peuples, la peur et la passivité, l'ignorance et la lâcheté, l'irréflexion, une servitude quasiment volontaire... Toutes ces passions accumulées sont le triomphe du négatif. A quelque rang ou quelque place qu'ils soient, les hommes ont quelque chose de grimaçant et de sordide, indice provocant de la dégradation pathologique dans laquelle ils se vautrent. Quant aux plaies qui suppurent partout dans la société, elles sont dues aux effets corrosifs de cette psychologie contre nature. Les calamités extérieures n'ont d'autre cause que le dérèglement intérieur de la nature humaine.

Or, d'autre part, Thomas More, dans sa ferveur chrétienne, ne peut qu'admirer et vénérer l'œuvre du Dieu-Créateur. Sans doute ne saurait-on confondre la foi de More avec la volonté évangéliste de son ami Erasme. Il n'est pas, comme lui, théologien. Mais il a la même soif de rectitude et de pureté que lui. Dans son souci réformateur, il unit un christianisme moral et une politique de l'ordre. Aussi la sagesse des Utopiens répond-elle, en définitive, à l'optimisme métaphysique qui fonde sa générosité : elle restitue les hommes à leur nature originaire, voulue d'un Dieu-Père infiniment bon, et que, seuls, le péché et la passion des hommes mêmes ont dénaturée. Les lois et la réglementation qui règnent dans l'Ile, en forçant au silence les vices délétères d'une humanité qui s'est laissé corrompre, restaurent la rectitude et la pureté que Dieu lui avait données.

Cela ne signifie pas du tout que les Utopiens vivent en l' « état de nature ». Ce concept, qu'utilisera Grotius un siècle plus tard et qui deviendra un lieu commun de la littérature politique de l'époque classique, ne correspond pas à la pensée de Thomas More. Les Utopiens, en effet, ont des lois civiles, un droit positif, un Code qui, pour être réduit au maximum, n'en est pas moins précis en sa forme et en son contenu. Mais, justement, l'office normateur de ces structures juridiques consiste à rétablir dans la vie de la communauté la sociabilité originelle que l'égoïsme, en s'exacerbant, a fini par occulter. Toutes les règles de droit, depuis l'organisation constitutionnelle du gouvernement jusqu'au droit civil ou pénal, ne sont que des moyens en vue d'une fin, qui est, conformément au dessein providentiel, la même justice pour

tous. Le législateur, en veillant à l'éducation du
peuple, à l'entraide mutuelle, au bonheur d'une
société d'hommes sains et libres, en prévoyant la
punition de l'intrigue et la suppression de l'ingratitude
… contribue à rendre à l'homme la vertu et la dignité :
il travaille à *recréer l'humanité de l'homme.* Autrement
dit, les structures gouvernementales, l'organisation
économique, la politique éducative, les usages diplomatiques, la tolérance religieuse convergent pour
redonner à la nature humaine sa vérité première. Non
seulement la politique et l'éthique des Utopiens sont
inséparables l'une de l'autre, mais le redressement
politique est un combat spirituel.

b. *Pour la rédemption de l'humanité.*

Le réformisme de Thomas More est traversé d'une
lueur évangélique. C'est pourquoi il ne nous semble
pas signifier, comme le soutient P. Mesnard, « l'exal-
tation de l'Etat[1] » ; encore moins *L'Utopie* nous
apparaît-elle comme « le roman de l'Etat[2] » ou comme
« le mythe de la cité idéale[3] ». La politique utopienne
s'élève contre l'homme déchu enlisé dans les maré-
cages de la faute et de l'erreur ; sa finalité est de rendre
l'homme à sa véritable nature et, partant, de restituer
au monde la vérité que lui avait conférée le Créateur.

L'Etat, en Utopie, n'est pas une fin. La Constitution politique y est une espèce d'asymptote mystique
destinée à effacer la folie d'un monde déchu et frelaté.
More, à l'évidence, est très proche de « l'humanisme
évangélique » d'Erasme. Quoique plus « politique »
que le prince des humanistes, il a la même aspiration
que lui à la justice et à l'égalité parce que Dieu, dans sa
bonté, les avait données à l'humanité. C'est pour la
même raison, à savoir, parce que les hommes n'ont

---

1. P. MESNARD, in *L'Essor de la philosophie politique au XVI*
siècle, 3ᵉ éd., Vrin, 1969, p. 168.
2. Cf. le récent ouvrage de J.-F. MOREAU, *Le Récit utopique,*
droit naturel et roman de l'Etat, P.U.F., 1982.
3. R. MUCCHIELLI, *Le Mythe de la Cité idéale*, P.U.F., 1960.

pas su sauvegarder ces biens originels, que la diatribe, dans l'*Eloge de la Folie* comme dans *L'Utopie*, est si rude : elle constitue, en deux styles différents, le même procès de la corruption et la même accusation de l'homme, responsable de sa misère. Les deux ouvrages lancent donc le même appel pathétique pour sauver l'humanité en perdition. Erasme, théologien, pense davantage au salut des âmes ; la *Querela Pacis*, quelques années plus tard, montrera combien il aspire, dans un parfait œcuménisme, à la concorde universelle. Le réquisitoire de More, à la fois juge et partie dans la politique de son temps, se double de visées plus pratiques. Il reste que, en proposant, par la voix de la Constitution utopienne, la communauté des biens, les repas pris en commun, la tolérance, une culture qui affine la foi dans la transcendance…, il ne pense, comme Erasme, qu'à remonter « aux sources du poème » et à restaurer la justice de Dieu. Les deux « jumeaux », comme l'avait si bien compris Guillaume Budé, mènent le même combat spirituel : l'Utopie est l'Hagnopolis, la cité « sainte » et sans « faute [1] » où s'accomplissent toutes les virtualités de sagesse de la raison.

Ainsi, que le bien commun soit la finalité essentielle du politique n'est pas seulement, sous la plume de Thomas More, une conception banale de la philosophie du droit des cités. En cette visée téléologique, le droit de la république se conforme aux requêtes de la Nature. Cet impératif suffit à condamner, de droit et dès le principe, tous les privilèges que les distorsions individualistes ne manquent pas de multiplier à la faveur du développement du capitalisme : il faut les effacer parce qu'ils sont contraires aux décrets de Dieu. C'est pourquoi les Utopiens — comme les humanistes chrétiens de la Renaissance — défendent,

---

1. Lettre de G. Budé à Thomas Lupset, placée en tête de l'édition de Bâle de 1518 (la 4ᵉ édition de *L'Utopie*) ; la traduction en est donnée par A. Prévost dans sa magistrale édition ; cf. la lettre mentionnée, p. 8.

en dernière analyse, la tradition juridico-politique des Pères de l'Eglise comme saint Augustin, saint Bonaventure ou saint Thomas. Certes, ils n'ont pas reçu la Révélation ; mais, dit More, « si eux, éclairés par la seule sagesse humaine, en sont arrivés là, que devraient faire des peuples chrétiens ? » La renaissance de cette tradition, fidèle à la création divine, est l'unique chemin de la purification et de la régénérescence des hommes. Si donc *L'Utopie* n'est pas exactement « initiatique », à tout le moins est-elle profondément cathartique, et c'est là l'essentiel. En s'adressant aux lettrés de son siècle — *L'Utopie*, il faut le rappeler, est écrite en latin —, More, par son ironie parfois cynique, lance une mise en garde solennelle à une humanité qui s'est crue autorisée à s'écarter des voies tracées par le Créateur. Il faut faire taire cet orgueil immense. Il est grand temps que politique et morale remettent les hommes dans la rectitude du chemin.

La règle utopienne a donc, dans la société comme eu égard à la personne, une portée qui est beaucoup plus que corrective. L'institution importe en effet beaucoup moins en elle que l'*aspiration* qu'elle incarne et véhicule ; le bonheur est moins important que l'*énergie* qui porte toujours l'homme vers plus d'être. La force normative inhérente à « la meilleure forme de gouvernement » est la condition d'une restauration axiologique et ontologique, en laquelle culmine la pensée de Thomas More. En un temps de déraison où les hommes savourent jusqu'à la « folie » les délices de l'individualisme tout prêt à s'exacerber encore, ils souillent leur âme et perdent leur être. Hythlodée, en naviguant sur l'océan de la pensée, a voulu être visionnaire et prophète. Il l'a été. Lorsqu'il déclare formellement, en terminant son discours, il faut écraser « le serpent d'enfer [1] » — c'est-à-dire l'avidité et la vanité des « hommes détestables [2] » —, plus

1. *L'Utopie*, livre II, p. 151 ; p. *233*.
2. *Ibid.*, p. 149 ; p. *232*.

aucun doute n'est permis. Il faut rendre vie à ces valeurs transcendantes que sont la justice [1] et l'amour fraternel [2]. Ils sont le bien divin qui fait jouir des autres biens ; l'espérance et le bonheur ne trouvent vie que par eux.

L'inversion politique que les Utopiens ont magnifiquement opérée est l'index d'une conversion spirituelle. Dans un extraordinaire élan métaphysique, Thomas More, bien au-delà d'un réformisme pragmatique et plat, recrée la substance du monde. Refuser la déraison qui menace la Terre, c'est regarder le Ciel.

Regarder le Ciel...

C'est, en définitive, ce que fit More lui-même. Malgré tous ses efforts, il ne put convertir la dystopique Angleterre. Alors, sur l'échafaud branlant où l'attendait la mort, son âme s'envola vers l'Ile de Nulle-Part. En cet instant qui jouxte l'éternité, l'équivoque utopienne que laissent deviner les derniers mots de l'ouvrage se révèle comme en un miroir grossissant : « il y a dans la république utopienne bien des choses que je souhaiterais voir dans nos cités. Je le souhaite plutôt que je ne l'espère [3] ».

Tel un dialogue socratique, *L'Utopie* s'achève sur une aporie.

---

1. *L'Utopie*, p. 148 ; p. *229.*
2. *Ibid.*, p. 151 ; p. *233.*
3. *Ibid.*, p. 152 ; p. *234* ; nous avons ajouté le *ne* explétif.

III

LE DESTIN DE L'UTOPIE

De *L'Utopie*, sont nées de nombreuses *utopies*. More lui-même a donné l'exemple puisque l'Ile de Nulle-Part, d'abord absolument isolée, est devenue le cœur d'une pléiade de *mini-utopies* — la Polylérie, l'Achorie, la Macarie... — avoisinant des *anti-utopies* — comme l'Alaopolécie, la Néphélogècie, la Zapolècie... *L'Utopie*, qui fut traduite en allemand dès 1524, puis en italien en 1548, en français en 1550 et, enfin, en anglais en 1551, fit naître une floraison de récits extraordinaires qui sont autant de « voyages aux pays de Nulle-Part ». Seulement, dans cette prolifération généreuse, filiation est loin d'être nécessairement fidélité. Sous le pouvoir de fascination qu'exerce cette moderne descendance, les contresens à l'égard de l'œuvre de More se sont multipliés si bien qu'aujourd'hui le concept d' « utopie » est malaisé à définir. Devenu un « nom générique », il « a vu son contenu sémantique s'étendre et se diversifier, mais perdre en précision [1] ».

La querelle des interprétations.

Il est vrai que par sa forme, par son style, par son contenu explicite et par ses horizons implicites, le texte même de *L'Utopie* est étrangement multidimen-

---

1. B. BACZKO, *Lumières de l'Utopie*, Payot, 1978, p. 20.

sionnel et la pensée qui le porte a une richesse polyvalente[1]. Cela explique que le néologisme morien ait suscité tant d'interprétations divergentes. A tout le moins celles-ci montrent-elles que l' « utopie », vecteur d'évasion, est appelée, comme par nature, à jeter le trouble dans les esprits.

En fait, les querelles nées de l'interprétation du texte de More l'enveloppent d'un voile embarrassant, tissé par des divergences très frappantes. On a déchiffré en lui en effet une inspiration platonicienne[2] ou évangélique[3] ; on l'a lu comme un message socialiste avant la lettre[4] ; certains exégètes ont considéré qu'il exprimait avant tout le souhait réformiste d'un homme d'Etat[5] ; d'autres ont suggéré qu'il cachait sous le masque la volonté expansionniste de l'Angleterre[6] ; de manière plus plate, d'autres encore ont estimé qu'il se bornait à la satire d'un régime et d'une époque[7] ; laissons de côté ceux qui n'ont reconnu en lui qu'un exercice littéraire ou un essai de philosophie politique purement spéculative...

Dans toutes ces interprétations, il faut oser le dire, beaucoup de contresens se sont glissés. Il est tout particulièrement aberrant de saluer dans l'œuvre de

---

1. Le quatrain écrit par Pierre Gilles en langue vernaculaire et qui se trouve au début de l'édition de Bâle de 1518 traduite par A. Prévost (p. 334) suggère ces polyvalences par son ésotérisme et ses paraboles.

2. Cf. J. SERVIER, *Histoire de l'Utopie*, Gallimard, 1967 ; G.DUDOCK, *Sir Thomas More and his Utopia*, Amsterdam, 1923 ; R. M. ADAMS, *Utopia, Sir Thomas More, A new translation, Backgrounds, Criticism*, New York, 1975.

3. C'est en ce sens qu'incline principalement, quoique avec des nuances fines, l'interprétation d'A. Prévost dans son introduction à l'édition de *L'Utopie*, citée à plusieurs reprises.

4. K. KAUTSKY, *Thomas Morus und seine Utopia*, Stuttgart, 1888.

5. R. AMES, *Citizen Thomas More and his Utopia*, Princeton, 1949.

6. G. RITTER, *Machtstaat und Utopie*, Munich, 1940.

7. H. W. DONNER, *Introduction to Utopia*, Londres, 1945 ; R. W. CHAMBERS, *Thomas More*, Londres, 1935 ; A. CIORANESCU, *L'Avenir du passé, Utopie et Littérature*, Gallimard, 1972.

Thomas More un « socialisme vivant », défenseur d' « une société sans classes reposant sur une vaste économie communiste [1] ». Le caractère anhistorique de *L'Utopie* n'autorise pas cette lecture anachronique de l'œuvre, pourtant fréquemment adoptée. Le « traité de la meilleure forme de gouvernement » est assurément un réquisitoire contre la misère et le mal ; le sentiment de révolte qu'a éprouvé More à l'égard des iniquités sociales se double sans aucun doute d'un « principe d'espérance [2] » où se lit son aspiration vers le mieux-être des hommes. Mais, lors même que l'on insiste sur l'abolition de la propriété privée préconisée par Hythlodée à la fin du livre premier [3], cela ne suffit pas à situer l'œuvre « dans la lignée des théories socialistes [4] ». D'une part, ces théories ne prennent leur sens que rapportées à un moment précis de l'histoire politique et économique de l'Occident. D'autre part et surtout, la logique de *L'Utopie* relève d'une conception de la nature humaine qui, parfaitement traditionnelle en 1516, ne sous-tend pas une doctrine socio-politique, mais bien plutôt une métapolitique.

De façon générale d'ailleurs, toute lecture de *L'Utopie* qui ne s'élève pas à cette altitude en affadit le sens et en fausse la portée.

Renaître à l'*humanitas*.

Si les drames de l'Angleterre ont été la « cause occasionnelle » du réformisme dont *L'Utopie* propose le vaste dessein, on ne peut oublier que la formation juridique de More l'a nourri du droit romain, pétri de

---

1. M. BOTTIGELLI-TISSERAND, introduction à l'édition de *L'Utopie*, Éditions sociales, 1966, p. 61.
2. Nous nous inspirons ici du titre d'un ouvrage d'E. BLOCH, *Le Principe espérance*, Gallimard, 1976.
3. *L'Utopie*, p. 52-53 ; p. *130-131*.
4. En cet exemple, apparaît aussi, *a contrario*, le caractère artificiel ou fictif des règles du droit positif qui définissent le droit de propriété.

l'idée du droit naturel. Le *jus* s'y unit au *fas* et rapporte le droit des hommes à la nature des choses. Par-delà Aristote, les compilations d'Ulpien et de Justinien, éclairées de la morale et de la métaphysique de Cicéron et de saint Thomas, ont appris à More le rapport du *jus* et du *justum* : l'idée du juste naturel, inscrit dans le grand Tout cosmique, est le substrat de sa réflexion. Cette adhésion fondamentale au jusnaturalisme bien compris lui fait évidemment repousser la confusion du droit et de la force qui lui apparaît comme une monstruosité ravalant l'homme à la bête sauvage. Dans son métier d'avocat, elle lui permet de dépasser la simple application technique des règles du droit positif qui lui apparaissent comme des fictions risquant de conduire à l'injustice : comme Aristote, il aspire à l'équilibre souple que veut l'équité. L'idée du droit naturel inspire aussi à l'homme politique sa conception des colonies de peuplement : les hommes sont, par la nature même des choses, fondés à s'établir sur des terres demeurées incultes. Et puis, surtout, le droit naturel est comme le cœur de l'humanité ; par cette idée, Thomas More est proche de la thèse d'Aristote soulignant l'importance de la *philia* qui porte naturellement les hommes les uns vers les autres ; peut-être peut-on lire aussi en elle le souvenir de la morale stoïcienne rattachant la sagesse des hommes à la raison qui les fait participer à l'ordre du cosmos. Quoi qu'il en soit des réminiscences qui affluent en cette option jusnaturaliste, il est clair que le droit naturel constitue pour More le lien ontologique qui donne à l'humanité son unité et son universalité. Il découvre en lui le reflet du souverain Bien et de l'éternel ; son penchant au mysticisme [1] auréole et,

---

1. Au prieuré des Chartreux, on s'en souvient, More avait partagé la vie des moines ; il avait connu les joies de la contemplation ; il avait pratiqué saint Bonaventure et saint Jean Chrysostome ; il s'était préparé à une communion spirituelle avec Denys l'Aréopagyte et, surtout, avec saint Augustin. Son catholicisme fervent avait fait le reste.

tout ensemble, cautionne la vieille notion naturaliste du droit.

Ainsi, More a puisé dans une métaphysique onto-théologique — et non dans un rêve, impossible alors, de révolution socialiste — les semences de sa logique utopienne. Le dualisme de la dystopie et de l'utopie répète le dualisme augustinien de la cité terrestre et de la Cité de Dieu. A la décadence, au bout de quoi le chrétien meurtri voit se profiler une apocalypse, doit répondre une renaissance qui requiert, dès le principe, la régénération de la nature humaine. L'harmonie dont jouit la société des Utopiens indique donc bien le sens que More reconnaît à l'œuvre de la divine Providence, et que le temps de l'histoire humaine a ruiné. Tout l'héritage culturel de Thomas More l'a conduit à penser que l'homme intérieur, marqué par la faute, doit se redresser afin de retrouver, jusque dans son existence extérieure, les voies de Dieu : le *De optimo reipublicae* exprime, dans la perspective de l'humanisme chrétien, l'espérance d'une vie régénérée, rendue à sa vérité.

L'Utopie ne peut pas être un manifeste socialiste. Elle n'est pas non plus une œuvre qui se complaît, par pur plaisir esthétique, dans le jeu des images fantastiques ou des figures de rhétorique. La pensée y est grave, car il ne s'agit de rien de moins, selon More, que de la destinée des hommes. Celle-ci se décide à la croisée des chemins de l'histoire, qui est aussi le carrefour de la vie morale : on ne peut pas séparer l'existence objective de la vie intérieure. En ce lieu qui est partout et que répètent tous les instants du temps, il faut que l'humanité choisisse : ou bien le vice et la passion égarent les hommes dans un monde qu'ils se rendent hostile, et ils sont dénaturés ; ou bien, par des institutions sages qui reflètent leurs exigences intérieures, ils renaissent à la vérité ontologique de l'*humanitas*.

Mais More, par expérience et mieux que quiconque, sait que la dystopie ne peut disparaître ni l'utopie exister : elle est un vœu. Néanmoins, la force de l'œuvre réside dans le dynamisme spirituel qui la porte et qui est proprement la fonction utopique.

Le dynamisme de l'œuvre et le genre utopique.

Cela dit, la floraison des voyages imaginaires éclose dans le sillage de *L'Utopie* en a généralement provoqué le détournement du sens. Dans les lointains merveilleux de *La Cité du Soleil,* dans la contrée des Sévarambes ou au royaume d'Antangil, dans la *Nouvelle Atlantide* ou en *L'An 2240...*, nombreux sont les auteurs qui ont ciselé un monde idéal. Mais si « le meilleur des mondes » a la transparence fabuleuse du rêve, il en a aussi l'inconsistance. A la fois trop riches et trop pauvres, les utopies modernes ne ressemblent que de très loin à l'Utopie morienne.

Il faut néanmoins reconnaître que, de l'extraordinaire récit de Thomas More, est né un genre littéraire et philosophique qui forge, en un style éblouissant, les paradigmes vers lesquels regarde l'humanité pour construire le progrès. « L'utopie est une réponse donnée aux inquiétudes, espoirs et rêves inassouvis du siècle ; elle apparaît aussi comme une limite vers laquelle tendent la réflexion et l'imagination, comme une dimension cachée d'une idée, comme l'horizon lointain d'une recherche [1]. »

De *L'Utopie* de Thomas More, nous retiendrons surtout, au-delà du discours utopien, la prodigieuse dynamique de la pensée. C'est d'elle que procède, même si elle ne correspond pas de manière exacte aux intentions de More à l'aube de la Renaissance, la fonction dévolue au genre utopique : essentiellement pratique, il est une invite à modifier, par une législation parfaite, le cours de l'histoire. C'est aux lumières de la fiction que le réformisme engendrera le bonheur des hommes ; les chimères de l'utopie doivent s'épa-

---

1. B. Baczko, *op. cit.*, p. 37-38.

nouir en une fête et les images du grand rêve transmuter les institutions.

Les modernes utopies sont plus utopiques que *L'Utopie*. More était trop réaliste pour céder jamais à la séduction des paradigmes. La lettre-préface adressée à son ami Pierre Gilles était, en tête de son œuvre, une mise en garde contre la fascination d'une trop belle altérité. Aux portes de l'Ailleurs, sur les marches de l'échafaud, More donnait assurément un autre sens au message de son *Utopie*. Mais, d'une manière ou d'une autre, le genre qu'il a créé était appelé à transcender le temps.

Simone GOYARD-FABRE

BIBLIOGRAPHIE SÉLECTIVE

1. Thomas More et L'Utopie.

R. AMES, *Citizen Thomas More and his Utopia*, Princeton, 1949.

H. BAKER, *Thomas More at Oxford*, Moreana, n° 43-44, nov. 1974.

L. BESCOND, *Didactique, politique et histoire dans l'Utopie de Thomas More*, in *Les Signes et leur interprétation*, Lille, 1972.

R. BOLT, *A Man for all Seasons*, Londres, 1969.

H. BREMOND, *Le Bienheureux Thomas More*, 5e éd., Paris, 1930.

R. W. CHAMBERS, *Thomas More*, Londres, 1935.

E. CASSIRER, *The platonic renaissance in England*, Austin, University of Texas Press, 1952.

A. C. DARESTE, *Thomas More et Campanella*, Paris, 1843.

M. DELCOURT, Introduction à sa traduction de *L'Utopie*, Bruxelles, Renaissance du Livre, 1950 ; reprint Droz, Genève, 1983.

E. DERMENGHEN, *Thomas Morus et les utopistes de la Renaissance*, Paris, Plon, 1927.

H. W. DONNER, Introduction to *Utopia*, Londres, 1945.

T. S. DORSCH, *Sir Thomas More and Lucian : an interpretation of Utopia*, in *Archiv für das Studium der neueren Sprachen und Literaturen*, CCIII, 1967, p. 349-363.

G. DUDOK, *Sir Thomas More and his Utopia*, Amsterdam, 1923.

M. M. de la GARAUDERIE, *La Correspondance de Guillaume Budé et de Thomas More*, Vrin, 1967.

J. H. HEXTER, *More's Utopia. The Biography of an Idea*, Princeton University Press, 1952.

P. HUBER, *Traditionsfestigkeit und Traditionskritik bei Thomas More*, Bâle, 1953.

R. S. JOHNSON, *More's Utopia. Ideal and Illusion*, New Haven et Londres, 1969.

K. KAUTSKY, *Thomas Morus und seine Utopie*, Stuttgart, 1887.

P. LEYRIS, *Thomas More. Ecrits de prison et vie de Sir Thomas More*, Seuil, 1953.

G. MARC'HADOUR, *Thomas More ou la sage folie*, Seghers, 1971.

— *L'Univers de Thomas More*, Vrin, 1963.

— *Thomas More et la Bible*, Vrin, 1969.

P. MESNARD, in *L'Essor de la philosophie politique au XVIe siècle*, Boivin, 1936, rééd. Vrin, 1969, p. 141-177.

H. OGDEN, *Utopia by Sir Thomas More*, New York, 1949.

H. ONCKEN, *Die Utopie des Thomas Morus und das Machtproblem in der Staatslehre* (Sitzungsber. des Heidelberg Ak. der Wissenschaft phil. hist. Kl.), 1922.

— *Thomas More*, Utopia, Berlin, 1922.

A. PRÉVOST, *Thomas More (1478-1535) et la crise de la pensée européenne*, Mame, 1969.

— Introduction à la traduction de *L'Utopie*, Mame, 1978.

E. E. REYNOLDS, *Saint Thomas More*, Londres, 1953.

— *The Field is won*, Londres, 1968.

H. SÜSSMUTH, *Studien zur Utopia des Thomas Morus*, Münster, 1967.

E. L. SURTZ, *The Praise of Wisdom. A Commentary on the religious and moral problems and backgrounds of St. Thomas More's Utopia*, Chicago, 1957.

2. *L'idée d'utopie.*

Nous nous limitons ici à une bibliographie indicative susceptible d'éclairer à la fois l'histoire de l'utopie et son analyse conceptuelle. Nous ne mentionnons pas les ouvrages qui se rapportent aux multiples utopies des XVIIIe et XIXe siècles.

Pour un panorama plus complet de ces questions, nous renvoyons à la bibliographie établie par R. TROUSSON à la fin de son ouvrage *Voyages aux pays de Nulle-Part, Histoire littéraire de la pensée utopique*, Université de Bruxelles, 1975.

J. W. ALLEN, *A history of political Thought in the XVIth century*, Londres, 1951.

B. BACZKO, *Lumières de l'Utopie*, Payot, 1978.

J. O. BAILEY, *Pilgrims through space and time. Trends and patterns in scientific and utopian fiction*, New York, 1947.

H. BAUER, *Kunst und Utopie. Studien über das Kunst und Staatsdenken in der Renaissance*, Berlin, 1965.

J. BRUN, *Les Vagabonds de l'Occident*, Desclées, 1976.

I. F. CLARKE, *The Tale of the future from the beginning to the present day*, 2e éd. Londres, 1972.

A. CIORANESCU, *L'Avenir du passé. Utopie et littérature*, Gallimard, 1972.

G. DUVEAU, *Sociologie de l'utopie et autres essais*, P.U.F., 1961.

M. ELIADE, *Paradis et Utopie*, in Eranos Jahrbuch, n° 32, 1963.

— *Aspects du mythe*, Gallimard, 1963.

L. FIRPO, *Il pensiero politico del Rinascimento e della Controriforma*, Milan, 1966.

K. J. HEINISCH, *Der Utopische Staat*, Hambourg, 1960.

W. KRAUSS, *Reise nach Utopia*, Berlin, 1964.

G. LAPOUGE, *Utopie et civilisations*, Paris, 1973, rééd. coll. Champs, Flammarion.

M. LE DOEUFF, *L'Imaginaire philosophique, Voyage dans la pensée baroque*, à la suite de la traduction de *La Nouvelle Atlantide* de F. Bacon, Payot, 1983.

J. Lyon, Les *Utopies et le royaume*, Editions du Centurion, 1973.

A. L. Morton, L'*Utopie anglaise*, trad. Vaché, Paris, 1964.

J.-F. Moreau, *Le Récit utopique, droit naturel et roman de l'Etat*, P.U.F., 1982.

R. Messac, *Esquisse d'une chronobibliographie des utopies*, Lausanne, 1962.

T. Molnar, L'*Utopie, éternelle hérésie*, Beauchesne, 1979.

R. Mucchielli, *Le Mythe de la cité idéale*, P.U.F. 1960.

M. G. Plattel, *Utopian and Critical Thinking*, Louvain, 1972.

K. Mannheim, *Ideologie und Utopie*, Francfort-sur-le-Main, 1952 ; trad. française, Rivière, Paris, 1956.

E. Pons, *Les langues imaginaires dans le voyage utopique. Un précurseur : Thomas More*, in *Revue de littérature comparée*, 1930, X, p. 589-607.

C. Rihs, *Les Philosophes utopistes*, Rivière, 1970.

G. Ritter, *Machtstaat und Utopie*, Munich, 1940.

R. Ruyer, L'*Utopie et les utopiens*, P.U.F., 1950.

P. Secrétan, L'*Utopie comme symbole*, in *Cahiers internationaux du symbolisme*, 1965, n° 8.

J. Séguy, *Une sociologie des sociétés imaginées, Monachisme et utopie*, in *Annales Economies, sociétés, civilisations*, A. Colin, 1971, mars-avril, p. 328-354.

J. Servier, *Histoire de l'utopie*, Gallimard, 1967.

R. Trousson, *Voyages aux pays de Nulle-Part*, Bruxelles, 1975.

— *Les utopies à la Renaissance*, Colloque international, 1963, Bruxelles 1963-65.

P. Versins, *Encyclopédie de l'utopie, des voyages extraordinaires et de la science fiction*, Lausanne, 1972.

LES ÉDITIONS DE L'UTOPIE

Éditions latines.

1re édition, chez Thierry Martens, à Louvain, 1516.
2e édition, Paris, 1517.
3e édition, Bâle, mars 1518.
4e édition, Bâle, novembre 1518.

Traductions anglaises.

1551 : traduction de Ralph Robynson, publiée à Londres. Malgré des erreurs, cette traduction a été très souvent réimprimée.

1684 : traduction de Gilbert Burnet, publiée à Dublin et à Londres ; cette traduction a été réimprimée une quarantaine de fois.

1923 : traduction de G. C. Richards, publiée à Londres.

1949 : traduction de H. V. S. Ogden, publiée à New York.

1964 : traduction de E. Surtz, in *The Complete Works of Thomas More*, New Haven et Londres.

1965 : traduction de Peter K. Marschall, New York.

1965 : traduction de Paul Turner, Londres (reprint en 1972).

1975 : traduction de R. M. Adams, New York.

Traductions françaises.

1550 : traduction de Jean Leblond, Evreux, Paris.
1643 : traduction de Samuel Sorbière, Amsterdam.
1715 : traduction de Nicolas Gueudeville, Leyde et
Amsterdam. Cette traduction a été reproduite en 1730
et 1741.
1780 : traduction de Thomas Rousseau, Paris ;
réédition de « la belle infidèle » en 1789.
1842 : traduction de Victor Stouvenel, Paris ; réédition 1927. De cette traduction, Marie Delcourt dit
qu'elle est « scandaleuse » et G. Marc'hadour la
déclare « très médiocre ».
Elle est reprise, « revue et corrigée » par Marcelle
Bottigelli-Tisserand, aux Editions sociales, Paris,
1966.
1966 : traduction de Marie Delcourt, La Renaissance du Livre, Bruxelles.
1978 : traduction d'André Prévost, accompagnée
d'une superbe introduction et de divers documents
annexes, Mame, Paris.

La fidélité exemplaire de la traduction de Marie
Delcourt au texte latin de la troisième édition de
L'Utopie, parue à Bâle en mars 1518, ainsi que les
notes documentaires qui l'assortissent, font d'elle un
véritable classique.
Bien que cette traduction ait négligé les *parerga* de la
4ᵉ édition du texte latin, nous avons choisi de la
reproduire ici en respectant scrupuleusement la lettre
du texte et sa distribution en paragraphes.

N. B. Les notes subpaginales appelées par * sont
dues à Marie Delcourt. Les notes en caractères
romains appelées par un numéro ont été ajoutées par
nous ; elles sont renvoyées à la fin du texte.

L'UTOPIE

PRÉFACE DU TRAITÉ
DE LA MEILLEURE FORME
DE GOUVERNEMENT

Thomas More à Pierre Gilles*, salut[1]

Ce n'est pas sans quelque honte, très cher Pierre Gilles, que je vous envoie ce petit livre sur la république d'Utopie après vous l'avoir fait attendre près d'une année, alors que certainement vous comptiez le recevoir dans les six semaines. Vous saviez en effet que, pour le rédiger, j'étais dispensé de tout effort d'invention et de composition, n'ayant qu'à répéter ce qu'en votre compagnie j'avais entendu

---

* PIERRE GILLES. — More au cours de sa mission aux Pays-Bas se lia avec deux humanistes : Jérôme Busleyden, membre du Grand Conseil de Malines, le fondateur du Collège des Trois Langues, qui le reçut dans sa belle demeure de Malines et lui fit visiter ses collections et sa bibliothèque, et Pierre Gilles, secrétaire de la ville d'Anvers. Pierre Gilles (1486-1533) écrivit d'honorables vers latins et joua un rôle modeste dans la renaissance de la science juridique au début du XVIᵉ siècle. Il fut surtout un éditeur ; il prépara notamment pour Thierry Martens, alors installé à Louvain, les premiers recueils des lettres d'Erasme et, en 1516, la *princeps* de *L'Utopie*, devenue rarissime (la Bibliothèque Royale de Bruxelles en possède un exemplaire). En 1517, lorsque More était en mission à Calais, Erasme et Pierre Gilles commandèrent à Quentin Metsys deux portraits jumeaux qu'ils offrirent à leur ami. Le diptyque, actuellement divisé, a été recomposé lors de l'exposition de l'Europe humaniste à Bruxelles en 1955. L'Erasme est à Rome à la Galleria Nazionale, collection Corsini. Le Pierre Gilles qui est à Longford Castle n'est probablement qu'une copie ancienne ; le musée d'Anvers en possède une autre.

exposer par Raphaël. Je n'avais pas davantage à soigner la forme, car ce discours ne pouvait avoir été travaillé, ayant été improvisé au dépourvu par un homme qui, au surplus, vous le savez également, connaît le latin moins bien que le grec. Plus ma rédaction se rapprocherait de sa familière simplicité, plus elle se rapprocherait aussi de l'exactitude, qui doit être et qui est mon seul souci en cette affaire.

Toutes les circonstances, je le reconnais, mon cher Pierre, m'ont donc facilité le travail au point qu'il ne m'en est guère resté. Assurément, s'il m'avait fallu inventer ce qui suit ou le mettre en forme, un homme, même intelligent, même instruit, aurait eu besoin de temps et d'étude. Qu'on m'eût demandé une relation non seulement exacte mais encore élégante, jamais je n'y aurais suffi, quelque temps, quelque zèle que j'y eusse mis.

Mais, libéré des scrupules qui m'auraient coûté tant de travail, j'avais simplement à consigner par écrit ce que j'avais entendu, ce qui n'était plus rien. Cependant, pour terminer ce rien, mes occupations me laissent, en fait de loisir, moins que rien. J'ai à plaider, à entendre des plaideurs, à prononcer des arbitrages et des jugements, à recevoir les uns pour mon métier, les autres pour mes affaires[2]. Je passe presque toute la journée dehors, occupé des autres. Je donne aux miens le reste de mon temps. Ce que j'en garde pour moi, c'est-à-dire pour les lettres, n'est rien.

Rentré chez moi * en effet, j'ai à causer avec ma

---

* RENTRÉ CHEZ MOI. — More, qui aimait la vie de famille, avait accepté sans enthousiasme sa mission en Belgique. « L'office d'ambassadeur, écrit-il à Erasme le 17 février 1516, ne m'a jamais souri. Il convient moins à des laïques qu'à vous autres prêtres qui n'avez ni femmes ni enfants chez vous ou qui en trouvent partout. Nous, à peine sommes-nous partis que le désir de les revoir nous sollicite. » En 1515, veuf de sa première femme qui lui a laissé quatre enfants, il est remarié avec une veuve, Alice Middleton, bonne ménagère et mère de famille vigilante. Avec eux vit leur fille adoptive, Margaret Gigs (qui épousera le secrétaire John Clement) et Henry Patenson, le « morio », le bouffon de More. Tous deux figurent sur le groupe de famille que Holbein prépara à Chelsea vers

femme, à bavarder avec les enfants, à m'entendre avec
les domestiques. Je compte ces choses comme des
occupations puisqu'elles doivent être faites (et elles le
doivent si l'on ne veut pas être un étranger dans sa
propre maison) et qu'il faut avoir les rapports les plus
agréables possible avec les compagnons de vie que la
nature ou le hasard nous ont donnés, ou bien que nous
avons choisis nous-mêmes, sans aller toutefois jusqu'à
les gâter par trop de familiarité et à se faire des maîtres
de ses serviteurs. Tout cela mange le jour, le mois,
l'année. Quand arriver à écrire ? Et je n'ai pas parlé du
sommeil, ni des repas, auxquels bien des gens accordent autant d'heures qu'au sommeil lui-même, lequel
dévore près de la moitié de la vie. Le peu de temps que
j'arrive à me réserver, je le dérobe au sommeil et aux
repas. Comme c'est peu de chose, j'avance lentement.
Comme c'est quelque chose malgré tout, j'ai terminé
L'Utopie* et je vous l'envoie, cher Pierre, afin que
vous la lisiez et que, si j'ai oublié quelque chose, vous
m'en fassiez souvenir. Ce n'est pas sous ce rapport que
j'ai le plus à me défier de moi-même (je voudrais
pouvoir compter sur mon esprit et sur mon savoir

1527 et dont reste une esquisse à l'encre de Chine au musée de Bâle.
Plus d'un domestique faisait partie de la maison. Dans la dernière
lettre de More à sa fille aînée Margaret, Mrs. Roper, écrite à la Tour
peu avant son supplice, il dit : « Votre père qui vous aime
tendrement n'oublie aucun de vous dans ses pauvres prières, ni vos
babies, ni leurs nourrices... » Une des servantes, que More aimait
particulièrement, Dorothy Colly, pourvut avec Margaret Roper et
Margaret Clement à l'inhumation du corps décapité. Elle épousa un
autre secrétaire de More et, en 1588, très âgée, put renseigner
Stapleton qui composait une biographie de More sans l'avoir connu.
    * UTOPIA. — More donne ici, elliptiquement, à son livre, le titre
sous lequel il devait devenir célèbre. Ce n'est pas celui qu'il avait
primitivement conçu. L'ouvrage parut sous des titres différents,
tous très longs, à la mode du temps. Celui de la première édition
figure ci-dessous en tête du livre I. Le traité s'intitule ailleurs :
Libellus Aureus. Ces variantes s'expliquent d'autant mieux que More
ne s'occupa lui-même d'aucune des éditions qui furent faites de son
vivant. Elles laissèrent le champ libre au nom, admirablement
choisi, d'Utopie, qui supplante les autres dans les rééditions de Bâle
(1563) et de Louvain (1565).

autant que jusqu'à présent je compte sur ma
mémoire); je n'en suis pas néanmoins à me croire
incapable de rien oublier.

Me voici en effet plongé dans une grande perplexité
par mon jeune compagnon John Clement* qui nous
accompagnait, vous le savez, car je ne le tiens jamais à
l'écart d'un entretien dont il peut retirer quelque fruit,
tant j'espère voir un jour cette jeune plante, nourrie
du suc des lettres latines et grecques, donner des fruits
excellents. Si je me rappelle bien, Hythlodée nous a
dit que le pont d'Amaurote, qui franchit le fleuve
Anydre, a cinq cents pas de long. Notre John prétend
qu'il faut en rabattre deux cents, que la largeur du
fleuve ne dépasse pas trois cents pas à cet endroit.
Faites, je vous prie, un effort de mémoire. Si vous êtes
d'accord avec lui, je me rangerai à votre avis et je me
déclarerai dans l'erreur. Si vous n'en savez plus rien,
je m'en tiendrai à ce que je crois me rappeler. Car mon
principal souci est qu'il n'y ait dans ce livre aucune
imposture. S'il subsiste un doute, je préférerai une
erreur à un mensonge, tenant moins à être exact qu'à
être loyal.

Vous pourrez aisément me tirer d'embarras en
interrogeant Raphaël lui-même ou en lui écrivant. Et
vous allez être obligé de le faire à cause d'un autre
doute qui nous vient. Est-ce par ma faute, par la vôtre,
par celle de Raphaël lui-même? je ne saurais le dire.
Nous avons en effet négligé de lui demander, et il n'a
pas pensé à nous dire, dans quelle partie du nouveau
monde Utopie est située. Je donnerais beaucoup pour
racheter cet oubli, car j'ai quelque honte à ignorer

---

* JOHN CLEMENT. — More appelle ici *puer meus* ce jeune homme
qu'il prit pour secrétaire dans sa mission aux Pays-Bas avant d'en
faire, en 1517, le précepteur de ses enfants. John Clement vint
ensuite apprendre la médecine à Louvain et partit pour l'Italie où il
travailla chez les Aldes à la première édition de Galien, en 1525. Il
épousa Margaret Gigs; leur fille Winifred épousa William Rastell,
fils d'une sœur de More, qui sous le règne de Marie Tudor (1553-
1558), édita les *English Works* de son oncle. Tous durent sous
Elisabeth s'exiler aux Pays-Bas où ils moururent.

dans quelle mer se trouve l'île au sujet de laquelle j'ai tant à dire. D'autre part, un homme pieux * de chez nous, théologien de profession, brûle, et il n'est pas le seul, d'un vif désir d'aller en Utopie. Ce qui l'y pousse n'est pas une vaine curiosité de voir du nouveau ; il souhaiterait encourager les progrès de notre religion qui se trouve là-bas heureusement implantée. Comme il désire le faire selon les règles, il a décidé de s'y faire envoyer par le Souverain Pontife et même à titre d'évêque des Utopiens, sans se laisser arrêter par le scrupule d'avoir à implorer cette prélature. Il estime en effet qu'une ambition est louable si elle est dictée, non par un désir de prestige ou de profit, mais par l'intérêt de la religion.

C'est pourquoi je vous requiers, mon cher Pierre, de presser Hythlodée, oralement si vous le pouvez aisément, sinon par lettres, afin d'obtenir de lui qu'il ne laisse subsister dans mon œuvre rien qui soit inexact, qu'il n'y laisse manquer rien qui soit véritable. Je me demande s'il ne vaudrait pas mieux lui faire lire l'ouvrage [3]. S'il s'agit d'y corriger une erreur, nul en effet ne le pourra mieux que lui ; et il ne saurait s'en acquitter s'il n'a lu ce que j'ai écrit. De plus ce sera pour vous un moyen de savoir s'il voit d'un bon œil que j'aie composé cet écrit ou s'il en est mécontent. Car s'il a décidé de raconter lui-même ses voyages, il préfère peut-être que je m'abstienne. Et je ne voudrais certes pas, en faisant connaître l'État utopien, enlever à son récit la fleur et le prix de la nouveauté.

A vrai dire, je ne suis pas encore tout à fait décidé à entreprendre cette publication. Les hommes ont des goûts si différents ; leur humeur est parfois si fâcheuse, leur caractère si difficile, leurs jugements si faux qu'il est plus sage de s'en accommoder pour en rire que de se ronger de soucis à seule fin de publier un écrit capable de servir ou de plaire, alors qu'il sera mal

---

* UN HOMME PIEUX. — La tradition veut que Rowland Phillips, chanoine de Saint Paul, ayant lu le livre, ait voulu partir évangéliser les Utopiens.

reçu et lu avec ennui. La plupart des gens ignorent les
lettres ; beaucoup les méprisent. Un barbare rejette
comme abrupt tout ce qui n'est pas franchement
barbare[4]. Les demi-savants méprisent comme vul-
gaire tout ce qui n'abonde pas en termes oubliés. Il en
est qui n'aiment que l'ancien. Les plus nombreux ne
se plaisent qu'à leurs propres ouvrages. L'un est si
austère qu'il n'admet aucune plaisanterie ; un autre a
si peu d'esprit qu'il ne supporte aucun badinage. Il en
est de si fermés à toute ironie qu'un persiflage les fait
fuir, comme un homme mordu par un chien enragé
quand il voit de l'eau. D'autres sont capricieux au
point que, debout, ils cessent de louer ce qu'assis ils
ont approuvé. D'autres tiennent leurs assises dans les
cabarets et, entre deux pots, décident du talent des
auteurs, prononçant péremptoirement condamnation
au gré de leur humeur, ébouriffant les écrits d'un
auteur comme pour lui arracher les cheveux un à un,
tandis qu'eux-mêmes sont bien tranquillement à l'abri
des flèches*, les bons apôtres, tondus et rasés comme
des lutteurs pour ne pas laisser un poil en prise à
l'adversaire. Il en est encore de si malgracieux qu'ils
trouvent un grand plaisir à lire une œuvre sans en
savoir plus de gré à l'auteur, semblables à ces invités
sans éducation qui, généreusement traités à une table
abondante, s'en retournent rassasiés sans un mot de
remerciement pour l'hôte. Et va maintenant préparer
à tes frais un banquet pour des hommes au palais si

* A L'ABRI DES FLÈCHES dont ils criblent les autres. — Allusion
à un des adages recueillis par Erasme dans une collection fameuse
qui fut, avec l'*Eloge de la Folie*, un des grands succès de librairie du
XVIe siècle. Erasme commença l'ouvrage lorsqu'il revint en 1500 de
ce voyage en Angleterre où il noua avec More, âgé de vingt-deux ans
et son cadet de neuf ans, une amitié qui dura toute leur vie. Un
célèbre tableau de Breughel atteste le rôle, dans la sagesse de ce
temps, des proverbes, ou plutôt des formules qui donnent à
réfléchir. Erasme en reprit plusieurs milliers dans les littératures
classiques et les groupa en les encadrant d'un commentaire souvent
très hardi. La collection s'enrichit d'édition en édition ; il y en eut
soixante du vivant d'Erasme. More dans *L'Utopie* cite quantité
d'adages.

exigeant, aux goûts si différents, doués d'autant de mémoire et de reconnaissance !

Entendez-vous avec Hythlodée, mon cher Pierre, au sujet de ma requête, après quoi je pourrai reprendre la question depuis le début. S'il donne son assentiment, puisque je n'ai vu clair qu'après avoir terminé ma rédaction, je suivrai en ce qui me concerne l'avis de mes amis et le vôtre en premier lieu.

Portez-vous bien, votre chère femme et vous, et gardez-moi votre amitié. La mienne pour vous ne fait que grandir.

LIVRE PREMIER

Discours du très sage Raphaël Hythlodée sur la meilleure forme de gouvernement[5], *par l'illustre Thomas Morus, citoyen et vice-shérif de Londres, célèbre cité anglaise.*

L'invincible roi d'Angleterre, Henry*, huitième du nom, remarquable par tous les dons qui distinguent un prince éminent, eut récemment avec le sérénissime prince Charles de Castille* un différend portant sur des questions importantes[6]. Il m'envoya en Flandre comme porte-parole, avec mission de traiter et de régler cette affaire. J'avais pour compagnon et pour collègue l'incomparable Cuthbert Tunstall*, à qui le

* HENRY VIII avait alors vingt-quatre ans d'âge et six ans de règne. Il était en effet très doué : athlète, lettré, plein d'intérêt pour l'humanisme et d'amitié pour les humanistes. Il avait su distinguer More alors que celui-ci n'était encore qu'un bon avocat estimé de tous.

* LE PRINCE CHARLES, le futur Charles Quint, était prince de Castille depuis la mort de sa grand-mère Isabelle (1504) et de son père Philippe le Beau (1506); sous la tutelle de son grand-père Ferdinand d'Aragon, mort en janvier 1516, peu après la mission de More à Bruges.

* CUTHBERT TUNSTALL, alors évêque de Londres, avait fait une partie de ses études à Padoue où il s'était lié avec Jérôme Busleyden auquel il présenta More en 1515. Il fut l'un des principaux diplomates de Henry VIII et, notamment, fut avec More aux pourparlers de Cambrai en 1529. Ils restèrent toute leur vie étroitement liés.

roi, au milieu de l'approbation générale, a récemment confié les archives de l'Etat. Je n'entreprendrai pas de le louer, non que je redoute qu'on récuse comme insincère le témoignage de l'amitié, mais parce que son caractère et son savoir sont au-dessus de tout éloge que j'en pourrais faire, trop connus, trop célébrés pour que je doive y rien ajouter, à moins que je ne veuille, comme on dit, allumer une lanterne pour faire voir le soleil.

Nous rencontrâmes à Bruges, ainsi qu'il avait été convenu, les mandataires du prince, tous des hommes éminents. A leur tête se trouvait, figure imposante, le préfet de Bruges; puis, bouche et cœur de la délégation, Georges de Temsecke*, prévôt de Cassel. Sa parole est d'une éloquence à la fois naturelle et cultivée; il est excellent juriste et traite les affaires en praticien dont l'esprit pénétrant est servi par une longue expérience. Nous nous rencontrâmes une ou deux fois sans parvenir sur certains points à un accord satisfaisant, sur quoi ils nous dirent adieu et s'en furent à Bruxelles consulter l'oracle, prendre l'avis du prince. Quant à moi, entre-temps, je me rendis à Anvers où j'avais affaire.

Je reçus souvent pendant ce séjour, parmi d'autres visiteurs et bienvenu entre tous, Pierre Gilles. Né à Anvers, il y jouit d'un grand crédit et d'une situation en vue parmi ses concitoyens, digne de la plus élevée, car le savoir et le caractère de ce jeune homme sont également remarquables. Il est en effet plein de bonté et d'érudition, accueillant chacun libéralement, mais, lorsqu'il s'agit de ses amis, avec tant d'élan, d'affection, de fidélité, de sincère dévouement, qu'on trouverait peu d'hommes à lui comparer quant aux choses de l'amitié. Peu aussi ont sa modestie, son absence d'affectation, son bon sens naturel, autant de charme dans la conversation, autant d'esprit avec si peu de malice. Bref, la douceur de son entretien, l'agrément

---

* GEORGES DE TEMSECKE, membre du Grand Conseil de Malines depuis 1500.

de sa conversation m'allégèrent grandement le regret de ma patrie, de mon foyer, de ma femme et de mes enfants. Et cependant mon désir de les revoir tournait à l'inquiétude, car j'étais parti depuis plus de quatre mois *.

Je me trouvais un jour dans l'église Notre-Dame *, monument admirable et toujours plein de fidèles ; j'avais assisté à la messe, et, l'office terminé, je m'apprêtais à rentrer à mon logis, quand je vis Pierre Gilles en conversation avec un étranger, un homme sur le retour de l'âge, au visage hâlé, à la barbe longue, un caban négligemment jeté sur l'épaule ; sa figure et sa tenue me parurent celles d'un navigateur [7]. Dès que Pierre m'aperçut, il vint à moi, me salua et, prévenant ma réponse, m'entraîna un peu à l'écart en désignant celui avec lequel je l'avais vu s'entretenir.

— Vous voyez, dit-il, cet homme ? Je me préparais à l'emmener tout droit chez vous.

— Il y eût été très bien venu, dis-je, recommandé par vous.

— Recommandé bien plutôt par lui-même, dit-il, dès que vous le connaîtrez. Il n'est personne sur la terre qui en ait aussi long à raconter concernant les hommes et les terres inconnues ; et c'est là, je le sais, un sujet dont vous êtes des plus curieux.

— Eh bien, dis-je, je n'avais donc pas si mal deviné, car au premier regard, j'avais tenu cet homme pour un capitaine de vaisseau.

— En quoi vous étiez bien loin de la réalité, dit-il. Car s'il a navigué ce ne fut pas comme Palinure [8], mais comme Ulysse [9], ou plutôt encore comme Platon *.

---

* PLUS DE QUATRE MOIS. — L'ambassade quitta Londres le 12 mai 1515. Il faut donc imaginer la rencontre à la fin septembre.

* L'ÉGLISE NOTRE-DAME. — La collégiale d'Anvers, commencée au XVe siècle, était incomplètement achevée lorsque More la vit et l'admira.

* COMME PLATON. — Raphaël n'est pas, comme Palinure le pilote d'Énée, un simple artisan de la mer, ni même, comme Ulysse, un homme qui poursuit courageusement un voyage imposé par le sort. Comme Platon se rendant en Sicile à l'invitation de Denys, il est un philosophe capable de donner des conseils à des souverains.

Ce Raphaël en effet, car il s'appelle ainsi, et
Hythlodée est son nom de famille, connaît assez bien
le latin et très bien le grec, qu'il a étudié avec un soin
plus particulier. Car il s'était voué à l'étude de la
philosophie et il estimait que rien d'important n'existe
en latin dans ce domaine, si ce n'est quelques morceaux de Sénèque et de Cicéron. Il a laissé à ses frères
le patrimoine qui lui revenait dans son pays, le
Portugal, et, désireux de voir le monde, s'est joint à
Améric Vespuce * pour les trois derniers de ses quatre
voyages, dont on lit aujourd'hui la relation un peu
partout. Il l'accompagna continuellement, si ce n'est
qu'à la fin il ne revint pas avec lui. Améric l'autorisa,
sur ses instances, à faire partie de ces Vingt-Quatre
qui, au terme de la dernière expédition, furent laissés
dans un château fort. Il y resta par vocation personnelle, en homme qui se soucie plutôt de courir le
monde que de savoir où il sera enterré. Il répète
volontiers : « A défaut d'urne funéraire, toute cendre
a le ciel pour linceul * » et « Pour aller vers les dieux,
d'où que l'on parte, le chemin est le même ». Opinion
qui lui aurait coûté cher si Dieu ne l'avait protégé.

Après le départ de Vespuce, il parcourut quantité
de pays avec cinq de ses compagnons de la garnison.
Une chance extraordinaire l'amena à Ceylan puis à
Calcutta *[10], où il n'eut pas de peine à trouver des

---

   * AMÉRIC VESPUCE. — Ses voyages s'échelonnent entre 1499 et
1504. More les connaît par la relation, plus ou moins fantaisiste, des
quatre expéditions qui fut imprimée en 1507 à Saint-Dié, à la suite
de la *Cosmographiae introductio*. L'école de Saint-Dié, fondée par les
ducs de Lorraine, s'intéressait particulièrement à la géographie.
C'est la *Cosmographiae introductio* qui donna son nom à l'ensemble
de l' « île » nouvellement découverte, qu'une carte imprimée à
Cologne en 1510 désigna aussitôt comme *Terra America*, appellation
qui prévalut.
   * TOUTE CENDRE. — C'est un vers de la *Pharsale* de Lucain
(VII, 819) ; l'autre dicton est attribué à Anaxagore ; More a pu le lire
dans une Tusculane de Cicéron (I, 43, 104). Ces lieux communs
stoïciens et cyniques s'accordaient avec l'éthique chrétienne qui
refuse toute considération au cadavre, corps déserté par l'âme.
   * CALCUTTA. — Vespuce, lors de son dernier voyage, laissa en
effet un établissement sur la côte actuelle du Brésil. Si, de là,

vaisseaux portugais qui le ramenèrent, contre toute espérance, dans son pays.

Quand Pierre eut terminé son récit, je le remerciai de son empressement à me ménager un entretien avec un homme dont il jugeait que la conversation me serait profitable. Je m'avançai vers Raphaël ; nous nous saluâmes en échangeant les paroles qui conviennent à une première rencontre, puis nous entrâmes chez moi, où, dans le jardin, assis sur un banc de gazon, nous nous mîmes à causer.

Raphaël nous conta comment [11], après le départ de Vespuce, lui-même et les compagnons qui étaient restés dans la forteresse se mirent à rencontrer les indigènes, à leur faire des cadeaux, au point d'avoir des relations non seulement pacifiques mais amicales avec eux et d'acquérir les bonnes grâces d'un prince dont j'ai oublié le nom et le pays. Grâce à sa libéralité, Raphaël et les siens furent largement pourvus de provisions et d'argent ainsi que d'un guide très sûr pour les conduire pendant le voyage qu'ils firent par eau sur des radeaux, sur terre en chariots, et pour les introduire auprès des autres princes qu'ils abordaient dûment recommandés. Après plusieurs jours de marche, ils avaient trouvé des bourgs, des villes, des Etats bien administrés et très peuplés.

De part et d'autre de la ligne équatoriale, sur une étendue à peu près égale à l'orbite que parcourt le soleil, s'étendent à vrai dire de vastes déserts grillés par une chaleur sans répit. Tout est là aride et stérile,

---

Raphaël et ses compagnons ont fini par aborder en Inde, ils ont donc contourné par le sud un continent que l'on s'imaginait beaucoup moins grand qu'il n'est en réalité. More leur prête donc la première circumnavigation, qui ne fut accomplie que six ans plus tard par Sébastien del Cano, lieutenant de Magellan. Il a oublié, dit-il, sur quel point du périple Raphaël a rencontré l'île d'Utopie ; il a oublié également le pays où les voyageurs trouvèrent accueil : tous les auteurs d'utopies prennent des précautions de ce genre, pour se donner l'air de décrire une réalité authentique tout en brouillant les pistes, car leur île doit rester inaccessible. Ulysse aborde dans celle des Phéaciens, qui est aussi une Utopie, sans savoir où la tempête l'a jeté.

régions affreuses et sauvages peuplées de fauves et de serpents, d'hommes aussi, mais féroces comme des bêtes et non moins dangereux. Mais, une fois cette zone dépassée, la nature retrouve peu à peu quelque douceur. Le ciel est moins impitoyable, le sol se couvre d'une douce verdure, les êtres vivants sont moins farouches. Enfin apparaissent des peuples, des villes, des bourgs*, des relations continuelles, par terre et par mer, entre voisins et même entre pays très éloignés.

C'est ainsi que les six compagnons ont pu visiter ici ou là quantité de pays, car aucun navire n'était prêt à appareiller pour quelque destination que ce fût sans qu'on leur permît le plus volontiers du monde d'y monter. Les premiers vaisseaux qu'ils virent avaient la carène plate, des voiles faites de papyrus cousu ou de verges de saule tressées, ailleurs de cuir. Ils trouvèrent ensuite des carènes arquées et des voiles de chanvre ; bref, des usages semblables aux nôtres. Les marins avaient l'expérience du ciel et de la mer. Mais Raphaël nous dit avoir gagné un grand prestige auprès d'eux en leur expliquant l'usage de l'aiguille aimantée [12], qu'ils ignoraient complètement jusque-là. C'est pourquoi ils ne se confiaient à la mer qu'avec une extrême prudence et ne s'y risquaient volontiers que pendant l'été. Guidés par la pierre magnétique, ils bravent à présent les hivers, sans crainte sinon sans danger, si bien qu'une chose dont ils auguraient de grands avantages risque de devenir, par leur imprudence, la cause de grands maux.

Ce que Raphaël nous a raconté avoir vu dans chaque région serait trop long à rapporter et en dehors du propos de ce présent ouvrage. Peut-être en parlerons-nous ailleurs, et notamment des choses qu'il est utile

---

* DES PEUPLES, DES VILLES, DES BOURGS. — More sait qu'au-delà de la zone brûlée par le soleil et livrée à la sauvagerie sont d'autres régions tempérées. Il les imagine symétriquement semblables à celles qu'il connaît dans l'hémisphère nord et civilisées comme elles.

de ne pas ignorer, par exemple, en premier lieu, les sages institutions qu'il a observées chez des peuples vivant en sociétés civilisées. C'est sur ces questions que nous l'interrogions le plus avidement et qu'il nous répondait le plus volontiers, sans s'attarder à nous décrire des monstres*, qui sont tout ce qu'il y a de plus démodé. Des Scyllas et des Célènes et des Harpyes voraces, et des Lestrygons cannibales et autres prodiges affreux du même genre, où n'en trouve-t-on pas? Mais des hommes vivant en cités sagement réglées, voilà ce qu'on ne rencontre pas n'importe où.

Assurément, il a relevé parmi ces peuples inconnus beaucoup de coutumes absurdes, mais aussi d'autres, assez nombreuses, que l'on pourrait prendre comme modèles pour corriger des erreurs commises dans nos villes, nos pays, nos royaumes. Tout cela, je le répète, j'en parlerai ailleurs. Ma seule intention aujourd'hui est de rapporter ce qu'il a dit des mœurs et des institutions* des Utopiens ; je reproduirai toutefois la conversation qui nous a amenés à en faire mention.

Raphaël nous avait rappelé avec beaucoup de sagesse des erreurs commises chez nous ou ailleurs — nombreuses, certes, où que ce soit — mais aussi, ici et

---

* DES MONSTRES — More se moque des récits de voyage qui séduisaient les lecteurs par une abondance d'inventions incroyables. Le plus célèbre de ces narrateurs est l'énigmatique Sir John Mandeville, dont on a retrouvé deux cents manuscrits dans presque toutes les langues de l'Europe, et qui eut après 1470 une multitude d'éditions imprimées. John Mandeville n'est peut-être autre que le chroniqueur liégeois Jean d'Outremeuse, qui vécut à la fin du XIVᵉ siècle. Ici encore, More entend situer son livre dans la lignée des *Lois* de Platon, non du *Discours véritable* de Lucien.

* LES COUTUMES ET LES INSTITUTIONS. — Raphaël est peut-être le premier personnage de globe-trotter dans la littérature d'imagination, et qui s'intéresse moins aux paysages qu'aux singularités de la vie des hommes. La sociologie commence ici par la description d'une société fictive, et même de plusieurs — les Polylérites, les Achoriens, les Macariens annoncent les Utopiens — tous ces êtres nés de la raison servant de repoussoir à une réalité anglaise fermement et sévèrement jugée.

là, des mesures plus opportunes. Il possédait en effet les coutumes et les institutions de chaque pays comme s'il avait passé sa vie entière dans chacune des régions qu'il avait traversées. Pierre lui dit avec admiration :

— Je me demande vraiment, cher Raphaël, pourquoi vous ne vous attachez pas à la personne d'un roi. Il n'en est aucun, j'en suis sûr, qui ne vous accueillerait avec joie, car vous auriez de quoi le charmer par votre savoir, votre expérience des pays et des hommes, et vous pourriez aussi l'instruire par des exemples, le soutenir par votre jugement. Ce serait tout d'un coup servir excellemment vos propres intérêts et être d'un grand secours à tous ceux de votre entourage.

— En ce qui concerne ma famille, répondit-il, je n'ai guère à m'en soucier, car je crois avoir passablement accompli mon devoir envers elle. Les biens auxquels les autres hommes ne renoncent pas avant d'être vieux et malades et, même alors, de fort mauvais gré, et parce qu'ils ne sont plus capables de les conserver, je les ai distribués * à mes parents et amis alors que j'étais en bonne santé, robuste et en pleine jeunesse. Ils doivent, je pense, se tenir satisfaits de ma libéralité sans exiger, sans s'attendre en plus, que j'aille, pour leur plaire, me mettre en servage auprès des rois.

— Entendons-nous, dit Pierre. Je souhaitais vous voir rendre service aux rois *, et non vous mettre à leur service.

* J'AI DISTRIBUÉ MES BIENS. — Seul un homme qui a renoncé à rien posséder est pleinement qualifié pour déclarer équitable et bon un régime qui met tous les biens en commun. Raphaël est l'homme parfaitement détaché de sa famille, de son pays, capable de juger les nations qu'il traverse d'après les seuls critères de sa raison et de sa foi religieuse.

* RENDRE SERVICE AUX ROIS. — More assiste à l'orientation du pouvoir royal vers l'absolutisme. Il espère que la raison détournera Henry VIII de la tyrannie. Cet espoir, avec un roi de vingt-quatre ans, épris d'idées humanistes, n'était pas chimérique. Raphaël cependant le rejette catégoriquement. Ses interlocuteurs raisonnent en réformateurs qui se placent sur le plan de la réalité concrète et qui attendent des progrès minimes, mais continus, d'une série de réformes sages. Raphaël est un idéaliste radical persuadé de la vanité de toute action de détail à l'intérieur d'un système mauvais en soi.

— Petite différence, répondit-il.

— Nommez-la comme vous voulez, dit Pierre ; je persiste à penser que ce serait le vrai moyen d'être utile au public, aux individus et de rendre votre propre condition plus heureuse.

— Plus heureuse, s'écria Raphaël, par un moyen en complet désaccord avec mon caractère ? Je vis aujourd'hui à ma guise, ce qui, j'en suis sûr, est le lot de très peu d'hommes au pouvoir[13]. Ceux qui briguent l'amitié des puissants sont du reste bien assez nombreux et la perte ne sera pas grande s'ils doivent se passer de moi et de quelques autres de mon espèce.

Je pris alors la parole.

— Il est bien évident, cher Raphaël, que vous n'êtes altéré ni de richesse, ni de puissance ; un homme qui pense comme vous m'inspire, à moi, autant de respect que le plus grand seigneur. Il me semble toutefois que vous feriez une chose digne de vous, de votre esprit si noble, si vraiment philosophe, en acceptant, fût-ce au prix de quelque inconvénient personnel, d'utiliser votre intelligence et votre savoir-faire au bénéfice de la chose publique. Et vous ne pourriez le faire plus efficacement qu'en entrant dans le conseil de quelque grand prince*, auquel, j'en suis sûr d'avance, vous donneriez des avis conformes à l'honneur et à la justice. Car c'est du prince que ruissellent sur le peuple entier, comme d'une source intarissable, les biens et les maux. En vous est une science qui pourrait se passer de l'expérience, et une expérience qui pourrait se passer de la science, pour vous qualifier comme un éminent conseiller de n'importe quel roi.

---

* LES MEMBRES DES CONSEILS ROYAUX. — More entra au Conseil du Roi en octobre 1517, au moment où paraissait à Paris, un an après la première, la seconde édition de *L'Utopie*, quelques jours avant l'affichage à Wittenberg des thèses de Luther. Il décrit ici, en les mettant dans la bouche de son contradicteur, les difficultés qu'il est sûr de rencontrer mais qu'il accepte d'avance. Si lucide qu'il fût à trente-sept ans, il ne pouvait cependant prévoir ce qui l'attendait au service du roi.

— En quoi, mon cher More, vous vous trompez deux fois, dit-il, d'abord sur mon compte, ensuite sur la chose elle-même. Je n'ai pas les lumières que vous m'attribuez ; et je les aurais même et je sacrifierais mon repos que ce serait sans aucun profit pour l'Etat[14]. Les princes en effet, la plupart sinon tous, concentrent leurs pensées sur les arts de la guerre* (pour lesquels je n'ai et ne désire avoir aucune compétence) bien plus volontiers que sur les arts bienfaisants de la paix ; et ils s'intéressent beaucoup plus aux moyens, louables ou non, d'acquérir de nouveaux royaumes qu'à ceux de bien administrer leur héritage. D'autre part, parmi les membres des conseils royaux, tous ont assez de sagesse pour n'avoir nul besoin d'un avis étranger, ou du moins s'imaginent être assez sages pour pouvoir être sourds à l'avis d'autrui. Ce sont les opinions les plus sottes qui reçoivent leur acquiescement, leurs flatteries, pourvu que celui qui les présente soit au comble du crédit auprès du prince, lequel ils espèrent se rendre favorable par leur acquiescement. Chacun se complaît à ses propres idées, c'est la nature qui en a ainsi décidé. Le corbeau trouve ses petits charmants et la vue du jeune singe enchante ses parents[15].

Mais si, dans cette assemblée de gens jaloux ou vaniteux, quelqu'un vient alléguer, fruit de ses lectures, une mesure prise autrefois, ou dans un autre pays, ou encore ce qu'il a lui-même constaté à l'étranger, ses auditeurs se comportent exactement comme si toute leur réputation de sagesse était menacée, comme s'ils devaient être tenus désormais pour des sots s'ils ne trouvent aussitôt de quoi infirmer l'opinion d'autrui. Faute d'autre argument, ils recourent à celui-ci : « Ce que nous préconisons a

---

* LES ARTS DE LA GUERRE sont, dit Machiavel (*Prince*, 14), « le seul objet auquel le prince doive donner ses pensées et dont il lui convienne de faire son métier. C'est là la vraie profession de qui gouverne ».

eu l'approbation de nos ancêtres* ; nous ne pouvons rien faire de mieux que d'imiter leur sagesse. » Sur quoi ils se rasseyent comme si le problème avait été parfaitement résolu. Faut-il vraiment redouter de découvrir, sur un sujet quelconque, un homme plus avisé que ses aïeux, alors que c'est justement ce qu'ils ont fait de mieux que nous envoyons promener le plus tranquillement du monde, tandis que nous nous cramponnons, sous prétexte de tradition, à ce qui pourrait être amélioré [16] ? C'est sur des préjugés de ce genre, dictés par l'orgueil, la sottise et l'entêtement, que je suis tombé souvent et, une fois, en Angleterre.

— Quoi, dis-je, vous êtes venu chez nous ?

— Hé oui, dit-il, j'y ai passé quelques mois, peu après la bataille où les Anglais de l'Ouest* révoltés contre le roi furent écrasés en une pitoyable défaite. J'ai contracté alors une grande dette de reconnaissance envers le révérend John Morton*, archevêque de

---

* L'APPROBATION DE NOS ANCÊTRES. — Comme Erasme, More s'élève contre ceux qui, au nom de la tradition, refusent tout progrès et qui souvent ne s'attachent qu'à ce que les aïeux ont laissé de moins bon, à condition qu'eux-mêmes n'en souffrent pas. Le respect du passé n'intervient jamais dans ses jugements. Il condamne la législation traditionnelle concernant les voleurs ; d'autre part, constatant les inconvénients sociaux du capitalisme naissant, la solution qu'il propose est un simple retour en arrière, comme s'il ne se rendait pas compte du caractère irréversible de la transformation.

* LES ANGLAIS DE L'OUEST. — Les gens des Cornouailles furent défaits par Henry VII à Blackheath, alors qu'ils marchaient sur Londres (22 juin 1497).

* JOHN MORTON. — More, à douze ans, lui fut confié et vécut comme page dans sa maison. La vieille coutume chevaleresque de faire élever les enfants dans une famille étrangère s'était répandue dans la bourgeoisie et, dans l'Angleterre de ce temps, plus généralement qu'ailleurs. Les enfants y faisaient office de domestiques sans être traités comme tels ; ils apprenaient les manières courtoises. More a gardé un excellent souvenir de Morton et parle avec une indulgence assez surprenante de ce Talleyrand du XVe siècle qui commença sa carrière sous Henry VI, lequel il soutint d'abord contre Edouard IV, après quoi il se rangea au parti de la Rose Blanche victorieuse. Il était évêque d'Ely à l'avènement de Richard III et assista au conseil dans la Tour que Shakespeare met en scène au troisième acte de son drame (l'épisode des fraises est

Canterbury et cardinal, qui, à cette époque était également chancelier d'Angleterre ; un homme, mon cher Pierre — car ce que je vais dire, More n'a pas à l'apprendre — digne de respect par sa sagesse et son caractère autant que par sa haute situation. C'était un homme de taille moyenne, ne paraissant pas son âge, déjà avancé ; son visage inspirait le respect, non la crainte ; sa conversation était sans raideur, mais pleine de sérieux et de dignité. Il prenait parfois plaisir à aborder un solliciteur avec quelque rudesse, sans mauvaise intention, simplement pour mettre à l'épreuve son intelligence et sa présence d'esprit. Ces dons, qui étaient les siens, lui plaisaient, pourvu que ne s'y mêlât aucune insolence, et il les appréciait comme éminemment propres à la conduite des affaires. Son langage était net et précis. Il avait une grande connaissance du droit, une intelligence hors pair, une mémoire prodigieuse. Ces beaux dons naturels avaient été développés par l'étude et par l'exercice. Au moment de ma visite, le roi avait visiblement la plus grande confiance dans ses avis, sur lesquels l'Etat reposait largement. Il faut dire que dès sa première jeunesse, au sortir de l'école, il avait été envoyé à la cour, qu'il avait passé sa vie entière parmi les affaires les plus importantes et, secoué sans cesse par les vagues alternantes de la fortune, il avait acquis dans les plus grands dangers une connaissance des choses que l'on ne perd point facilement lorsqu'on l'a gagnée de la sorte.

J'étais par hasard à sa table le jour où s'y trouva aussi un laïque très ferré sur le droit anglais, lequel, à

emprunté à *L'Histoire de Richard III* composée par More sur des renseignements fournis par Morton). Il resta en faveur pendant le règne du dernier York, cependant qu'il conspirait contre lui. Il fut un des principaux artisans de sa chute et du succès de Henry VII qui le fit son chancelier en 1487 ; il reçut le chapeau peu après. A sa mort en 1500, il passait pour l'un des plus redoutables agents de la politique financière du premier roi Tudor, inspirée des principes mêmes que *L'Utopie* critique si vivement. Les révoltés de 1497 demandèrent sa tête.

propos de je ne sais quoi, se mit à louer de tout son
cœur l'inflexible justice [17] que l'on exerçait chez vous à
cette époque contre les voleurs ; on pouvait, disait-il,
en voir ici et là vingt pendus ensemble à la même
croix. Et il se demandait avec d'autant plus d'étonne-
ment, alors que si peu échappaient au supplice, quel
mauvais sort faisait qu'il y en eût tant à courir les rues.
Je dis alors, car j'osais parler librement en présence du
cardinal :

— Cela n'a rien de surprenant. En effet, ce châtiment va au-delà du droit sans pour cela servir l'intérêt
public. Il est en même temps trop cruel pour punir le
vol et impuissant à l'empêcher. Un vol simple n'est
pas un crime si grand qu'on doive le payer de la vie.
D'autre part, aucune peine ne réussira à empêcher de
voler ceux qui n'ont aucun autre moyen de se procurer
de quoi vivre. Votre peuple et la plupart des autres me
paraissent agir en cela comme ces mauvais maîtres qui
s'occupent à battre leurs élèves plutôt qu'à les instruire. On décrète contre le voleur des peines dures et
terribles alors qu'on ferait mieux de lui chercher des
moyens de vivre, afin que personne ne soit dans la
cruelle nécessité de voler d'abord* et ensuite d'être
pendu.

— Mais, dit l'autre, on y a suffisamment pourvu. Il
y a des industries, il y a l'agriculture ; ils pourraient y
gagner leur vie, s'ils ne préféraient pas être malhonnêtes.

— Vous n'échapperez pas ainsi, répondis-je. Je ne
parlerai même pas de ceux qui souvent reviennent
mutilés des guerres civiles ou étrangères, comme ce
fut le cas chez vous lors du soulèvement des Cornouailles et, peu auparavant, lors de la campagne de
France, ayant donné leurs membres à l'Etat ou au roi.

---

* VOLER D'ABORD. — Le vol résulte de la misère, laquelle
résulte du chômage. Celui-ci a des causes que More décrit avec la
même lucidité que Vivès applique à juger, en 1525, les erreurs et
l'inefficacité de l'assistance aux pauvres telle que la concevait la
charité médiévale.

Leur faiblesse ne leur permet plus d'exercer leur ancien métier; leur âge ne leur permet pas d'en apprendre un autre. Ceux-là, laissons-les de côté, puisque les guerres ne se rallument que par intervalles. Arrêtons-nous à ce qui arrive tous les jours.

Il existe une foule de nobles * qui passent leur vie à ne rien faire, frelons nourris du labeur d'autrui, et qui, de plus, pour accroître leurs revenus, tondent jusqu'au vif les métayers de leurs terres. Ils ne conçoivent pas d'autre façon de faire des économies, prodigues pour tout le reste jusqu'à se réduire eux-mêmes à la mendicité. Ils traînent de plus avec eux des escortes de fainéants qui n'ont jamais appris aucun métier capable de leur donner leur pain. Ces gens, si leur maître vient à mourir ou qu'eux-mêmes tombent malades, sont aussitôt mis à la porte. Car on accepte plus volontiers de nourrir des désœuvrés que des malades, sans compter que bien souvent l'héritier d'un domaine n'est pas tout de suite en état d'entretenir la maisonnée du défunt. En attendant, les pauvres diables sont vigoureusement affamés, à moins qu'ils ne rapinent vigoureusement. Que pourraient-ils faire d'autre ? Quand, à force de rouler çà et là ils ont peu à peu usé leurs vêtements et leur santé, qu'ils sont dégradés par la maladie et couverts de haillons, les nobles ne consentent plus à leur ouvrir la porte et les paysans ne s'y risquent pas, sachant fort bien que celui qui a été élevé mollement dans le luxe et l'abondance,

---

* UNE FOULE DE NOBLES. — L'appauvrissement de la noblesse anglaise commença avant les guerres du XVe siècle. La peste noire de 1348 avait enlevé le tiers de la population. Les seigneurs, ne trouvant plus de main-d'œuvre, furent obligés soit de vendre des terres, soit d'en louer à des prix avantageux pour les fermiers, soit encore de les transformer en pâtures à moutons. Quand la population revint à un niveau normal, les propriétaires essayèrent de faire baisser les salaires et obtinrent une ordonnance interdisant de dépasser les taux d'avant 1347. En compensation, les paysans étaient souvent autorisés à faire paître gratuitement leurs moutons sur les pâturages du domaine et sur les champs après la récolte, ce qui disparut avec les enclosures.

qui ne sait manier que le sabre et le bouclier*, regardant les autres du haut de ses grands airs et méprisant tout le monde, ne sera jamais capable de servir fidèlement un pauvre homme, avec le hoyau et la bêche, pour un maigre salaire et une pitance chichement mesurée.

A quoi l'autre répondit :

— Mais nous avons un intérêt primordial à tenir cette espèce au chaud. Qu'une guerre vienne à éclater, c'est dans ces gens-là que résident la force et la résistance de l'armée, car ils sont capables de bien plus de courage et d'héroïsme que les ouvriers et les paysans.

— Autant, dis-je, vaudrait soutenir que pour l'amour de la guerre nous devons tenir au chaud les voleurs, dont vous ne manquerez tant que vous aurez des soldats. Car si les brigands ne sont pas les moins courageux des soldats, les soldats ne sont pas les moins hardis des voleurs, tant les deux métiers sont joliment apparentés. Si cette détestable méthode est largement appliquée chez vous, elle ne vous est point propre. On la trouve presque partout.

En effet, un autre fléau, plus détestable encore, accable la France. Tout le territoire est rempli, encombré de soldats, même en temps de paix (si cela peut s'appeler une paix), rassemblés par la même illusion qui vous fait nourrir ici tant de domestiques dans la fainéantise. Cette sagesse démente [18] s'imagine que l'Etat assure son salut en entretenant une solide

---

* LE SABRE ET LE BOUCLIER. — Ce ne sont ici que des valets congédiés et réduits à la misère. Aux XIVe et XVe siècles, les seigneurs entretenaient des compagnies de mercenaires qu'ils louaient au roi, ou dont ils se servaient pour le tenir en respect, et qui pillaient le pays pendant les périodes de paix. Ces compagnies se recrutaient parmi les sans-travail. Henry VII interdit aux nobles d'avoir des troupes de valets armés. Il infligea une amende de dix mille livres au comte d'Oxford qui l'avait reçu au milieu d'un régiment de domestiques en uniforme. L'appauvrissement de la noblesse fit autant que les ordonnances royales pour abolir ces restes de féodalité. Ils ne disparurent pas sans créer un autre malaise social.

garnison composée principalement de vétérans, car ils
n'ont aucune confiance dans les nouvelles recrues. Si
bien que l'on cherchera des occasions de guerre rien
que pour avoir des soldats exercés, et qu'on égorgera
des hommes sans autre raison, comme dit spirituelle-
ment Salluste, que d'empêcher les bras et les courages * de s'engourdir dans l'oisiveté.

Combien cependant il peut être dangereux de
nourrir cette race de fauves [19], la France l'a appris à ses
dépens ; les Romains, les Carthaginois, les Syriens et
bien d'autres peuples le prouvent par leur exemple,
eux qui ont vu des armées levées et équipées par eux
renverser le pouvoir, dévaster les champs et les villes
chaque fois qu'elles en ont eu l'occasion. L'inutilité
des troupes prêtes, les soldats français * eux-mêmes la
mettent en lumière : sévèrement entraînés depuis leur
enfance, une fois mis en présence des vôtres qui
venaient à peine d'être enrôlés, ils ont rarement pu se
vanter de leur être supérieurs. Je n'en dirai pas plus,
craignant d'avoir l'air de flatter mes hôtes.

Et vos gens cependant, ni les ouvriers des villes, ni
les paysans mal dégrossis de vos campagnes, ne
passent pour redouter beaucoup les fainéants qui
composent l'escorte des nobles, excepté toutefois ceux
dont le corps est trop faible pour servir le courage,
ceux aussi dont l'énergie est brisée par la misère. Des
hommes par conséquent dont le corps est sain et

---

* LES BRAS ET LES COURAGES. — Catilina, dit-on, imposait des
crimes gratuits à ses conjurés pour les tenir en haleine. Rapproche-
ment caractéristique de ce qui est, pour More, le principe directeur
de toute politique : il n'y a qu'une morale pour les individus et pour
les Etats. On ne peut approuver chez un prince ce que l'on
condamne chez Catilina.

* LES SOLDATS FRANÇAIS. — Machiavel dit également (*Discours*,
I, 21) que, lorsque Henry VIII attaqua la France en 1512, il tira
toutes ses troupes du peuple où, après trente ans de paix, il n'y avait
plus de soldats formés. Elles l'emportèrent sur l'armée de
Louis XII, composée en grande partie de mercenaires, Louis XI et
ses successeurs ayant renoncé à enrôler et à équiper des fantassins
comme l'avait fait Charles VII. Henry VIII revint ensuite au
système des mercenaires et il eut à s'en repentir.

robuste — car les nobles ne daignent gâter que des individus choisis — et qui s'engourdissent à présent dans l'inaction ou s'énervent dans des travaux bons tout juste pour des femmes, ne risquent pas de perdre leur vigueur si on les prépare à la vie par des industries utiles, si on les exerce par des travaux d'hommes.

De quelque manière que les choses se présentent, je pense donc qu'un Etat n'a jamais aucun intérêt à nourrir en vue d'une guerre, que vous n'aurez que si vous le voulez bien, une foule immense de gens de cette espèce, qui mettent la paix en danger. Et il faut tenir compte de la paix bien plus que de la guerre.

Toutefois, je n'ai pas dit l'unique raison qui oblige les gens à voler. Il en existe une autre, qui vous est, ce me semble, plus particulière.

— Quelle est-elle ? demanda le cardinal.

— Vos moutons *, dis-je. Normalement si doux, si faciles à nourrir de peu de chose, les voici devenus, me dit-on, si voraces, si féroces, qu'ils dévorent jusqu'aux hommes, qu'ils ravagent et dépeuplent les champs, les fermes, les villages. En effet, dans toutes les régions du royaume où l'on trouve la laine la plus fine, et par conséquent la plus chère, les nobles et les riches, sans parler de quelques abbés, saints personnages, non contents de vivre largement et paresseusement des revenus et rentrées annuelles que la terre assurait à

* VOS MOUTONS. — Au Moyen Age, le champ en jachère et le champ cultivé, après la récolte et le glanage, sont mis en pâture commune ; ils ne peuvent être enclos de haies. Le système permettait le petit élevage. Celui-ci s'était bien développé à partir du XIIᵉ siècle, stimulé par la forte demande flamande. L'évêque de Winchester en 1259 avait vingt-neuf mille moutons. Les paysans vendaient la laine en se groupant ou la tissaient eux-mêmes. L'Angleterre n'avait produit d'abord que des tissus grossiers à l'usage du peuple. Puis des tisserands flamands, émigrés au cours des luttes communales, avaient apporté des secrets de métier. Edouard III en 1337 interdit l'importation des draps étrangers. Les tisserands anglais utilisaient les belles laines du pays qui leur revenaient moins cher qu'à leurs concurrents flamands et italiens. Ils s'établissaient volontiers dans les villages pour échapper aux règlements que les guildes leur imposaient dans les villes. L'Angleterre devint alors le premier pays drapier.

leurs ancêtres, sans rien faire pour la communauté (en
lui nuisant, devrait-on dire), ne laissent plus aucune
place à la culture, démolissent les fermes, détruisent
les villages, clôturant toute la terre en pâturages
fermés, ne laissant subsister que l'église, de laquelle ils
feront une étable pour leurs moutons*. Et, comme si
chez vous les terrains de chasse* et les parcs ne
prenaient pas une part suffisante du territoire, ces
hommes de bien transforment en désert des lieux
occupés jusqu'alors par des habitations et des
cultures.

Ainsi donc, afin qu'un seul goinfre à l'appétit
insatiable, redoutable fléau pour sa patrie, puisse
entourer d'une seule clôture [20] quelques milliers d'ar-
pents d'un seul tenant, des fermiers seront chassés de
chez eux, souvent dépouillés de tout ce qu'ils possé-
daient, circonvenus par des tromperies, ou contraints
par des actes de violence. A moins qu'à force de
tracasseries on ne les amène par la lassitude à vendre
leurs biens. Le résultat est le même. Ils partent
misérablement, hommes, femmes, couples, orphelins,
veuves, parents avec de petits enfants, toute une
maisonnée plus nombreuse que riche, alors que la
terre a besoin de beaucoup de travailleurs. Ils s'en
vont, dis-je, loin du foyer familier où ils avaient leurs

---

* UNE ÉTABLE POUR LES MOUTONS. — En même temps, la
vieille industrie familiale devenait capitaliste, et la transformation
entraîna la crise que More décrit. Les cultures ouvertes furent
converties en pâturages fermés, ce qui amena un fort chômage
d'ouvriers agricoles et empêcha les petites gens de nourrir quelques
moutons et de pratiquer le tissage à domicile. Ceux mêmes qui le
pouvaient étaient incapables de vendre avantageusement. Tandis
qu'une classe nouvelle s'enrichissait, les paysans étaient plus
misérables en 1515 qu'en 1470, quand des exilés anglais s'éton-
naient du dénuement des paysans français.

* LES TERRAINS DE CHASSE. — Les forêts royales étaient en
Angleterre le symbole même des abus qui pesaient sur les paysans,
auxquels il était interdit, sous peine de mutilation, de toucher aux
sangliers et aux lièvres. Celui qui y tuait un cerf était pendu. Si les
humanistes ont unanimement condamné la chasse, ce n'est pas
seulement parce qu'ils y voyaient un jeu absurde et cruel.

habitudes ; et ils ne trouvent aucun endroit où se fixer. Tout leur mobilier, qui ne vaudrait pas grand-chose, même s'ils pouvaient attendre un acheteur, ils le donnent pour presque rien le jour où ils sont obligés de le vendre. Ils auront bientôt épuisé ce peu d'argent au cours de leur errance ; alors, que peuvent-ils faire d'autre que de voler et d'être pendus conformément à la justice, ou d'aller en mendiant à l'aventure ? Dans ce dernier cas du reste, ils seront jetés en prison comme vagabonds, parce qu'ils vont et viennent sans rien faire, personne n'acceptant de les payer pour le travail qu'ils offrent de tout leur cœur. En effet, le labeur des champs, dont ils possèdent la routine, a cessé d'être pratiqué là où l'on a cessé de semer. Un seul berger, un seul bouvier suffisent pour une terre livrée en pâture aux troupeaux qui, lorsqu'elle était ensemencée et cultivée, réclamait beaucoup de bras.

C'est ce qui fait que le prix du blé augmente en beaucoup de régions. Même la laine renchérit à tel point que les petites gens, qui chez vous avaient coutume de la tisser, sont hors d'état d'en acheter, ce qui a fait plus de chômeurs encore. Car après que l'on eut étendu les pâtures, une épizootie emporta quantité de moutons, comme si Dieu avait voulu châtier la cupidité en déchaînant contre les bêtes un fléau qui se serait plus justement abattu sur leurs propriétaires. Du reste, même si le nombre des moutons augmente, les prix cependant ne baissent pas. En effet, si l'on ne peut parler de monopole là où il y a plus d'un vendeur, la laine constitue du moins un oligopole. Elle est entre les mains de quelques hommes très riches que ne presse aucune nécessité de vendre avant le moment où ils en ont envie. Et ils n'en ont pas envie avant que les prix soient à leur convenance.

C'est pour la même raison que les autres espèces de bétail se vendent également cher, d'autant plus que, les fermes étant détruites et l'agriculture en décadence, il ne reste personne qui puisse faire de l'élevage. Ces riches qui élèvent des moutons ne se soucient pas de faire multiplier les autres espèces. Ils achètent ailleurs, à bon compte, des bêtes maigres, les engraissent dans leurs pâturages et les revendent cher. C'est pourquoi, à mon avis, l'on n'a pas encore ressenti tout l'inconvénient de cette situation. Les propriétaires jusqu'à présent ne créent de renchérissement que là où ils vendent. Mais dès que, pendant un certain temps, le rythme des ventes aura été plus rapide que celui des naissances, les réserves qu'ils accaparent iront s'épuisant peu à peu et l'on ne pourra éviter une terrible pénurie.

Si bien que l'avidité sans scrupule d'une minorité de citoyens transforme en une calamité ce qui paraissait être l'élément majeur* de la prospérité de votre île. Car c'est la cherté de la vie qui amène chaque maître de maison à congédier le plus possible de ses domestiques et à les envoyer — où ? je vous le demande, sinon à la mendicité ou bien, ce que des cœurs magnanimes* accepteront plus volontiers, au brigandage.

Ce n'est pas tout. Cette lamentable misère se double fâcheusement du goût de la dépense*²¹. Et chez les valets des nobles, et chez les ouvriers, et presque autant chez les paysans, bref dans toutes les classes, on constate une recherche inconnue jusqu'ici en ce qui concerne les vêtements et la table. La taverne, le mauvais lieu, le bordel, et cet autre bordel qu'est le débit de vin ou de bière, ensuite tant de jeux détestables, les jetons, les cartes, les dés, la balle, la boule, le disque ; tous expédient leurs dévots, après leur avoir en un clin d'œil avalé leur argent, se faire brigands où ils pourront.

---

* ELÉMENT MAJEUR. — L'Angleterre de cette époque n'avait guère à exporter que de la laine et de l'étain.

* CŒURS MAGNANIMES. — More reflète ici, à demi inconsciemment, la morale chevaleresque contre laquelle cependant tout son livre est écrit. Elle remonte haut. L'échelle de valeurs des Grecs mettait le brigand bien au-dessus du mendiant. Le « Raubritter » méprisait le marchand qu'il dépouillait.

* GOÛT DE LA DÉPENSE. — Notation exacte : les gens pauvres dépensent à tort et à travers. L'économie est une vertu des possédants.

Débarrassez-vous de ces maux[22] dont vous péris-
sez ; décrétez que ceux qui ont ruiné des fermes ou des
villages les rebâtissent ou les vendent à des gens
décidés à les restaurer et à rebâtir * sur le terrain.
Mettez une limite aux achats en masse des grands et à
leur droit d'exercer une sorte de monopole. Qu'il y ait
moins de gens qui vivent à ne rien faire. Qu'on
revienne au travail de la laine, afin qu'une industrie
honnête soit capable d'occuper utilement cette masse
oisive, ceux dont la misère a déjà fait des voleurs et
ceux qui ne sont encore à présent que des valets aux
bras croisés. Car les uns et les autres, n'en doutez pas,
voleront tôt ou tard. Si vous ne remédiez à ces maux-
là, c'est en vain que vous vanterez votre façon de
réprimer le vol. Elle est plus spécieuse qu'elle n'est
équitable ou efficace. En effet, vous laissez donner le
plus mauvais pli et gâter peu à peu les caractères
depuis la petite enfance, et vous punissez des adultes
pour des crimes dont ils portent dès leurs premières
années la promesse assurée. Que faites-vous d'autre, je
vous le demande, que de fabriquer vous-mêmes les
voleurs que vous pendez ensuite ?

Tandis que je parlais ainsi le jurisconsulte avait
préparé sa réplique, avec l'intention de suivre le

---

* REBÂTIR. — More a cru possible et suffisant de revenir en
arrière. Henry VII avait essayé d'enrayer la transformation des
cultures en pâturages, d'où sa popularité parmi les paysans. En
1514, une loi de Henry VIII interdit toute conversion de ce genre.
Mais il leur était impossible d'arrêter l'évolution capitaliste de
l'industrie drapière, de soustraire le marché de la laine à la loi de
l'offre et de la demande, dont More déplore les conséquences pour
les petits producteurs, et de revenir au système médiéval des prix
imposés. Ils s'appuyaient sur la petite noblesse terrienne, sur les
yeomen, descendants des archers de la guerre de France installés sur
la terre ; enfin, sur la classe nouvelle des marchands, qu'ils devaient
bien ménager aussi et dont les intérêts allaient changer la direction
de la politique anglaise. La gentry et les yeomen sont ces « nobles »
que More accuse de ne songer qu'à pressurer les paysans. Il juge du
reste le haut clergé plus sévèrement encore. Les évêques et les
monastères étaient prodigieusement riches, les prêtres de paroisse à
peu près aussi misérables que leurs ouailles.

fameux usage des disputeurs qui sont plus habiles à
répéter qu'à répondre, car leur point fort est la
mémoire.

— Vous avez, dit-il, fort bien parlé, du moins pour
un étranger qui parle par ouï-dire plutôt que par
expérience personnelle, comme je vais vous le montrer
en peu de mots. Je vais d'abord reprendre en suivant
ce que vous venez de dire, vous montrer ensuite les
points sur lesquels votre ignorance des choses de chez
nous vous a induit en erreur ; je réfuterai enfin
l'ensemble de vos conclusions et je les réduirai à rien.
Pour commencer la réplique promise à partir du
début, il me semble que sur quatre points vous...

— Silence, dit le cardinal. Un homme qui débute
de la sorte ne répondra pas brièvement. Aussi vous
dispensons-nous présentement de la peine de répondre, en vous la réservant tout entière pour votre
première rencontre que je voudrais fixer à demain, si
rien n'empêche ni vous ni notre ami Raphaël. D'ici là,
cher Raphaël, j'aimerais entendre de vous pourquoi
vous estimez qu'il ne faut pas punir le vol de la peine
capitale et quelle autre peine vous proposez comme
plus conforme à l'intérêt public. Car vous ne pensez
évidemment pas qu'on puisse le tolérer. Or, si tant de
gens ne pensent qu'à voler à présent qu'ils risquent la
mort, quelle autorité, quelle terreur retiendra les
malfaiteurs une fois qu'ils seront sûrs d'avoir la vie
sauve ? N'interpréteront-ils pas l'adoucissement de la
peine comme une récompense, une invitation à mal
faire ?

— Je crois simplement [23], mon révérend père, qu'il
est de toute iniquité* d'enlever la vie à un homme

---

* DE TOUTE INIQUITÉ. — More était un de ces « pauvres en
esprit » qui peuvent user des biens sans s'y attacher. S'il refuse au
juge, en équité, l'autorisation de condamner le voleur à mort, c'est à
partir d'une conviction profonde quant aux droits de l'homme sur
l'homme. Elle a été précisée par la méditation du chapitre XXII de
l'*Exode*, où il est dit que le voleur sera condamné à restituer, parfois
au double ; que s'il n'a rien, on le vendra pour ce qu'il a volé. Le
législateur ajoute : « Si le voleur est surpris la nuit faisant effraction

parce qu'il a enlevé de l'argent. Car tous les biens que l'on peut posséder ne sauraient, mis ensemble, équivaloir à la vie humaine. Le supplice compense, dira-t-on, non la somme dérobée, mais l'outrage fait à la justice, la violation des lois. N'est-ce pas là précisément ce « droit suprême » qui est une « suprême injustice [24] » ? Il ne faut pas considérer comme de bonnes lois des mesures semblables à celles de Manlius [25], où l'épée est levée dès la plus minime infraction, ni davantage ces raffinements des stoïciens qui estiment toutes les fautes égales et ne font aucune différence entre celui qui a tué un homme et celui qui a volé un écu, fautes entre lesquelles il n'y a ni ressemblance ni parenté, si l'équité n'est pas un vain mot. Dieu a interdit de tuer, et nous hésitons si peu à tuer pour un peu d'argent dérobé ! Si l'on interprète la loi divine en admettant que l'interdiction est suspendue lorsqu'une loi humaine parle en sens contraire, qu'est-ce qui empêchera les hommes, par un raisonnement tout semblable, de se mettre d'accord pour fixer les conditions où il sera permis de pratiquer la débauche, l'adultère, le parjure ? Alors que Dieu a retiré à l'homme tout droit sur la vie d'autrui et même sur la sienne propre, les hommes pourraient convenir entre eux des circonstances autorisant des mises à mort réciproques ? Exemptés de la loi divine, alors que Dieu n'y a prévu aucune exception, les contractants enverraient à la mort ceux qu'un jugement humain y aura condamnés ? Cela ne revient-il pas à

---

et qu'il soit frappé et meure, on n'est pas responsable du sang, mais si le soleil est levé, on en est responsable. » Le talion juif était plus humain que les lois chrétiennes. Une gravure de Jacques Callot, de 1633, dans sa suite des *Misères de la guerre*, montre un grand chêne où des soldats viennent de pendre une vingtaine de voleurs. Telle est, dit la légende, « la Justice des cieux qui menace le crime ». Le Journal de Barbier raconte à la date de septembre 1733 que, pendant l'audience de la grande chambre, un particulier vola un mouchoir dans la poche de son voisin. Il fut condamné à être marqué et à faire trois ans de galère. Il y eut trois voix pour le pendre. Le vol simple resta puni de mort en Angleterre jusqu'au milieu du XIXᵉ siècle.

affirmer que ce commandement de Dieu aura exactement la validité que lui laissera la justice humaine ?
Que, d'après le même principe, les hommes peuvent
décider à propos de toutes choses dans quelle mesure
il convient d'observer les préceptes divins ? J'ajoute
que la loi mosaïque, toute dure et impitoyable qu'elle
est — conçue pour des esclaves, et pour des esclaves
obstinés — punissait le vol d'une amende, non de la
mort. N'allons pas nous imaginer que Dieu, dans sa
nouvelle loi, loi de clémence édictée par un père pour
ses fils, ait pu nous donner le droit d'être plus sévères.

Voilà mes arguments contre la légitimité de la
peine. Combien absurde, combien même dangereux il
est pour l'Etat* d'infliger le même châtiment au
voleur et au meurtrier, il n'est, je pense, personne qui
l'ignore. Si le voleur en effet envisage d'être traité
exactement de la même façon, qu'il soit convaincu de
vol ou, par surcroît, d'assassinat, cette seule pensée
l'induira à tuer celui qu'il avait d'abord simplement
l'intention de dépouiller. Car, s'il est pris, il n'encourt
pas un risque plus grand et, de plus, le meurtre lui
donne plus de tranquillité et une chance supplémen-
taire de s'échapper, le témoin du délit ayant été
supprimé. Et voilà comment, en nous attachant à
terroriser les voleurs, nous les encourageons à tuer les
braves gens.

On me demandera, comme on le fait toujours, de
désigner une sanction plus opportune[26]. Ce qui serait
plus difficile, à mon avis, serait d'en trouver une pire.
Pourquoi mettre en doute l'efficacité du système qui,
nous le savons, a été longtemps approuvé des
Romains*, gens qui eurent comme personne la
science du gouvernement ? Ceux qui étaient convaincus de grands crimes, ils les envoyaient aux carrières

* DANGEREUX POUR L'ÉTAT. — Second argument dicté par
l'expérience d'un homme de loi. Elle parle avec tant de bon sens
qu'on s'étonne qu'elle ait mis si longtemps à être entendue.

* LES ROMAINS condamnaient les voleurs à des peines bien plus
sévères que les Hébreux, moins sévères cependant que celles qui
furent appliquées à l'époque moderne.

et aux mines, condamnés aux chaînes à perpétuité.

A vrai dire, aucune réglementation dans aucun pays ne me paraît sur ce point recommandable à l'égal de celle que j'ai consignée tandis que je voyageais en Perse, chez ces gens qu'on appelle les Polylérites *. Leur pays est important, bien gouverné, libre et autonome, si ce n'est qu'il acquitte un tribut annuel au roi des Perses. Comme il est éloigné de la mer, presque renfermé dans ses montagnes, et qu'une terre abondante en produits de toutes sortes satisfait à tous leurs besoins, ils voyagent rarement hors de chez eux et voient venir peu d'étrangers. Une vieille tradition les détourne de chercher à étendre leurs frontières, que les montagnes d'une part et, d'autre part, le tribut qu'ils payent au monarque suffisent à garantir contre toute menace. Libres de toute charge militaire, ce qui leur fait perdre en prestige ce qu'ils gagnent en bonheur, ils sont heureux, faute d'être célèbres ; je doute que leur nom soit connu en dehors de leur voisinage immédiat.

Eh bien, ceux qui chez eux sont convaincus de vol restituent l'objet dérobé à son propriétaire * et non, comme cela se fait le plus souvent ailleurs, au prince, car ils estiment que celui-ci n'y a pas plus droit que le voleur lui-même. Si l'objet a cessé d'exister, les biens du voleur sont réalisés, la valeur est restituée, le surplus est laissé à la femme et aux enfants. Quant aux voleurs, ils sont condamnés aux travaux forcés *.

---

* LES POLYLÉRITES. — Première apparition du thème de l'Utopie. Ce peuple pacifique vit dans ses montagnes, ignoré de tous. Il doit son bonheur à sa sagesse, à son obscurité, à son mépris de toute ambition et de toute grandeur. C'est le « Vivons cachés » d'Epicure à l'échelle d'un pays tout entier.

* ILS RESTITUENT AU PROPRIÉTAIRE, comme dans l'*Exode*, ce qui paraît remarquable à une époque où la justice soigne surtout les intérêts du prince.

* TRAVAUX FORCÉS. — La servitude, pour More, ne saurait être autre chose que le résultat, la sanction et l'expiation du péché. Ainsi pensent les Polylérites et, moins rigoureusement, les Utopiens, en accord avec l'enseignement de saint Augustin dans la *Cité de Dieu* (XIX, 15).

Si le vol a été commis sans circonstances aggravantes, ils ne sont pas enfermés dans une prison ni chargés d'entraves. Ils s'occupent librement des entreprises publiques. S'ils boudent à la besogne et se montrent paresseux, on ne les jette pas dans les chaînes, on recourt au fouet pour les stimuler. Ceux qui se donnent bravement de la peine n'ont à craindre aucun mauvais traitement. C'est pour la nuit seulement qu'après un appel nominal on les enferme dans leurs dortoirs*. S'ils n'étaient astreints à un labeur continuel, leur vie n'aurait rien de pénible. Ils sont en effet convenablement nourris : ceux qui travaillent pour l'Etat, par le trésor, de façon différente selon les endroits. Leur entretien en effet est parfois assuré par l'aumône, et cette ressource, encore qu'incertaine, est la plus abondante de toutes, tant ce peuple est charitable. Ailleurs, un crédit spécial leur est affecté, ou, encore, un impôt est frappé par tête à leur profit. Il arrive aussi qu'ils ne travaillent pas pour l'Etat ; un homme privé qui a besoin d'un ouvrier peut embaucher un condamné sur la place publique, pour un salaire fixé*, un peu moins élevé que ne serait celui d'un ouvrier libre. De plus, il est permis de fouetter les esclaves paresseux. Jamais de la sorte ils ne manquent de travail et, en plus de son entretien, chacun rapporte quelque chose au trésor public.

Leurs vêtements sont d'une couleur déterminée qu'ils portent tous et personne en dehors d'eux ; leurs cheveux ne sont pas rasés, mais un peu raccourcis au-dessus des oreilles dont l'une est marquée d'une

---

* ENFERME DANS LEURS DORTOIRS. — Les crimes et délits seront de même punis en Utopie par la servitude. Les travaux répugnants ou supposés dégradants seront ainsi épargnés aux citoyens, tout en permettant aux condamnés de se réhabiliter.

* SALAIRE FIXÉ. — More ne veut pas que les salaires s'avilissent, c'est pourquoi celui de l'ouvrier libre — qu'il n'est pas permis de fouetter — doit rester supérieur à celui du condamné. A la fin du XIXᵉ siècle, les défenseurs des ouvriers protestèrent contre les salaires dérisoires accordés aux détenus travaillant dans les prisons, qui leur faisaient ainsi une concurrence involontaire.

échancrure. Leurs amis peuvent leur donner à manger et à boire, et aussi des vêtements de leur couleur particulière. Mais un cadeau d'argent vaudrait la peine capitale* à celui qui le donnerait et à celui qui l'accepterait. Un homme libre courrait le même risque s'il recevait de l'argent d'un condamné, et un esclave — c'est ainsi qu'on les désigne — s'il touchait à des armes.

Les esclaves portent dans chaque province un insigne particulier ; il leur est interdit sous peine de mort de s'en dépouiller, comme aussi d'être découverts en dehors des limites de leur province ou d'entrer en conversation avec un esclave d'une autre province. Préparer une évasion comporte le même danger que la fuite elle-même. Un esclave qui intervient comme complice dans un plan de ce genre sera mis à mort ; un homme libre y perdra la liberté. Des récompenses* au contraire ont été fixées pour le dénonciateur ; de l'argent pour l'homme libre, la liberté pour l'esclave ; pour l'un et l'autre, le pardon et l'impunité. Car on veut qu'il soit moins dangereux de se repentir d'un projet coupable que de le mettre à exécution.

C'est ainsi que la loi règle ce problème : on voit aussitôt combien elle est tout ensemble humaine et opportune. Elle sévit pour empêcher les actes tout en sauvant les hommes, qu'elle traite de telle sorte qu'ils soient forcés de se bien conduire et qu'ils aient tout le reste de leur vie pour réparer le mal* qu'ils ont commis.

---

* LA PEINE CAPITALE. — Le système entier, qui est clément et qui suppose une confiance réciproque, ne peut subsister que si l'on punit sévèrement ceux qui le compromettent en trompant cette confiance.

* DES RÉCOMPENSES. — More ne semble pas avoir vu que ce système encourageait les délations, les accusations mensongères et la provocation à l'évasion.

* RÉPARER LE MAL. — More pense moins au tort matériel causé par le vol, et qui est déjà réparé par la restitution, qu'au tort moral représenté par le péché. C'est là une des raisons, qu'il ne formule pas, de son hostilité envers la peine de mort. Il faut laisser au

On redoute si peu au surplus de les voir retomber dans leurs errements passés qu'un voyageur au moment de son départ ne se confie à aucun guide plus volontiers qu'à des esclaves, qui seront remplacés par d'autres à la frontière de chaque province. Ces hommes en effet sont dans les conditions les plus fâcheuses pour accomplir un brigandage : pas d'armes dans les mains ; de l'argent suffirait à les dénoncer comme voleurs ; un châtiment tout prêt pour celui qui se ferait prendre ; aucune possibilité d'évasion où que ce soit. Comment un fuyard se dissimulerait-il quand son vêtement diffère par toutes ses pièces de celui des autres ? A moins qu'il ne s'échappe tout nu, et même alors il serait trahi par son oreille mutilée. Mais ne pourraient-ils tous ensemble comploter dangereusement contre l'Etat ? Comme si un groupe de compagnons pouvait avoir la moindre espérance de succès sans avoir préalablement sondé et pressenti, dans plusieurs autres provinces, les collectivités d'esclaves ? Et celles-ci sont si loin de pouvoir se conjurer qu'il est interdit à leurs membres de se rencontrer, de se parler, de se saluer. Et ils iraient confier leurs projets à leur entourage, lequel, ils le savent, serait en péril s'il garde le silence, recevrait des avantages s'il les dénonce ? Chacun en revanche, s'il est docile et patient, s'il donne l'espoir d'un amendement à venir, peut espérer retrouver un jour la liberté, car il ne se passe pas d'année que quelques condamnés ne doivent leur réhabilitation à leur bonne conduite.

J'ajoutai encore que je ne voyais aucune raison pourquoi cette méthode ne serait pas appliquée en Angleterre, avec bien plus de profit que le châtiment

---

coupable la possibilité de se repentir et d'offrir son châtiment en expiation de sa faute. Le repentir est ici récompensé par l'Etat lui-même, puisque la durée de la peine est réduite pour les condamnés qui se conduisent bien. Il en est ainsi chez les Utopiens comme chez les Polylérites. Le Penal Servitude Act de 1853 autorise le juge anglais à libérer conditionnellement un condamné.

tant prôné par le jurisconsulte. Celui-ci répondit :

— Jamais rien de tel ne pourrait être instauré en Angleterre sans mettre l'Etat dans le plus grand danger.

En disant ces mots, il secouait la tête et pinçait les lèvres, avant de se confiner dans le silence. Et tous les assistants d'applaudir. Le cardinal dit cependant :

— Il n'est pas facile, avant d'en avoir fait l'expérience, de savoir si une mesure sera profitable ou néfaste. Le prince toutefois, après avoir prononcé la condamnation à mort, pourrait ordonner de différer l'exécution et mettre un tel règlement à l'essai, après avoir suspendu le privilège des lieux d'asile *. Si la tentative donnait de bons résultats, on ferait sagement d'adopter la méthode. Dans le cas contraire, la sentence serait exécutée sans plus de dommage pour la justice que si elle n'avait pas été différée, sans risque non plus pour la sûreté de l'Etat. Ce qui me paraît certain en tout cas, c'est que l'on pourrait utilement traiter de cette manière les vagabonds * contre lesquels jusqu'à présent on a pris quantité de lois sans arriver à rien qui vaille.

Le cardinal n'avait pas plutôt prononcé ce jugement qui, formulé par moi, avait été accueilli par un mépris général, que tous se mirent à le louer à l'envi, notamment en ce qui concerne les vagabonds, parce que l'addition était de lui. Ce qui suivit, je ferais peut-être mieux de le passer sous silence, car ce fut une

---

* LE PRIVILÈGE DES LIEUX D'ASILE, combattu depuis longtemps par le pouvoir civil, fut réduit en France puis supprimé par Louis XII et François Ier. La rupture protestante le fit disparaître ailleurs.

* LES VAGABONDS étaient traités avec une extrême sévérité qui s'aggrava quand les rois Tudor chargèrent les paroisses d'organiser la bienfaisance. Elles veillaient avant tout à empêcher les indigents de pénétrer chez elles ; leurs juges châtiaient le vagabondage du fouet, de la marque, de la mort en cas de récidive. Faire l'aumône à un vagabond était un délit. Chaque homme était en fait emprisonné dans son village.

bouffonnerie*. Je la raconterai néanmoins, car elle
n'était pas mauvaise, ni sans rapport avec notre
sujet.

Il y avait là un parasite qui semblait vouloir jouer le
rôle d'un fou, mais en s'y prenant de telle sorte que
l'on riait de lui plutôt que de ses plaisanteries, tant
celles-ci faisaient long feu. Parfois cependant il disait
des choses qui n'étaient point sottes, pour confirmer
l'adage : « A force de jeter les dés, on finit par avoir le
double-six. » Quelqu'un de la compagnie fit remarquer que j'avais réglé le sort des voleurs, que le
cardinal avait pensé aux vagabonds, qu'il ne restait
donc plus qu'à s'occuper officiellement de ceux que la
maladie* ou la vieillesse jettent dans l'indigence et
rendent incapables de tout travail qui les puisse
nourrir[27].

— Laissez-moi faire, dit le parasite. J'aurai bientôt
trouvé le bon remède. C'est une espèce de gens que je
souhaite ardemment expédier là où je sois sûr de ne

---

* BOUFFONNERIE. — L'épisode est supprimé dans les *Latina
opera omnia* imprimés à Louvain en 1565. Malgré son titre, le
volume n'est qu'un choix où manquent les textes — notamment les
lettres à Erasme — où More affirme la nécessité d'une réforme de
l'Eglise. Le choix a été fait par des émigrés catholiques réfugiés aux
Pays-Bas après l'avènement d'Elizabeth, notamment William Rastell, neveu de More, gendre de John Clement et de Margaret Gigs.
Ils n'ont accepté de More que son orthodoxie et son traditionalisme.
More hésite censément à rappeler l'intervention du parasite et celle
du théologien — un dominicain dont le latin est déplorable — parce
qu'il la considère comme une dissonance ; les moqueries qu'il lance
à cette occasion contre l'avarice et l'ignorance des gens d'Eglise ne
choquaient personne au début du siècle. Elles ne semblèrent trop
hardies qu'après que Luther eut prononcé des critiques plus
radicales. On se mit alors à expurger *L'Utopie*. — Le parasite de la
comédie antique est un homme d'esprit qui paie son écot par de
bonnes plaisanteries, en amusant son hôte. Le fou des rois et des
grands est un compagnon qui a son franc-parler. More, comme
Morton, en avait un, cet Henry Patenson dont l'humour ne valait
certes pas celui de son maître.
* MALADIE. — L'idée de donner des pensions de vieillesse et
d'invalidité ne serait venue alors à personne, pas même à More.

pas les voir. Ils m'importunent trop souvent en me demandant l'aumône avec des pleurnicheries et des lamentations, sans toutefois que tant d'incantations aient jamais pu m'arracher un sou. De deux choses l'une : ou bien je n'ai rien à donner, ou bien je n'en ai pas envie. Aussi maintenant commence-t-on à me connaître. Les pauvres ne perdent plus leur temps. Quand ils me voient passer, ils s'écartent sans rien dire, sachant qu'il n'y a rien à espérer de moi, pas plus, par Dieu, que si j'étais un prêtre. Tous ces mendiants, je propose, moi, que l'on vote une loi pour les répartir parmi les couvents bénédictins et qu'ils y deviennent les frères lais, comme on dit. Les femmes, j'ordonne qu'elles deviennent des nonnes.

Le cardinal sourit, trouvant la plaisanterie bonne ; les autres approuvèrent comme si l'autre parlait sérieusement.

Un frère, un théologien, rit tellement de ce qui venait d'être dit contre les prêtres et les moines qu'il entra dans le jeu, alors qu'en général il était sérieux à en paraître sinistre.

— Tu n'en as pas fini avec les mendiants, dit-il, avant d'avoir réglé notre sort à nous les moines.

— Mais il est tout réglé, dit le parasite. Le cardinal y a fort bien pourvu lorsqu'il a décidé de mettre les vagabonds sous clef et de les obliger à travailler. Vous êtes les pires vagabonds du monde.

Sur quoi tous consultèrent le cardinal du regard et, voyant qu'il ne protestait pas, se mirent à rire de tout leur cœur, à l'exception du frère. Aspergé de ce vinaigre, celui-ci, et je ne m'en étonne pas, fut pris d'une telle indignation, d'une telle fièvre qu'il ne put retenir ses injures. Il traita l'autre de fripon, de calomniateur, de diffamateur, de fils de perdition, le tout mêlé de menaces terribles tirées de l'Ecriture Sainte.

Le bouffon alors commença à bouffonner pour de bon, et il était là sur son terrain.

— Ne vous fâchez pas, mon bon frère, dit-il, car il

est écrit * : *C'est dans la patience que vous posséderez vos âmes.*

A quoi le frère, je reproduis ses propres termes, répliqua :

— Je ne me fâche pas, gibier de potence, ou, si je le fais, c'est sans pécher, car le Psalmiste a dit : *Mettez-vous en colère et ne péchez pas* [28].

Comme le cardinal exhortait doucement le frère à se calmer :

— Mais, seigneur, dit-il, je ne parle ainsi que par piété et par zèle, comme c'est mon devoir. Car les saints ont toujours été remplis d'un zèle pieux. C'est pourquoi il est dit : *Mon zèle pour ta maison m'a dévoré.* Et l'on chante à l'église :

> *Ceux qui se moquent d'Elisée*
> *tandis qu'il va vers la maison de Dieu,*
> *sentent le zèle de ce chauve.*

De même peut-être ce moqueur, ce bouffon, ce ribaud, va sentir le mien.

— Vous agissez probablement dans une bonne intention, dit le cardinal, mais vous agiriez, je pense, plus pieusement peut-être, plus sagement à coup sûr, en évitant un combat ridicule avec un fou ridicule.

— Ma conduite, monseigneur, ne saurait être plus sage, car Salomon, le sage des sages, a dit lui-même : *Réponds au fou conformément à sa folie*, et c'est ce que je ferai en lui montrant le fossé où il tombera, s'il n'y prend bien garde. Car si des moqueurs en grand

---

* IL EST ÉCRIT. — Les trois premières citations correspondent à *Luc*, XXI,19 ; Ps IV, 5 ; LXIX, 9 (*Vulg.* LXVIII, 10). Les vers qui suivent sont tirés de l'hymne *De Resurrectione Dei* d'Adam de Saint-Victor (XIIᵉ siècle). Le théologien les cite tout de travers. More se moque d'une méthode de discussion qui consiste à détacher une phrase de son contexte et à s'en servir pour n'importe quel usage. Il en est de même des proverbes qui prouvent tout et qui ne prouvent rien. Le conseil que le théologien allègue ici (*Proverbes*, XXVI, 5) est précédé d'un autre qui dit tout le contraire. Tout l'épisode fait penser à un sermon bouffon de la fin du Moyen Age.

nombre ont éprouvé le zèle d'un seul chauve, Elisée, combien davantage ce seul railleur éprouvera-t-il le zèle de tous nos frères parmi lesquels les chauves sont si nombreux ? Sans compter que nous avons une bulle pontificale qui excommunie tous ceux qui se moquent de nous.

Voyant qu'on n'en finirait pas, le cardinal renvoya d'un signe le parasite et détourna sagement la conversation vers un autre sujet. Bientôt après, il se leva de table pour aller recevoir des gens qui avaient des requêtes à lui présenter et il nous congédia [29].

De quel long discours je vous ai accablé, mon cher More ! J'en éprouverais quelque confusion si vous ne me l'aviez demandé avec insistance et si vous ne m'aviez écouté avec l'air de souhaiter que je n'omette rien de cet entretien. J'aurais dû le resserrer davantage, mais il me fallait bien le rapporter entièrement si je voulais vous permettre d'apprécier le jugement de ceux qui avaient méprisé une opinion quand c'était moi qui l'avais formulée et qui, en un tournemain, furent unanimes à l'approuver parce que le cardinal ne l'avait pas rejetée, si empressés à être de son avis qu'ils furent tout sourire pour les inventions de son parasite, prêts à prendre au sérieux ce que le maître acceptait comme une plaisanterie. Mesurez par là le crédit que mes conseils trouveraient à la Cour.

— Vraiment, cher Raphaël, dis-je, vous m'avez donné bien du plaisir, si juste et si amusant à la fois était tout ce que vous avez dit. J'ai eu de plus l'impression de retrouver à la fois ma patrie et, d'une certaine façon, mon enfance, par l'agréable évocation de ce grand cardinal, à la cour duquel j'ai été élevé. Ce haut souvenir que vous gardez de lui, vous ne pouvez imaginer, mon cher Raphaël, combien il vous rend encore plus cher à mes yeux, alors que vous l'étiez déjà éminemment. Et cependant je n'arrive pas à changer d'avis. Je suis convaincu que, si vous vous persuadiez de dominer votre horreur pour les cours, vous pourriez par vos conseils être des plus utile à la chose

publique. C'est par conséquent un devoir primordial
pour l'homme de bien que vous êtes. En effet, votre
cher Platon estime que les Etats n'ont chance d'être
heureux que si les philosophes sont rois ou si les rois se
mettent à philosopher [30]. Combien s'éloigne ce bonheur si les philosophes ne daignent même pas donner
aux rois leurs avis ?

Ils ne seraient pas égoïstes, dit-il, au point de s'y
refuser (et beaucoup ont prouvé leur bonne volonté
par leurs ouvrages [31]), si les détenteurs du pouvoir
étaient enclins à écouter de bons conseils. Mais Platon
a vu juste : si les rois en personne ne sont pas
philosophes, jamais ils ne se rangeront aux leçons des
philosophes, imbus qu'ils sont depuis l'enfance
d'idées fausses et profondément empoisonnés par
elles. Lui-même en a fait l'expérience à la cour de
Denys. Et moi, si je proposais à un roi, quel qu'il soit,
des mesures saines, si je tentais d'arracher de son cœur
la pernicieuse semence jetée par les mauvais conseillers, ne comprenez-vous pas que je serais aussitôt en
situation d'être chassé sur-le-champ ou traité comme
un bouffon ?

Imaginez que je me trouve chez le roi de France *,
siégeant dans son Conseil. En une séance ultra-
secrète, que préside le roi lui-même au milieu du
cercle de ses sages, on discute dans le moindre détail
les moyens et ruses pour garder Milan, pour retenir
Naples qui se dérobe, renverser et soumettre l'Italie
entière ; puis pour annexer la Flandre, le Brabant,
enfin toute la Bourgogne, ainsi que les pays que
depuis longtemps il envahit en pensée.

L'un lui conseille de conclure avec Venise un traité

---

* CHEZ LE ROI DE FRANCE. — Ce qui suit est l'histoire des
guerres d'Italie telle que la raconte Machiavel au 3ᵉ chapitre du
Prince, Machiavel exposant les fautes qui firent que la conquête
française ne fut pas durable, More jugeant la méthode au nom de la
morale et montrant la vanité des succès qu'elle assure. Machiavel
ignore à peu près dans le conflit le rôle de l'Angleterre, qui vient ici
au premier plan. Les procédés y étaient les mêmes que dans la
péninsule.

qu'il respectera aussi longtemps qu'il y trouvera avantage, de se mettre en confiance avec la république, de déposer même chez elle une partie du butin, pour l'y reprendre aussitôt obtenu le succès désiré. Un autre conseille d'engager des soldats allemands, de faire miroiter de l'argent aux yeux des Suisses ; un autre encore, de se rendre propice ce dieu irrité qu'est la majesté impériale en apportant à son autel une offrande en or. Un autre veut qu'il se réconcilie avec le roi d'Aragon et lui cède le royaume de Navarre, sur lequel il n'a aucun droit, comme promesse et gage de paix. Un autre estime qu'il fait bien de s'attacher le prince de Castille par l'espoir d'une alliance et de gagner quelques seigneurs de sa cour en leur payant régulièrement une pension.

On en vient alors au nœud de la question : quelles dispositions prendre à l'égard de l'Angleterre ? En tout cas, faire la paix avec elle et resserrer par des liens solides une alliance qui reste toujours fragile ; traiter d'amis ceux que l'on surveillera cependant comme des ennemis ; garder les Ecossais en réserve *, prêts à être lâchés au premier mouvement des Anglais ; et pour cela, avoir au chaud, en grand secret — car les traités interdisent de le faire ouvertement — quelque noble en exil * qui ait des prétentions à la couronne, afin de tenir le prince en respect.

A ce moment, dis-je, tandis qu'on prépare de tels bouleversements, alors que tant d'hommes distingués rivalisent d'ingéniosité pour préparer la guerre, moi,

---

* GARDER LES ÉCOSSAIS EN RÉSERVE. — Henry VIII en 1513 venait de conquérir Thérouane et Tournai sur Louis XII lorsqu'il apprit que l'armée de son beau-frère Jacques d'Ecosse entrait en Angleterre. Elle fut défaite à Flodden et Jacques IV fut tué. Henry s'efforça alors d'amener en Angleterre, sous couleur de les protéger, la reine sa sœur et Jacques V âgé d'un an.

* QUELQUE NOBLE EN EXIL. — Charles VIII et Marguerite d'York, veuve du Téméraire, soutinrent contre Henry VII les prétentions de Perkin Warbeke, qui se faisait passer pour un des fils d'Edouard IV, morts dans la Tour. Jacques IV l'accueillit en Ecosse, le maria à une de ses cousines et l'emmena avec lui dans son raid contre l'Angleterre.

un homme de rien, je me lèverais avec le conseil
d'amener les voiles, de renoncer à l'Italie * et de rester
au foyer, le seul royaume de France étant presque trop
grand pour qu'un homme puisse bien l'administrer,
sans que son roi songe encore à s'annexer d'autres
territoires, et je proposerais en exemple la décision des
Achoriens, un peuple qui habite au sud-est de l'île
d'Utopie.

Les Achoriens *, dirais-je, avaient lutté jadis pour
conquérir à leur roi un royaume qu'il prétendait lui
revenir par droit de naissance, en vertu d'un mariage
ancien. Arrivés à leurs fins, ils constatèrent que la
possession leur donnait autant de mal que la
conquête ; que les germes de rébellion interne et de
guerre étrangère se multipliaient à la fois à l'intérieur
du peuple annexé et contre lui ; qu'ils devaient
perpétuellement être en alerte et se battre, soit pour
leurs nouveaux sujets soit contre eux ; que l'armée ne
pouvait jamais être licenciée ; qu'entre-temps leur
propre pays était mis au pillage ; que l'argent fuyait à
l'étranger ; qu'ils payaient de leur sang la vanité d'un
seul ; que la paix n'en était pas plus assurée ; que la
guerre, chez eux, corrompait les mœurs ; que le goût
du brigandage se répandait partout ; que l'habitude de
tuer poussait à toutes les audaces ; que les lois étaient
méprisées : tout cela parce que l'attention du roi,
partagée entre ses deux royaumes *, s'appliquait insuf-

* RENONCER À L'ITALIE. — Le mouvement du passage est celui
de la conversation de Pyrrhus et de Cinéas (thème repris, avec une
bouffonnerie qui ne lui enlève rien de son sérieux profond, par
Rabelais dans le Conseil de guerre de Picrochole) avec cette
différence qu'il ne s'agit pas de la marche conquérante d'un roi qui
va de victoire en victoire jusqu'au néant final, mais d'une série
d'avis qui appuient une politique malhonnête. Seulement, Eche-
phron et Cinéas se placent au point de vue du prince auquel ils
conseillent l'hédonisme comme une solution de sagesse. More se
place au point de vue du peuple, ce que fait aussi Boileau dans la
première *Epître*.
* LES ACHORIENS. — Seconde annonce du thème de *L'Utopie*.
* SES DEUX ROYAUMES. — Edouard III prétendit au trône de
France parce qu'il était, par sa mère, petit-fils de Philippe le Bel.

fisamment à chacun d'eux. Lorsqu'ils virent qu'il n'y
avait pas d'autre remède, ils prirent enfin un parti et
donnèrent courtoisement le choix à leur roi : qu'il
garde un des deux pays à sa convenance, car il n'était
pas possible de les conserver tous les deux, eux-mêmes
étant déjà trop nombreux pour être gouvernés par une
moitié de roi. Personne n'aimerait avoir un muletier
qu'il dût partager avec son voisin. Ce bon roi fut donc
forcé de remettre son nouveau royaume à un de ses
amis, qui fut chassé peu après, et de se contenter du
premier.

Si je montrais ensuite que toutes ces ambitions
belliqueuses bouleversent les nations, vident les trésors, détruisent les peuples et n'aboutissent, en dépit
de quelque succès, à aucun résultat : que le roi
s'attache donc au royaume légué par ses ancêtres, qu'il
l'embellisse de son mieux et le rende le plus florissant
possible ; qu'il aime son peuple et s'en fasse aimer ;
qu'il vive au milieu des siens ; qu'il les gouverne avec
douceur et laisse en paix les pays étrangers, étant
donné que son domaine actuel est dès à présent assez
et trop étendu pour lui — de quelle humeur, mon cher
More, pensez-vous que ce discours serait écouté ?

— D'assez mauvaise humeur, répondis-je.

— Continuons. Supposons qu'un roi soit occupé à
étudier avec ses ministres de savants moyens d'accumuler des trésors *.

Le premier lui conseille d'augmenter la valeur

Lorsqu'en 1523 Henry VIII fut en guerre avec la France, le duc de
Norfolk lui annonça qu'il renverserait bientôt François Ier comme
son père avait renversé Richard III. More jugeait ces jeux de princes
comme Erasme lui-même qui adresse à Charles de Castille, dans
l'*Institutio principis christiani*, cette remarque, qui ne fut pas
entendue : « Le royaume de France, qui est le plus florissant du
monde, le serait davantage s'il avait renoncé à conquérir l'Italie. »

* ACCUMULER DES TRÉSORS. — Raphaël critique la politique
financière des rois anglais, et surtout de Henry VII. Celui-ci n'est
pas nommé, non plus que l'Angleterre. D'autres souverains, dans
d'autres pays, ont employé des méthodes analogues. Mais c'est
surtout à ses compatriotes que More rappelle ici de désagréables
expériences.

fictive de la monnaie* pour les paiements qu'il doit faire, mais de l'abaisser abusivement pour les sujets qui s'acquittent de leurs impôts, afin de payer davantage avec peu d'argent et de trop recevoir.

Un autre lui conseille de faire des préparatifs de guerre, bon prétexte pour réclamer des aides*, puis de conclure la paix avec toutes sortes de cérémonies religieuses, afin d'éblouir le petit peuple par le spectacle d'un prince pieux qui redoute de verser le sang.

Un autre lui suggère de remettre en vigueur des lois tombées en désuétude : comme personne ne s'en souvient plus, tout le monde les transgressera. Que le roi fasse rentrer les amendes* : pas de revenu plus abondant et plus honorable, puisqu'il porte le masque de la justice.

Un autre propose d'introduire, sous de fortes peines d'argent, une foule de prohibitions nouvelles, la plupart en faveur du peuple, puis de vendre des dispenses à ceux que gêne l'interdiction. Le peuple lui

---

* MONNAIE. — Edouard IV décréta que ses nouvelles pièces, l'ange et l'angelot, auraient la même valeur que le noble et le demi-noble, sans avoir le même poids. Henry VII fit rentrer de vieilles pièces usées, non à leur valeur nominale, mais au poids, ce qui lui permit de réaliser un fort bénéfice. Henry VIII et Edouard VI ont altéré leur propre monnaie.

* AIDES. — En 1492, Henry VII leva des contributions extraordinaires sous couleur de défendre Anne de Bretagne que Charles VIII voulait épouser. Il débarqua à Calais, investit Boulogne et rentra chez lui dès que Charles VIII lui eut versé une somme suffisante.

* AMENDES. — Une vieille loi d'Edouard IV interdisait temporairement l'exportation de monnaies d'or et d'argent. En 1500, Erasme vint à Londres avec une certaine somme en pièces du continent. More lui affirma qu'il pourrait la remporter avec lui, puisqu'elle n'était pas en numéraire anglais, et n'avait été ni gagnée ni reçue dans le pays. A la douane toutefois elle lui fut presque entièrement enlevée, mésaventure qu'il n'oublia pas aisément. Le droit pénal sous Henry VII est une codification de l'escroquerie au profit du prince. Morton était mort en 1500, après avoir tiré des Anglais tout l'argent qu'il avait pu. Quand Henry VIII devint roi en 1509, il fit mettre à la Tour puis décapiter Empson et Dudley, conseillers de son père et détestés du peuple.

en sera reconnaissant et lui-même fera double recette.
Car il recevra d'une main les amendes de ceux qui, par
cupidité, enfreindront la loi, et de l'autre, le rachat des
dispenses. Plus celui-ci sera élevé, plus il témoignera
en faveur d'un bon roi, qui n'accorde rien aux intérêts
privés contre le bien public, sinon à contrecœur, c'est
pourquoi il exige que l'on y mette le prix.

Un autre conseille de gagner les juges afin qu'ils
tranchent n'importe quel cas au bénéfice du roi ; que,
pour plus de sûreté, il les fasse venir au palais afin
qu'ils discutent en sa présence les affaires de la
couronne. Nulle cause de la sorte ne sera si évidemment injuste que l'un d'eux, devant lui, soit par amour
de la contradiction, soit par désir de présenter une
opinion singulière, soit pour lui faire sa cour, ne
trouve quelque fissure par où une fausse interprétation puisse se glisser. Tandis qu'une question claire
comme le jour est discutée de la sorte par des juges aux
opinions divergentes et que la vérité est mise en doute,
une perche est tendue au roi pour lui permettre
d'interpréter le droit à son avantage personnel. Les
autres acquiesceront par embarras ou par crainte, et le
tribunal enfin prononcera la sentence sans hésitation.
Car celui qui décide en faveur du prince se sent
toujours couvert, puisqu'il lui suffit d'alléguer, ou
bien la lettre de la loi, ou bien quelque texte habilement interprété ou, à défaut de tout cela, ce qui pèse
plus lourd que toutes les lois du monde dans l'esprit
de ces hommes scrupuleux, l'indiscutable privilège
royal. Et tous seront d'accord pour dire avec Crassus *
qu'aucun trésor n'est assez abondant pour un prince
qui doit nourrir une armée ; qu'un roi ne peut rien
faire d'injuste alors même qu'il le voudrait, étant
donné que tout ce que chacun possède est à lui et
jusqu'aux personnes mêmes, un sujet en fait n'ayant

---

* CRASSUS. — More cite de mémoire, et inexactement, un
passage de Pline (*Histoire naturelle*, 33, 10) où Crassus déclare qu'un
homme ne peut se dire riche s'il est incapable de nourrir une légion
avec le revenu d'une année. « Un roi ne vit pas de peu », dit
Rabelais.

de biens que ce que la générosité royale consent à lui
laisser ; et l'intérêt du prince exige que ce soit le moins
possible, car il serait dangereux pour sa sûreté[32] que
l'argent et la liberté montassent à la tête du peuple,
lequel dans ce cas supporterait plus difficilement une
domination dure et injuste, tandis que l'indigence et la
misère émoussent les courages, les rendent passifs, et
enlèvent aux opprimés l'audace nécessaire pour se
révolter.

Si à ce moment je me levais de nouveau, si je
soutenais que toutes ces propositions sont indignes du
roi et capables de lui nuire, car sa grandeur, sans
même parler de sa sécurité, réside dans la richesse de
son peuple plus encore que dans la sienne propre ; si je
montrais que les sujets choisissent un roi, non pour
lui, mais pour eux-mêmes, afin de vivre heureux, en
sécurité, à l'abri des injures, grâce à ses efforts et à sa
sollicitude ; que le roi par conséquent doit s'occuper
plutôt du bonheur de son peuple que du sien propre,
exactement comme le rôle du berger * est de nourrir
ses moutons avant de penser à lui-même, si toutefois il
est un vrai pasteur ?

* LE RÔLE DU BERGER. — La comparaison du roi avec le pasteur
est vieille comme le monde. Elle est déjà familière à Homère,
développée par Platon (*République*, I, 343a), sans compter que More
a pu la trouver chez les prophètes (par exemple chez Ezéchiel, 34).
Mais la banalité de l'image ne doit pas nous induire en erreur. More
défend ici une des idées qui lui sont le plus chères en combattant la
conception autocratique de la royauté, telle que les deux premiers
rois Tudor, sous ses yeux, l'instauraient en Angleterre. Le prince
qu'il souhaite, qui « donne de bons principes à son peuple », c'est le
roi philosophe et éducateur de Platon. Il a aussi des traits
médiévaux : « Qu'il vive de son domaine personnel », comme au
temps où il séjournait successivement dans chacune de ses fermes.
More défend aussi, et ce ne fut pas seulement en théorie, le droit du
Parlement à voter l'impôt. En 1504, Henry VII convoqua le
Parlement et lui demanda une aide de 90 000 livres pour le mariage
de sa fille Marguerite avec le roi d'Ecosse. More, âgé de 26 ans,
venait d'être élu député ; il obtint que l'aide fût réduite à
40 000 livres. Le roi, furieux contre le « beardless boy », trouva un
prétexte pour infliger une amende de 100 livres à son père, le juge
John More, qu'il enferma à la Tour jusqu'à ce que la somme eût été
entièrement payée.

Quant à croire que la misère du peuple soit une garantie de sûreté et de paix, l'expérience prouve assez que c'est la plus grande des erreurs. Où y a-t-il plus de bagarres que parmi les mendiants ? Qui est le plus empressé à bouleverser l'état de choses existant, sinon celui qui est mécontent de son lot ? Qui s'élance plus témérairement dans la voie de la révolution que celui qui n'a rien à perdre et qui espère gagner au changement ? Un roi qui serait méprisé et haï de son peuple au point de ne pouvoir tenir ses sujets en respect que par des rigueurs, des extorsions, des confiscations, un roi qui les réduirait à mendier, mieux vaudrait pour lui abdiquer tout d'un coup que d'user de procédés qui lui gardent peut-être la couronne, mais qui lui enlèvent sa grandeur, car la dignité royale consiste à régner sur des gens prospères et heureux, non sur des mendiants. C'est ce que comprit fort bien Fabricius, un homme d'un caractère fier et élevé, lorsqu'il dit qu'il aimait mieux commander à des gens riches qu'être riche lui-même.

En effet, se trouver seul à vivre dans les plaisirs et les délices au milieu des gens qui tout autour gémissent et se plaignent, ce n'est pas être un roi, c'est être un gardien de prison. Enfin, c'est un bien mauvais médecin, celui qui ne sait guérir une maladie sinon en en infligeant une autre. Le roi de même qui ne parvient à garder ses sujets dans le devoir qu'en les privant de ce qui rend la vie agréable, qu'il reconnaisse son incapacité à gouverner des gens libres, ou, mieux encore, qu'il se corrige de sa paresse et de son orgueil, car c'est généralement à cause de ces deux défauts qu'il est méprisé ou haï de son peuple ; qu'il vive de son domaine personnel, sans faire de mal à personne ; qu'il règle sa dépense sur ses revenus ; qu'il tienne le mal en bride en prévenant les crimes par les bons principes qu'il aura donnés à son peuple plutôt qu'en les punissant après les avoir laissés proliférer ; qu'il ne remette pas arbitrairement en vigueur des lois tombées en désuétude, celles surtout que personne ne souhaite voir exhumées d'un long oubli ; que jamais, sous couleur de châtier un délit, il ne s'attribue des biens qu'un juge refuserait à un homme privé, car il taxerait la confiscation de fourberie et d'injustice.

Que je leur mette alors sous les yeux cette loi des Macariens [33], un autre peuple voisin de l'Utopie, dont le roi, le jour de son avènement, s'interdit par serment, après avoir offert de grands sacrifices, de jamais tenir dans son trésor plus de mille pièces d'or * ou l'équivalent en argent. Cette loi, disent-ils, leur vient d'un prince excellent, plus préoccupé de la prospérité de la patrie que de son propre enrichissement ; il voulut empêcher ainsi une accumulation de ressources qui appauvrirait celles du peuple. Il considérait la somme comme suffisante si le roi avait des rebelles à combattre ou que l'État dût se défendre contre des incursions ennemies, trop faible en revanche pour lui donner envie d'envahir un pays étranger. Telle fut la raison principale qui lui fit établir cette loi. Il estima de plus que la réserve serait suffisante pour couvrir les échanges normaux entre citoyens ; enfin, comme le souverain est obligé d'introduire une demande pour tout ce qui ferait monter son trésor au-dessus du niveau prévu, il ne s'aviserait pas de chercher des prétextes pour entreprendre une politique de violence. Un tel roi est bien fait pour être redouté des méchants, aimé des bons.

* MILLE PIÈCES D'OR. — Henry VII en mourant laissait dans ses coffres près de 2 millions de livres, ce qui permit à son successeur d'être plus que lui indépendant du Parlement et de mener une politique que More réprouve par principe et dont il déplore les inconvénients pour le pays. Dès 1513, Henry VIII, âgé de 22 ans, entra dans la Ligue dirigée par Jules II contre Louis XII. L'expédition coûta cher et ne rapporta rien. Henry VIII ne profita pas de la leçon. Il attaqua de nouveau la France en 1522, conjointement avec Charles Quint. Il demanda aux Communes une aide de 800 000 livres, ce qui représentait un impôt de cinq shillings par livre sur toutes les fortunes. More était alors membre du Conseil du roi et vice-trésorier. Il eut peine à dissimuler sa désapprobation, mais il fut bien obligé d'appuyer la requête au Parlement. Il dut ce jour-là réfléchir à la pertinence des jugements qu'il avait mis dans la bouche de Raphaël. L'expédition d'Italie fut, pour l'Angleterre, aussi vaine que celle de France.

Si je venais donner cet exemple et d'autres du même genre à des hommes que tout porte du côté opposé, ne serait-ce pas conter une histoire à des sourds ?

— A des sourds surdissimes, assurément, dis-je, et cela n'aurait rien d'étonnant. A vrai dire, je ne vois pas l'utilité de tenir de tels discours, de donner de tels conseils quand on est sûr qu'ils ne trouveront aucun écho. Qu'y gagnerait-on ? Comment un langage si nouveau, adressé à des hommes dont une conviction tout opposée a préalablement conquis l'esprit et l'occupe entièrement, trouverait-il le chemin de leur cœur ? Ces considérations théoriques [34] sont très agréables dans un entretien familier entre quelques amis. Mais elles ne sauraient avoir aucune place dans les conseils des princes, où de grandes affaires sont traitées avec une autorité souveraine.

— Voilà bien pourquoi, dit-il, je soutenais que la philosophie n'a pas d'accès auprès des princes.

— Elle en a, répondis-je, non à vrai dire cette philosophie d'école qui s'imagine tenir des solutions applicables en tout lieu. Mais il en existe une autre, instruite de la vie, qui connaît son théâtre, qui s'adapte à lui et qui, dans la pièce qui se joue, sait exactement son rôle et s'y tient décemment. C'est d'elle que vous devez faire usage. Dans une comédie de Plaute, au moment où les petits esclaves échangent leurs plaisanteries, si vous vous avancez sur le proscenium en habit de philosophe pour débiter le passage d'*Octavie* où Sénèque discute avec Néron, ne vaudrait-il pas mieux jouer un rôle muet que d'introduire une disparate qui produit une telle tragi-comédie ? Vous aurez altéré, gâté le spectacle en cours en y mêlant des éléments étrangers, et peu importe qu'ils soient même d'une qualité supérieure. Quelle que soit la pièce, jouez-la de votre mieux, sans la mettre à l'envers parce qu'il vous vient à l'esprit un morceau d'une autre qui vous plaît davantage.

Il en est ainsi dans la politique, dans les délibérations des princes. Si vous ne pouvez extirper radicalement des opinions erronées, remédier selon votre

sentiment à des abus invétérés, ce n'est pas une raison
pour vous détacher de la chose publique : on ne
renonce pas à sauver le navire dans la tempête parce
qu'on ne saurait empêcher le vent de souffler[35]. Mais
il ne faut pas non plus imposer à des gens prévenus en
sens contraire un discours insolite, déroutant, dont
vous savez d'avance qu'il n'entamera pas leurs convictions. Mieux vaut procéder de biais et vous efforcer,
autant que vous le pouvez, de recourir à l'adresse, de
façon que, si vous n'arrivez pas à obtenir une bonne
solution, vous avez du moins acheminé la moins mauvaise possible. Car comment toutes choses seraient-
elles parfaites si tous les hommes ne le sont pas
davantage, ce que je n'espère pas voir arriver demain ?

— C'est me conseiller là, dit-il, sous couleur de
vouloir remédier à la folie des autres, de délirer en leur
compagnie. Car si je veux faire prévaloir la vérité, je
ne peux pas dire ce qui en est le contraire. Est-ce
l'affaire d'un philosophe de débiter des mensonges ?
Je ne sais, mais en tout cas, ce n'est pas la mienne. Au
surplus, les gens de la cour trouveraient mon discours
déplaisant, importun, mais je ne vois pas pourquoi ils
seraient choqués par sa nouveauté. Ah ! si je venais
proposer ce que Platon a imaginé dans sa *République*
ou ce que les Utopiens mettent en pratique dans la
leur, ces principes, encore que bien supérieurs aux
nôtres — et ils le sont à coup sûr — pourraient
surprendre, puisque chez nous, chacun possède ses
biens propres tandis que là, tout est mis en commun.
Fait pour signaler des dangers et pour en détourner,
mon discours doit évidemment paraître fâcheux à ceux
qui de toute manière ont décidé de s'y jeter tête
baissée. Mais que contient-il qui ne soit concevable et
opportun de dire ? S'il faut taire comme choses inouïes
et folles tout ce que la méchanceté humaine nous fait
paraître exceptionnel, il faut alors dissimuler aux
chrétiens presque tout ce que le Christ a enseigné *, et

---

* LE CHRIST A ENSEIGNÉ « Ce que je vous ai dit dans les
ténèbres, dites-le en plein jour ; et ce qui vous est dit à l'oreille,

il a si bien interdit de le dissimuler qu'il a ordonné à
ses disciples d'aller prêcher sur les toits ce qu'il avait
murmuré à leurs oreilles. L'essentiel de sa doctrine est
bien plus éloigné des mœurs du monde que ne le fut
ma remontrance[36].

A moins que n'interviennent les Frères Prêcheurs,
gens habiles qui suivent votre conseil, à ce qu'il me
semble, et qui, constatant que les hommes accommo-
dent difficilement leurs conduites à la loi du Christ,
ont plié la loi, comme une règle de plomb[37], aux
conduites, afin que l'accord se fasse tout de même. Je
ne vois pas ce qu'on y a gagné, sinon que l'on peut
pécher avec meilleure conscience.

Tel est exactement le résultat que j'obtiendrais dans
les conseils des princes. Ou bien je penserais autrement qu'eux, et autant servirait alors ne pas penser du
tout ; ou bien je penserais comme eux, ce qui serait,
comme dit le Micion de Térence *, me faire le fauteur
de leur démence. Quant à la voie détournée que vous
préconisez, je ne vois pas où elle mènerait. Vous
voudriez par elle, faute de pouvoir améliorer l'ensemble des choses, du moins les traiter si habilement
qu'elles deviennent moins mauvaises. Mais il ne s'agit
pas dans ces délibérations de biaiser, de fermer les
yeux. Il faut donner une approbation explicite à des
projets détestables et souscrire à des résolutions des
plus néfastes. On tiendra pour un espion, et presque
pour un traître, celui qui aura loué avec tiédeur des
arrêtés contraires à la justice.

---

prêchez-le sur les toits » (*Matthieu*, X, 27). Le passage parallèle
dans *Luc*, XII, 3 et dans *Marc*, IV, 22, semble signifier plutôt que
tout ce qui est caché apparaîtra un jour, quelque peine que l'on ait
prise de le dissimuler. Raphaël prend la parole du Christ pour
autoriser son intransigeance, qu'il oppose à l'opportunisme de ses
deux interlocuteurs. Il est vain de vouloir remédier au mal par des
réformes de détail si le point de départ est mauvais. Et le seul
principe sur lequel on puisse édifier une politique saine est la
suppression de la propriété privée.
    * LE MICION DE TÉRENCE (*Adelphes*, 147) refuse simplement
d'épouser les colères de son frère.

Enfin, aucune occasion ne se présentera où vous puissiez vous rendre utile, une fois que vous serez mêlé à des collègues plus capables de corrompre le meilleur homme de la terre que de se laisser redresser par lui. Vous serez gâté par le contact de gens dépravés ou bien, en gardant votre intégrité, vous devrez couvrir une perversité, une sottise dont vous êtes innocent. Et vous voilà loin de pouvoir améliorer quoi que ce soit grâce à la voie détournée.

C'est pourquoi Platon *, en une bien jolie comparaison, invite avec raison les sages à s'abstenir de toute activité politique.

Lorsque, dit-il, ils voient dans la rue les passants trempés par une pluie violente, sans parvenir à les persuader de se mettre sous toit, ils savent qu'ils ne gagneraient rien à sortir eux-mêmes, sinon de se faire mouiller en leur compagnie. C'est pourquoi ils restent à l'abri, contents, faute de pouvoir remédier à la folie des autres, de se tenir du moins au sec.

Mais en toute vérité, mon cher More, à ne vous rien cacher de ce que j'ai dans l'esprit, il me semble que là où existent les propriétés privées, là où tout le monde mesure toutes choses par rapport à l'argent, il est à peine possible d'établir dans les affaires publiques un régime qui soit à la fois juste et prospère ; à moins que vous n'estimiez juste que les meilleures des choses reviennent aux pires des gens, ou que vous ne jugiez

---

* PLATON. — More cite de mémoire, comme il fait souvent, et développe une comparaison esquissée dans le passage de la *République* (VI, 496d) où Socrate détourne Adimante de la politique active par les raisons mêmes qui en détournent Raphaël. « Il n'est à peu près personne dans les affaires de l'Etat qui agisse sainement. Celui qui s'y risque ressemble à un homme tombé parmi des bêtes fauves, qui refuse de se faire leur complice, mais qui, seul comme il l'est, n'est pas de force à les affronter. Il n'aura pas même eu le temps de servir l'Etat en rien qu'il aura déjà trouvé sa perte, inutile à soi-même comme aux autres. Restons donc en repos, faisons notre propre besogne, à la façon d'un homme qui, dans la tempête, se tient à l'abri d'un petit mur quand le vent soulève la poussière et chasse des trombes d'eau. » More se souvint-il de cette phrase prophétique pendant les seize mois de sa captivité dans la Tour ?

heureux que tous les biens se partagent entre les gens les moins nombreux, et sans même que ceux-ci s'en trouvent entièrement satisfaits, alors que tous les autres sont dans la dernière misère.

C'est pourquoi je réfléchis à la Constitution si sage, si moralement irréprochable des Utopiens, chez qui, avec un minimum de lois, tout est réglé pour le bien de tous, de telle sorte que le mérite soit récompensé et qu'avec une répartition dont personne n'est exclu, chacun cependant ait une large part [38]. J'oppose à ces usages ceux de tant d'autres nations toujours occupées à légiférer sans être pour autant mieux gouvernées ; où chacun nomme sien ce qui lui est tombé dans les mains ; où tant de lois accumulées sont impuissantes à garantir l'acquisition, la conservation de la propriété, à distinguer de celle du voisin ce que chacun désigne comme son bien propre, ainsi que le prouvent surabondamment des procès qui surgissent à l'infini et qui ne se terminent jamais. Cette comparaison m'incline à donner raison à Platon * ; je m'étonne moins qu'il ait refusé de rédiger une Constitution pour ceux qui rejetaient le principe de la communauté des biens. En effet, ce grand sage avait fort bien vu d'avance qu'un seul et unique chemin conduit au salut public, à savoir, l'égale répartition des ressources. Et comment la trouver réalisée là où les biens appartiennent aux particuliers ? Lorsque chacun exige un maximum pour soi, quelque titre qu'il allègue, si abondantes que soient les ressources, une minorité saura les accaparer et laissera l'indigence au plus grand nombre. A quoi s'ajoute que le sort donne souvent à chacun ce qu'il a le moins mérité : bien des riches sont des gens rapaces, malhonnêtes, inutiles à l'Etat ; bien des pauvres sont des gens modestes et simples, dont le travail incessant profite à l'Etat plus qu'à eux-mêmes.

---

* PLATON. — Une tradition voulait qu'il eût refusé de donner des lois aux Mégalopolitains parce qu'ils ne pratiquaient pas l'isonomie, qui n'est pas le communisme, mais l'égalité de tous devant la loi.

Je suis donc convaincu que les ressources ne peuvent être réparties également et justement, que les affaires des hommes ne peuvent être heureusement gérées si l'on ne supprime la propriété privée. Aussi longtemps qu'elle subsistera, la partie la plus nombreuse et la meilleure de l'humanité portera un lourd et inévitable fardeau de misère* et de soucis. Ce fardeau, je le reconnais, on peut l'alléger dans une faible mesure; mais le supprimer complètement est impossible, je vous l'affirme.

On limitera par exemple la surface de terre, la somme d'argent que chacun pourra posséder; on prendra des mesures pour empêcher le roi d'être trop puissant ou ses sujets trop superbes; on interdira la brigue, la vénalité des charges, tout faste*, toute dépense obligatoire dans les fonctions élevées, car autrement, le rang à tenir incitera à s'en procurer les moyens par fraude et extorsion, et des riches seront inévitablement mis à des places qui devraient être occupées par des hommes compétents.

De telles lois, je vous le dis, sont comme ces calmants dont on use à tous coups pour soulager les malades que l'on n'espère plus voir se rétablir; elles peuvent adoucir ou endormir le mal. Mais qu'elles le guérissent, n'y comptez nullement aussi longtemps que subsistera la propriété privée. Car on ne peut, dans ce cas, soigner un membre sans aggraver la

---

* UN LOURD FARDEAU DE MISÈRE. — Alors qu'il vient d'alléguer l'autorité de Platon, Raphaël donne de sa conviction la raison à laquelle son maître aura le moins pensé. Le communisme de Platon est philosophique et aristocratique, fait pour assurer à une classe supérieure le détachement nécessaire à sa mission qui est de garder l'Etat. Les Cyniques, et notamment Lucien, que More a beaucoup goûté, furent les premiers à partir en guerre contre les riches. Raphaël est communiste pour des raisons sociales sur lesquelles il a été éclairé par sa foi religieuse. Et, s'il admire le communisme utopien, c'est qu'il l'a vu créer une société sans classes, telle que ni l'Antiquité ni le Moyen Age ne l'auraient imaginée.

* TOUT FASTE DANS LES FONCTIONS PUBLIQUES. — Prêchant en 1549 devant Edouard VI, Latimer dit que les fonctionnaires volent pour payer leurs frais de représentation.

blessure dont souffre un autre. Maux et remèdes
s'engendrent réciproquement, puisqu'on ne peut rien
ajouter d'un côté qui n'ait été retranché ailleurs.

— Mais, dis-je, il me semble au contraire impossible d'imaginer une vie satisfaisante là où les biens
seraient mis en commun [39]. Comment procurer les
subsistances nécessaires * lorsque n'importe qui peut
se dérober au travail, car personne n'est pressé par le
besoin et chacun peut se reposer paresseusement sur le
zèle des autres ? Et même sous l'éperon du besoin,
comme aucune loi n'assure à un homme la possession
paisible de ce qu'il a produit, l'Etat ne sera-t-il pas,
toujours et nécessairement, travaillé par la sédition et
le meurtre, une fois surtout que seront supprimés
l'autorité et le prestige des magistrats ? Car que peut-il
en subsister parmi des hommes que rien ne distingue
entre eux ? Je n'arrive même pas à m'en faire une idée.

— Rien d'étonnant, dit-il, à ce que vous pensiez
ainsi, puisque vous n'avez de la réalité aucune représentation qui ne soit fausse. Il vous faudrait avoir été
en Utopie avec moi, avoir vu de vos yeux leurs
coutumes et leurs institutions, ainsi que j'ai pu le
faire, moi qui ai vécu plus de cinq ans dans leur pays,
que jamais je n'aurais voulu quitter si ce n'avait été
pour faire connaître cet univers nouveau. Vous confes-
seriez alors n'avoir jamais vu nulle part un peuple
gouverné par de meilleures lois.

— Vous auriez peine cependant à me persuader, dit
Pierre Gilles, qu'il existe dans le nouveau monde des
peuples mieux gouvernés que dans celui qui nous est
connu. Les hommes ne sont pas ici moins intelligents
et nos Etats, je pense, sont plus anciens que les leurs.

---

* LES SUBSISTANCES NÉCESSAIRES. — L'objection se situe,
comme la thèse elle-même, sur le plan économique et social. Elle
porte sur deux points : des travailleurs qui ne seront pas stimulés
par le besoin ne sauraient procurer des ressources en quantité
suffisante ; les magistrats ne peuvent avoir d'autorité que s'ils
constituent une classe pourvue de signes distinctifs. Le second livre
répond au premier point, mais passe le deuxième sous silence. Les
Utopiens sont trop heureux pour n'être point dociles.

Une longue pratique nous a fait découvrir mille choses utiles à la vie, sans compter les inventions dues au hasard, et dont nulle ingéniosité ne se serait avisée.

— Sur l'antiquité de ces Etats, répondit Raphaël, vous parleriez plus exactement si vous aviez lu les annales de ce nouveau monde. S'il faut y ajouter foi, il y avait chez eux des cités* avant qu'il y eût des hommes chez nous. Et ce que le génie humain a découvert, ce que le hasard a révélé, cela pouvait apparaître n'importe où. Je pense au surplus que si nous les dépassons par l'intelligence, nous restons loin derrière eux en ce qui concerne l'activité et l'application.

En effet, au dire de leurs annales, ils n'avaient avant notre débarquement aucune notion de nous, qu'ils nomment les Ultréquinoxiaux, si ce n'est qu'il y a 1 200 ans, un bateau poussé par la tempête fit naufrage près de l'île d'Utopie. Quelques Romains, quelques Egyptiens furent jetés sur le rivage ; ils restèrent dans le pays.

Et voyez comme ces gens industrieux ont su profiter de cette occasion unique. On n'a pratiqué dans l'empire romain aucun art capable de leur être utile qu'ils ne l'aient appris de ces naufragés, ou qu'à partir d'indications sommaires, leurs propres recherches ne leur aient permis de réinventer. Tant ils surent gagner

---

* IL Y AVAIT CHEZ EUX DES CITÉS. — L'idée de civilisations plus anciennes que les nôtres ne vient pas des voyageurs qui relatent ce qu'ils voient et ne paraissent même pas soupçonner que les pays qu'ils traversent aient eu un passé. En revanche, l'Atlantide décrite par Platon dans *Critias* est présente à l'esprit de tous les auteurs d'utopies, notamment de Campanella écrivant sa *Cité du Soleil*, de Francis Bacon écrivant sa *Nouvelle Atlantide*. Ils ont tenté l'un et l'autre de recréer l'atmosphère mystérieuse dont Platon entoure son île imaginaire. More, très différemment, caractérise aussitôt le peuple qu'il va décrire comme une société dont il mentionne les dons et les aptitudes, en indiquant, comme un moment décisif dans leur histoire, leur contact unique et fécond avec la civilisation romaine de 315. Deux autres moments seront indiqués dans le second livre : l'un, plus ancien, celui où le roi Utopus institue le communisme, l'autre, tout récent, l'arrivée des Portugais chrétiens.

à un seul contact avec quelques-uns des nôtres. Si par un hasard semblable, un Utopien a jamais débarqué chez nous, ce fait est tombé dans un oubli total. Nos descendants ne sauront pas davantage que je suis allé chez eux. Après cette unique rencontre, ils s'assimilèrent nos meilleures découvertes. Il faudra longtemps au contraire, je le crains, avant que nous n'accueillions la moindre des choses par lesquelles ils nous sont supérieurs. Voilà précisément pourquoi, alors que notre intelligence et nos ressources valent les leurs, leur Etat cependant est administré plus sagement que le nôtre ; et il est plus florissant.

— Eh bien, cher Raphaël, dis-je, décrivez-nous cette île, nous vous en prions instamment. Ne cherchez pas à faire court. Donnez-nous un tableau complet des cultures, des fleuves, des villes, des hommes, des mœurs, des institutions et des lois, enfin de tout ce qu'à votre avis nous désirons connaître. Et sachez que nous désirons connaître tout ce que nous ignorons.

— Il n'est rien que je fasse plus volontiers, car tout cela m'est présent à l'esprit. Mais il nous faudra du loisir.

— Entrons, dis-je, et mangeons, puis nous prendrons le temps qu'il faudra.

— Très bien, dit-il.

Nous prîmes notre repas[40], puis nous revînmes nous asseoir au même endroit, sur le même banc, en disant aux domestiques que nous ne voulions pas être interrompus. Pierre Gilles et moi, nous pressâmes Raphaël de tenir sa promesse. Il resta un instant silencieux à réfléchir, puis, nous voyant attentifs et avides de l'entendre, il dit ce qui suit.

LIVRE SECOND

L'île d'Utopie*, en sa partie moyenne, et c'est là qu'elle est le plus large, s'étend sur deux cents milles, puis se rétrécit progressivement et symétriquement pour finir en pointe aux deux bouts. Ceux-ci, qui ont l'air tracés au compas sur une longueur de cinq cents milles, donnent à toute l'île l'aspect d'un croissant de lune. Un bras de mer d'onze milles environ sépare les deux cornes. Bien qu'il communique avec le large, comme deux promontoires le protègent des vents, le golfe ressemble plutôt à un grand lac aux eaux calmes qu'à une mer agitée. Il constitue un bassin où, pour le plus grand avantage des habitants, les navires peuvent largement circuler. Mais l'entrée du port est périlleuse, à cause des bancs de sable d'un côté et des écueils de l'autre. A mi-distance environ, se dresse un rocher, trop visible pour être dangereux, sur lequel on a élevé une tour de garde. D'autres se cachent insidieusement sous l'eau. Les gens du pays sont seuls

---

* L'ILE D'UTOPIE. — Un pays imaginaire doit être représenté comme inaccessible, une île lointaine ou une région enfermée dans de hautes montagnes. Il restait du temps de More assez de terres inconnues pour qu'on pût laisser dans le vague la situation géographique de celle qu'on décrit. More se contente de dire qu'il a oublié d'interroger Raphaël sur ce point. Samuel Butler en 1872 dépense plus d'ingéniosité à cacher l'endroit où se trouve censément son Erewhon et à expliquer pourquoi il est empêché de le révéler.

à connaître les passes*, si bien qu'un étranger pourrait difficilement pénétrer dans le port à moins qu'un homme du pays ne lui serve de pilote[41]. Eux-mêmes ne s'y risquent guère, sinon à l'aide de signaux qui, de la côte, leur indiquent le bon chemin. Il suffirait de brouiller ces signaux pour conduire à sa perdition une flotte ennemie, si importante fût-elle. Sur le rivage opposé, se trouvent des criques assez fréquentées. Mais partout un débarquement a été rendu si difficile, soit par la nature, soit par l'art, qu'une poignée de défenseurs suffirait à tenir en respect des envahisseurs très nombreux.

D'après des traditions confirmées par l'aspect du pays, la région autrefois n'était pas entourée par la mer avant d'être conquise par Utopus, qui devint son roi et dont elle prit le nom. Elle s'appelait auparavant Abraxa. C'est Utopus qui amena une foule ignorante et rustique à un sommet de culture et de civilisation qu'aucun autre peuple ne semble avoir atteint actuellement.

Après les avoir vaincus à la première rencontre, Utopus* décida de couper un isthme de quinze milles qui rattachait la terre au continent et fit en sorte que la mer l'entourât de tous côtés. Il mit les habitants à la besogne, et il leur adjoignit ses soldats, pour éviter qu'ils ne considèrent ce travail comme une corvée humiliante. Réparti entre un si grand nombre d'ouvriers, l'ouvrage fut accompli en un temps incroyablement court, si bien que les voisins, qui avaient

---

* CONNAÎTRE LES PASSES. — Ainsi fut assurée la tranquillité de Venise. Inaccessible par terre, elle l'était aussi par mer, ses pilotes seuls étant capables de naviguer dans sa lagune.

* UTOPUS, roi victorieux, établit la démocratie et le communisme dans l'île qu'il a conquise. More n'a pas pensé que la foule laissée à elle-même soit capable de découvrir spontanément les avantages que comporte l'abandon des biens individuels. L'impulsion est donnée par un roi philosophe. Mais le premier travail qu'il impose à son peuple, la coupure de l'isthme, se fait déjà dans une atmosphère de collaboration. La période de despotisme éclairé est courte. Elle n'est suivie d'aucune résistance, d'aucun retour en arrière.

commencé par en railler la témérité, furent frappés d'admiration et aussi d'effroi à la vue du résultat.

L'île a cinquante-quatre villes* grandes et belles, identiques par la langue, les mœurs, les institutions et les lois. Elles sont toutes bâties sur le même plan et ont le même aspect, dans la mesure où le site le permet. La distance de l'une à l'autre est au minimum de vingt-quatre milles ; elle n'est jamais si grande qu'elle ne puisse être franchie en une journée de marche.

Chaque ville envoie chaque année en Amaurote trois vieillards ayant l'expérience des affaires [42], afin de mettre les intérêts de l'île en délibération. Située comme à l'ombilic de l'île, d'un accès facile pour tous les délégués, cette ville est considérée comme une capitale.

Les champs sont si bien répartis entre les cités que chacune a au moins douze milles de terrain à cultiver tout autour d'elle et parfois davantage, si la distance est plus grande entre elle et la voisine. Aucune ne cherche à étendre son territoire, car les habitants s'en considèrent comme les fermiers plutôt que comme les propriétaires.

Ils ont à la campagne, au milieu des champs, des demeures bien situées en des lieux choisis, équipées de tous les instruments aratoires. Les citadins y viennent habiter à tour de rôle. Un ménage agricole se compose d'au moins quarante personnes, hommes et femmes, sans compter deux serfs attachés à la glèbe. Un homme et une femme, gens sérieux et expérimentés, servent de père ou de mère à tout ce monde. Trente ménages élisent un phylarque. Dans chaque ménage,

---

* CINQUANTE-QUATRE VILLES. — Platon dans les *Lois* avait donné l'exemple de ces nombres bénéfiques, généralement des multiples de neuf. Les villes sont semblables entre elles et pareilles dans tous leurs éléments. Le temps et l'histoire n'ont pas existé pour ces créations de l'esprit. Même les villages ne sont pas nés spontanément. On les a établis, conformément à un plan, dans les endroits les plus propices à la culture, et pour épargner aux travailleurs toute fatigue qui ne serait pas immédiatement rémunératrice. Tout se passe comme si Utopus avait trouvé une terre inhabitée et avait édifié sur une table rase.

vingt personnes chaque année retournent en ville
après avoir passé deux ans à la campagne*. Elles sont
remplacées par autant de citadins. Ceux-ci sont instruits par les colons installés depuis un an et déjà au
courant des choses de la terre. Ils serviront à leur tour
d'instructeurs l'année suivante, car le ravitaillement
ne doit pas souffrir de l'inexpérience des nouveaux
venus. Ce roulement a été érigé en règle pour n'obliger
personne à mener trop longtemps, contre son gré, une
existence trop dure. Beaucoup cependant demandent
à rester davantage parce qu'ils aiment la vie des champs.

Les paysans cultivent la terre, élèvent des bestiaux,
procurent du bois et l'acheminent vers la ville par la
voie la plus facile, par terre ou par mer. Ils élèvent des
quantités incroyables de volailles, par une méthode
curieuse. Les œufs ne sont pas couvés par les poules*,
mais tenus en grand nombre dans une chaleur égale où
les poussins éclosent et grandissent. Dès qu'ils sortent
de leur coquille, ils considèrent les hommes comme
leur mère, courent après eux et les reconnaissent.

Ils élèvent fort peu de chevaux*, et seulement

---

* DEUX ANS A LA CAMPAGNE. — Il n'y a pas de classe paysanne
en Utopie. Le labeur des champs est conçu comme un service
militaire. Tout travail du reste est un service public. Pour les autres
activités, celui qui a appris un métier s'y tient en général sa vie
durant. More a dérogé à ce principe en ce qui concerne l'agriculture, méconnaissant le fait que peu de techniques exigent une plus
longue expérience. Il est visiblement convaincu que si chacun est
laissé libre de choisir sa profession, comme c'est le cas en Utopie,
ceux qui choisiront le travail de la terre seront en nombre
insuffisant.

* LES ŒUFS NE SONT PAS COUVÉS. — More a dû trouver cette
idée dans l'*Histoire naturelle* de Pline ou dans le voyage de John
Mandeville au Caire, car de son temps et même longtemps après, la
couvée artificielle n'était pas pratiquée en Angleterre. Peut-être a-
t-il lui-même fait une expérience, car ce qu'il dit des poussins est
parfaitement exact.

* PEU DE CHEVAUX. — Le cheval est un animal de luxe cher à
cette noblesse batailleuse et parasite contre laquelle More a écrit son
livre. Il veut que les jeunes gens apprennent l'équitation. Et
cependant, s'il y a une cavalerie dans l'armée utopienne, il ne la
mentionne pas et ne parle que des fantassins. Il préfère au cheval le
bœuf qui, depuis Hésiode, est le symbole même du labourage.

d'une race très ardente, uniquement pour faire
apprendre l'équitation aux jeunes gens. L'ensemble
du labourage et des transports est exécuté entièrement
par des bœufs. Les bœufs, pensent-ils, n'ont pas la
vivacité des chevaux, mais ils sont plus patients et
moins exposés aux maladies ; ils coûtent aussi moins
de travail à soigner, moins d'argent à nourrir et,
lorsqu'ils ont cessé de travailler, peuvent encore être
utilisés comme nourriture.

La totalité du grain* est utilisée pour faire du pain.
Ils boivent du vin de raisin, du cidre, du poiré et de
l'eau, souvent pure, parfois aussi mêlée à une décoc-
tion de miel et de réglisse qu'ils ont en abondance.

Lorsqu'ils ont évalué — et ils le font avec la plus
grande exactitude[43] — la consommation de leur ville
et de la région environnante, ils font des semailles et
ils élèvent du bétail en quantité très supérieure à leurs
propres besoins, afin d'avoir un surplus à donner à
leurs voisins.

Les ustensiles qui manquent à la campagne, ils vont
les demander à la ville, où, sans contrepartie, sans
formalité, ils les reçoivent des magistrats urbains. Ils
se rencontrent nombreux chaque mois, pour une
fête.

Quand approche le moment de la moisson, les
phylarques des ménages agricoles déclarent aux
magistrats urbains le nombre de citoyens dont ils ont
besoin. La foule des moissonneurs arrive au moment
voulu et il suffit parfois d'une journée de soleil pour
enlever toute la moisson.

Celui qui connaît une de leurs villes les connaît
toutes, tant elles sont semblables, pour autant que le
terrain ne les distingue pas. Je n'en décrirai donc
qu'une, et peu importe laquelle. Pourquoi ne pas

---

* LA TOTALITÉ DU GRAIN. — Autant dire que les Utopiens
ignorent les alcools de céréales, gin et whisky, que l'Angleterre de
cette époque fabriquait déjà. More ne mentionne pas ces alcools,
mais la suite, qui traite des boissons, montre qu'il y pensait. L'orge
ne servira pas non plus à fabriquer de la bière.

choisir Amaurote*? Aucune ne le mérite mieux,
puisque les autres lui ont accordé d'être le siège du
Sénat[44]. Il n'en est aucune du reste que je connaisse
mieux, car j'y ai passé cinq années entières.

Amaurote se déroule en pente douce sur le versant
d'une colline. Elle est à peu près carrée. La largeur
prise un peu au-dessous du sommet jusqu'au fleuve
Anydre est de deux milles. La longueur, en suivant la
rive, est un peu plus étendue.

L'Anydre prend sa source à quatre-vingts milles au-
dessus d'Amaurote. C'est là un petit ruisseau, bientôt
grossi par des affluents dont deux assez importants, si
bien qu'à son entrée dans la ville, sa largeur est d'un
demi-mille ; puis, toujours accru, il se jette dans
l'Océan après avoir parcouru encore soixante milles.
Sur toute l'étendue entre la ville et la mer, et même
quelques milles en amont, la marée, toutes les six
heures, se fait fortement sentir. Quand une forte
marée remonte le fleuve sur trente milles, elle remplit
tout le lit de l'Anydre, refoule l'eau douce devant elle
et en gâte le goût par son amertume. Après quoi le
fleuve retrouve peu à peu son eau douce, pure,
naturelle ; il traverse toute la ville et repousse le flot
salé presque jusqu'à son embouchure.

La ville est reliée à la rive opposée par un pont qui
n'est pas soutenu par des piliers ou des pilotis, mais
par un ouvrage en pierre d'une fort belle courbe. Il se
trouve dans la partie de la ville qui est le plus éloignée
de la mer, afin de ne pas gêner les vaisseaux qui
longent les rives. Une autre rivière, peu importante
mais paisible et agréable à voir, a ses sources sur la

---

* AMAUROTE. — More annonce une ville identique, sauf pour le
site, à vingt-trois autres bâties sur le même plan. Mais à mesure
qu'il écrit, un paysage précis, peut-être sous l'influence de sa
nostalgie, s'impose à son imagination. Cette grande ville traversée
par un fleuve que remontent les marées, avec son pont de pierre
construit en amont de son port, c'est Londres. A vrai dire, la
Tamise à Londres n'a pas huit cents mètres de large. Le vieux pont
de Londres, construit en pierre comme celui d'Amaurote,
commencé en 1176, achevé en 1209, avait environ 300 mètres.

hauteur même où est située Amaurote, la traverse en épousant la pente et mêle ses eaux, au milieu de la ville, à celles de l'Anydre. Cette source, qui est quelque peu en dehors de la cité, les gens d'Amaurote l'ont entourée de remparts et incorporée à la forteresse, afin qu'en cas d'invasion elle ne puisse être ni coupée ni empoisonnée. De là, des canaux en terre cuite amènent ses eaux dans les différentes parties de la ville basse. Partout où le terrain les empêche d'arriver, de vastes citernes recueillent l'eau de pluie et rendent le même service.

Un rempart haut et large ferme l'enceinte, coupé de tourelles et de boulevards ; un fossé sec mais profond et large, rendu impraticable par une ceinture de buissons épineux, entoure l'ouvrage de trois côtés ; le fleuve occupe le quatrième.

Les rues ont été bien dessinées, à la fois pour servir le trafic et pour faire obstacle aux vents. Les constructions ont bonne apparence. Elles forment deux rangs continus*, constitués par les façades qui se font vis-à-vis, bordant une chaussée de vingt pieds de large. Derrière les maisons, sur toute la longueur de la rue, se trouve un vaste jardin, borné de tous côtés par les façades postérieures.

Chaque maison a deux portes*, celle de devant donnant sur la rue, celle de derrière sur le jardin. Elles

---

* DEUX RANGS CONTINUS. — More idéalise ici les villes flamandes. La beauté, la propreté de Bruges et d'Anvers contrastaient avec la saleté du centre de Londres. Les belles maisons de la noblesse bordaient le Strand, tandis que la population pauvre s'entassait dans des ruelles dont beaucoup n'étaient que des égouts à ciel ouvert. Il était rare à cette époque que les maisons fussent alignées régulièrement. Et une chaussée de sept mètres, vraie voie charretière, était une exception.

* DEUX PORTES qui n'ont ni clefs ni verrous, attributs de la propriété. More pousse le respect du principe au point de refuser aux habitants le droit de s'installer durablement dans le logis mis à leur disposition. Ils sont autorisés à jouir du confort, non à considérer la maison comme leur propre foyer. Car More veut une société sans classes et, pour cela, il fallait rendre impossible toute différence entre les logements.

s'ouvrent d'une poussée de main, et se referment de même, laissant entrer le premier venu. Il n'est rien là qui constitue un domaine privé. Ces maisons en effet changent d'habitants, par tirage au sort, tous les dix ans. Les Utopiens entretiennent admirablement leurs jardins*, où ils cultivent des plants de vigne, des fruits, des légumes et des fleurs d'un tel éclat, d'une telle beauté que nulle part ailleurs je n'ai vu pareille abondance, pareille harmonie. Leur zèle est stimulé par le plaisir qu'ils en retirent et aussi par l'émulation, les différents quartiers luttant à l'envi à qui aura le jardin le mieux soigné. Vraiment, on concevrait difficilement, dans toute une cité, une occupation mieux faite pour donner à la fois du profit et de la joie aux citoyens et, visiblement, le fondateur n'a apporté à aucune autre chose une sollicitude plus grande qu'à ces jardins.

La tradition veut en effet que tout le plan de la ville ait été tracé dès l'origine par Utopus [45] lui-même. Mais il en a laissé l'ornement et l'achèvement, tâches auxquelles une vie d'homme ne saurait suffire. Leurs annales contiennent, soigneusement, scrupuleusement rédigée, l'histoire des 1760 années qui se sont écoulées depuis la conquête de l'île. Elles racontent que primitivement les maisons étaient petites, semblables à des baraques et à des huttes, construites vaille que vaille avec n'importe quel bois, les murs enduits d'argile, les toits pointus recouverts de chaume. Chaque maison à présent montre trois étages. Les murs extérieurs sont faits de pierre dure ou de moellons ou de briques ; à l'intérieur, ils sont revêtus

---

* JARDINS. — More aimait les plantes comme il aimait les animaux et, dans chacune de ses résidences, s'est personnellement occupé de son jardin. Ceux des Utopiens représentent à peu près la seule concession à la fantaisie et à la beauté — il en est souvent de même à l'intérieur d'un couvent — dans un Etat où tout est sacrifié à l'utile. Encore l'espace compris à l'intérieur de chaque pâté de maisons est-il cultivé en commun. Du moins les différents quartiers peuvent-ils rivaliser entre eux. More condamne l'instinct de propriété, mais admet l'émulation, méconnaissant leur étroite parenté.

de mortier. Les toits sont plats, couverts de certaines
tuiles peu coûteuses, d'une composition telle que le
feu n'y prend point et qu'elles protègent des intempé-
ries mieux que le plomb. Ils s'abritent contre le vent
par des fenêtres vitrées * — on fait dans l'île un grand
usage du verre — parfois aussi par une toile fine qu'ils
rendent transparente en l'enduisant d'huile ou de
résine : ce qui offre cet avantage de laisser passer la
lumière et d'arrêter le vent.

Trente familles * élisent chaque année un magistrat
que l'on appelait syphogrante [46] dans l'ancienne langue du pays, et philarque [47] à présent. Dix syphograntes et les familles qui dépendent d'eux obéissent à
un magistrat nommé autrefois tranibore et aujour-
d'hui protophylarque. Les deux cents syphograntes
enfin, après avoir juré de fixer leur choix sur le plus

* FENÊTRES VITRÉES. — Il y en avait probablement dans les
maisons des riches sous Henry VIII ; les fermes anglaises n'en
eurent que sous Jacques Ier.
* TRENTE FAMILLES. — L'unité, dans cette démocratie patriar-
cale, n'est pas le citoyen, mais la famille au sens large, idée que
l'Ancien Testament a peut-être inspirée à More. Il ne dit pas
précisément comment les trente familles s'y prennent pour élire un
phylarque : les femmes doivent prendre part au vote puisqu'elles
ont en toutes choses les mêmes droits que les hommes. Les deux
cents phylarques d'une cité représentent donc six mille familles,
chiffre qui est considéré comme optimum. Ils forment un sénat qui
préside aux destinées de la cité. Leur chef, que More appelle
princeps, conformément à la terminologie scolastique, est une sorte
de maire ou de préfet élu par le sénat sur une liste dressée au
suffrage universel : combinaison d'une élection au suffrage direct
avec une autre au second degré. Les magistrats sont rééligibles ; le
préfet est nommé à vie : More souhaite qu'un élu ait du temps
devant lui pour réaliser de bonnes initiatives, alors cependant que le
régime utopien, établi une fois pour toutes, n'admet que des
innovations de détail. Moins optimiste, La Boétie, dans le
Contr'Un, ne trouve même pas de garantie suffisante dans l'élection : le monarque élu aspirera à la tyrannie. More prévient toute
menace de ce genre en punissant de mort toute discussion concernant l'Etat, si elle est tenue en dehors de l'Assemblée : rigueur
digne du pire totalitarisme. Il décrit l'organisation des cités et ne dit
rien du pouvoir central qui, dans son esprit, reste secondaire :
conception encore très médiévale.

capable, élisent le prince au suffrage secret, sur une
liste de quatre noms désignés par le peuple. Chacun
des quatre quartiers de la ville propose un nom au
choix du sénat. Le principat est accordée à vie, à
moins que l'élu ne paraisse aspirer à la tyrannie. Les
tranibores sont soumis chaque année à réélection ; leur
mandat est souvent renouvelé. Toutes les autres
charges sont annuelles.

Les tranibores[48] ont une conférence avec le prince
tout les trois jours et plus souvent si c'est nécessaire.
Ils délibèrent au sujet des affaires publiques et expédient rapidement les controverses entre les particuliers, s'il s'en produit, ce qui arrive rarement. Deux
syphograntes sont convoqués par roulement à chaque
séance du sénat. On veille que rien ne soit décidé qui
concerne l'Etat sans avoir été mis en délibération au
sénat trois jours avant qu'un décret soit voté. Discuter
des intérêts publics en dehors du sénat et des assem-
blées constituées est passible de la peine capitale. Il en
a été ainsi décidé pour rendre difficile toute entente du
prince et des tranibores en vue de soumettre le peuple
à une tyrannie et de modifier la forme de l'Etat. C'est
pour cette raison également que toute question considérée comme importante est déférée à l'assemblée des
syphograntes qui en donnent connaissance aux familles dont ils sont les mandataires, en délibèrent entre
eux, puis déclarent leur avis au sénat. Il arrive que le
problème soit soumis au conseil général de l'île.

Le sénat a pour règle de ne jamais agiter séance
tenante une question qui lui est proposée, mais de la
remettre au lendemain. On veut éviter de la sorte de
bavardes improvisations que leurs auteurs cherche-
raient ensuite à défendre à tout prix afin de faire
prévaloir leur opinion plutôt que pour servir l'Etat,
préférant faire litière de l'intérêt général que de leur
prestige personnel et, par une fausse honte fort
intempestive, ne voulant pas reconnaître qu'ils ont
tout d'abord trop peu réfléchi, alors qu'ils auraient
dû commencer par parler moins vite, et plus sagement.

Une seule industrie leur est commune à tous, hommes et femmes, c'est l'agriculture*, que personne ne peut ignorer. Tous l'apprennent dès l'enfance, par un enseignement donné à l'école et par la pratique, dans les champs voisins de la ville où les écoliers sont conduits en manière de récréation. Ils ne se bornent pas à regarder ; ils travaillent aussi et c'est pour eux une bonne gymnastique.

En dehors de l'agriculture, que tous connaissent ainsi que je l'ai dit, chacun apprend le métier qui lui plaît et qui sera le sien. C'est surtout le tissage de la laine ou du lin, le travail du maçon, ou du forgeron, ou du charpentier. Les autres métiers* occupent des ouvriers si peu nombreux que ce n'est guère la peine d'en parler. Chaque ménage en effet confectionne lui-même ses vêtements, dont la forme est la même pour toute l'île — ils ne diffèrent que pour distinguer les femmes des hommes, les gens mariés des célibataires — et d'un modèle qui n'a pas varié depuis des siècles, plaisant à voir, bien adapté aux mouvements du corps et calculé pour protéger également du froid et de la chaleur.

Chacun apprend un des autres métiers, aussi bien les femmes que les hommes. Etant moins robustes, elles font les besognes les moins lourdes, comme de travailler la laine et le lin. Les ouvrages plus fatigants sont confiés aux hommes. La plupart des enfants sont

---

* L'AGRICULTURE. — Toute *L'Utopie* est une réhabilitation du travail manuel, à commencer par le plus essentiel, celui de la terre. More est ici aux antipodes de l'idéologie chevaleresque ; il s'écarte même de l'enseignement de l'antiquité, qui veut que le maître surveille ses domaines mais, sauf s'il est pauvre comme le paysan d'Hésiode, ne se mêle pas à ses tâcherons. Son modèle est le couvent bénédictin.

* LES AUTRES MÉTIERS. — Ils répondent uniquement aux besoins les plus essentiels, ceux-ci étant réduits au minimum. Les vêtements sont conçus comme des robes monastiques. Aucun métier de luxe n'est mentionné, pas même la copie des manuscrits et l'imprimerie, alors qu'en 1478, année où naquit More, le premier livre sortit d'une presse anglaise et que le livre joue un rôle capital dans la vie utopienne.

élevés dans la profession de leurs parents *, à laquelle les pousse d'habitude une inclination naturelle [49]. Un enfant qui aspire à un autre métier se fait adopter dans un ménage où on le pratique. Conjointement avec son père, les magistrats prennent soin qu'il soit confié à un chef de famille sérieux et honnête. Si quelqu'un, connaissant un métier, veut de plus en apprendre un autre, on l'y autorise de la même façon. Une fois qu'il les sait tous les deux, il exerce celui qu'il préfère, à moins que l'Etat n'ait besoin de l'un plus que de l'autre.

La principale et presque la seule fonction des syphograntes est de veiller que personne ne demeure inactif, mais s'adonne activement à son métier, non pas cependant jusqu'à s'y épuiser du point du jour à la nuit tombante, comme une bête de somme, existence pire que celle des esclaves, et qui est cependant celle des ouvriers dans presque tous les pays, sauf en Utopie.

Le jour solaire y est divisé en vingt-quatre heures d'égale durée dont six sont consacrées au travail : trois avant le repas de midi, suivies de deux heures de repos, puis de trois autres heures de travail terminées par le repas du soir *. A la huitième heure, qu'ils comptent à partir de midi, ils vont se coucher et accordent huit heures au sommeil.

---

* LA PROFESSION DES PARENTS. — L'idée qu'il faut changer de famille en changeant d'apprentissage est inspirée par la conception médiévale de la solidarité entre la famille et le métier.

* SIX HEURES DE TRAVAIL PAR JOUR. — Pour mesurer la hardiesse de la pensée de More, il faut comparer son rêve à la réalité contemporaine. Un décret de Henry VII (1495), repris presque textuellement en 1514, fixe la journée de travail pour tout ouvrier ou cultivateur, pendant les six mois d'été, de 5 heures du matin à 7 ou 8 heures du soir, soit 14 ou 15 heures dont 2 pouvaient être défalquées pour les repas. De septembre à mars, le travail devait durer du lever au coucher du soleil. En 1840, la durée hebdomadaire du travail était de 69 heures en Angleterre, 78 en France, 83 en Allemagne. More estime que pour garder ses qualités humaines nul ne doit travailler plus de six heures. Mais il ne juge pas nécessaire de laisser chacun disposer de son loisir à son heure et à sa guise. La journée utopienne est réglée comme celle d'un couvent.

Chacun est libre d'occuper à sa guise les heures comprises entre le travail, le sommeil et les repas — non pour les gâcher dans les excès et la paresse, mais afin que tous, libérés de leur métier, puissent s'adonner à quelque bonne occupation de leur choix. La plupart consacrent ces heures de loisir à l'étude. Chaque jour en effet des leçons accessibles à tous ont lieu avant le début du jour, obligatoires pour ceux-là seulement qui ont été personnellement destinés aux lettres. Mais, venus de toutes les professions, hommes et femmes y affluent librement, chacun choisissant la branche d'enseignement qui convient le mieux à sa forme d'esprit. Si quelqu'un préfère consacrer ces heures libres, de surcroît, à son métier, comme c'est le cas pour beaucoup d'hommes qui ne sont tentés par aucune science, par aucune spéculation, on ne l'en détourne pas. Bien au contraire, on le félicite de son zèle à servir l'Etat.

Après le repas du soir, on passe une heure à jouer*, l'été dans les jardins, l'hiver dans les salles communes qui servent aussi de réfectoire. On y fait de la musique, on se distrait en causant. Les Utopiens ignorent complètement les dés et tous les jeux de ce genre, absurdes et dangereux. Mais ils pratiquent deux divertissements qui ne sont pas sans ressemblance avec les échecs. L'une est une bataille de nombres où la somme la plus élevée est victorieuse; dans l'autre, les vices et les vertus s'affrontent en ordre de bataille. Ce jeu montre fort habilement comment les vices se font la guerre les uns aux autres, tandis que la concorde règne entre les vertus; quels vices s'opposent à quelles vertus; quelles forces peuvent les attaquer de front, par quelles ruses on peut les prendre de biais, sous quelle protection les

---

* LES JEUX. — Erasme dans l'*Eloge de la Folie* se montre également sévère pour les jeux de hasard, et même pour tous ceux où l'ingéniosité de l'esprit se dépense inutilement. More permet aux Utopiens, en manière de divertissement, un jeu qui leur enseigne l'arithmétique et un autre qui comporte une leçon de morale.

vertus brisent l'assaut des vices, par quels arts elles déjouent leurs efforts, comment enfin un des deux partis établit sa victoire.

Arrivés à ce point il nous faut, pour nous épargner une erreur, considérer attentivement une objection. Si chacun ne travaille que six heures, penserez-vous, ne risque-t-on pas inévitablement de voir une pénurie* d'objets de première nécessité ?

Bien loin de là : il arrive souvent que cette courte journée de travail produise non seulement en abondance, mais même en excès, tout ce qui est indispensable à l'entretien et au confort de la vie. Vous me comprendrez aisément si vous voulez bien penser à l'importante fraction de la population qui reste inactive chez les autres peuples, la presque totalité des femmes* d'abord, la moitié de l'humanité ; ou bien, là où les femmes travaillent, ce sont les hommes qui ronflent à leur place. Ajoutez à cela la troupe des prêtres* et de ceux qu'on appelle les religieux, combien nombreuse et combien oisive ! Ajoutez-y tous les riches, et surtout les propriétaires terriens, ceux qu'on appelle les nobles[50]. Ajoutez-y leur valetaille, cette lie de faquins en armes ; et les mendiants

* UNE PÉNURIE. — C'est le perfectionnement des méthodes et des machines qui a permis de nos jours d'abréger la journée de travail. Personne, en 1515, ne pouvait prévoir les progrès que l'on ferait sur ce plan. More compense le déficit par deux moyens. Les travailleurs sont en Utopie beaucoup plus nombreux. Les besoins de luxe sont supprimés.

* LA PRESQUE TOTALITÉ DES FEMMES. — More, d'ordinaire si bon observateur, ne paraît pas songer ici aux femmes du peuple, qu'il a dû cependant voir durement travailler sous ses yeux. N'étaient oisives alors, comme en tout temps, que les épouses et les filles dans les milieux riches. Une très forte natalité était compensée, démographiquement, par une forte mortalité infantile : les mères avaient le fardeau de l'une et de l'autre. L'entretien des maisons n'occupe aucune place dans l'horaire des Utopiens. Faut-il en conclure qu'il incombe aux femmes, en plus de leur labeur professionnel ?

* LA TROUPE DES PRÊTRES. — La religion gagnerait, pensaient Erasme et More, à ce qu'il y eût beaucoup moins de prêtres et surtout de moines, et que leur vocation fût plus sûre.

robustes et bien portants qui inventent une infirmité pour couvrir leur paresse. Et vous trouverez, bien moins nombreux que vous ne l'aviez cru, ceux dont le travail procure ce dont les hommes ont besoin.

Demandez-vous maintenant combien il y en a parmi eux dont l'activité a une fin véritablement utile. Nous évaluons toutes choses en argent, ce qui nous amène à pratiquer quantité d'industries totalement inutiles et superflues, qui sont simplement au service du luxe et du plaisir. Cette multitude des ouvriers d'aujourd'hui, si elle était répartie entre les quelques branches qui utilisent vraiment les produits de la nature pour le bien de tous, elle créerait de tels surplus que l'avilissement des prix empêcherait les ouvriers de gagner leur vie. Mais que l'on affecte à un travail utile tous ceux qui ne produisent que des objets superflus et, en plus, toute cette masse qui s'engourdit dans l'oisiveté* et la fainéantise, gens qui gaspillent chaque jour, du travail des autres, le double de ce que le producteur lui-même consomme pour son propre compte : vous verrez alors combien il faut peu de temps pour produire en quantité nécessaire les choses indispensables ou simplement utiles, sans même négliger ce qui peut contribuer au plaisir, pourvu que celui-ci soit sain et naturel.

C'est ce qu'on voit à plein en Utopie. Dans toute une ville avec sa banlieue, parmi l'ensemble des hommes et des femmes en âge et en état de travailler, il n'y en a pas cinquante à qui dispense en soit accordée. Même les syphograntes, que la loi exempte

---

* DANS L'OISIVETÉ. — Ces mots marquent la liaison des deux points de vue. More n'espère pas une amélioration notable de l'outillage. Celle-ci cependant s'était poursuivie au cours du Moyen Age et parallèlement à l'abolition du servage, assez lentement toutefois et assez sporadiquement pour rester inaperçue aux yeux d'un homme attentif, mais personnellement étranger aux techniques. Il compte donc uniquement sur une augmentation du nombre des travailleurs combinée avec une réduction des besoins. Les deux moyens se conditionnent l'un l'autre, car c'est la population oisive qui est le plus exigeante et qui consomme le plus d'objets de luxe.

du travail manuel, l'assument volontairement, afin d'entraîner les autres par leur exemple. Jouissent d'une immunité analogue ceux auxquels le peuple, sur la recommandation des prêtres et par un vote secret des syphograntes, accorde une dispense à vie afin qu'ils puissent se consacrer tout entiers aux études. Si l'un d'eux déçoit l'espérance qu'on a mise en lui, il est renvoyé parmi les ouvriers. Il n'est pas rare en revanche qu'un ouvrier consacre aux lettres ses heures de loisir avec une telle ferveur, et obtienne par son zèle de tels résultats, qu'on le décharge de sa besogne pour le promouvoir parmi les lettrés.

C'est parmi eux que l'on choisit les ambassadeurs, les prêtres, les tranibores, enfin le prince * lui-même, appelé Barzanès dans l'ancienne langue, Ademus dans celle d'à présent.

Comme presque tout le reste de la population n'est ni inactif ni occupé à fabriquer des choses inutiles, vous pouvez aisément vous rendre compte du peu de temps qu'il faut pour produire une quantité de bons ouvrages.

A ce que je viens de rappeler s'ajoute encore cet allégement que, dans la plupart des industries utiles, ils consomment moins de main-d'œuvre qu'il n'en faut ailleurs. La construction et l'entretien des édifices, par exemple, réclame partout l'intervention continuelle de nombreux ouvriers, parce que des héritiers dissipateurs laissent se dégrader ce que le père a élevé. Ce qui aurait pu être conservé à peu de frais devra être réédifié de fond en comble, très coûteusement. Il

---

* LE PRINCE est choisi parmi ceux que leurs talents ont fait consacrer aux études. L'hérédité est exclue de tout le système utopien, excepté en ce qui concerne l'apprentissage des métiers. More néglige d'exposer les modalités de l'élection royale, qu'il faut imaginer semblable à celle des autres magistrats, c'est-à-dire résultant d'un choix du peuple tempéré par l'influence des plus expérimentés. Ce qui est plus curieux, c'est qu'il ne dit à peu près rien du rôle du roi dans les affaires courantes et dans la vie du peuple. Son expérience personnelle s'est faite dans un pays de civilisation urbaine.

arrive souvent aussi qu'une maison construite avec
grande dépense pour un homme est méprisée par le
goût exigeant d'un autre, qui l'abandonne et la laisse
bientôt tomber en ruine pour aller en élever une
seconde ailleurs, tout aussi dispendieuse.

Chez les Utopiens au contraire, depuis que la
Constitution a été acceptée définitivement, il arrive
rarement que l'on choisisse un nouvel emplacement *
pour y bâtir. On répare sur-le-champ les édifices qui
se dégradent ; on prévient même les dégradations
imminentes, de telle sorte qu'avec un minimum de
travail les constructions subsistent très longtemps et
que les entrepreneurs manquent quelquefois d'ouvrage. On les charge alors de façonner des poutres à
domicile, d'équarrir et de préparer des pierres afin
qu'en cas de nécessité une bâtisse puisse s'élever plus
rapidement.

Voyez encore combien leurs vêtements demandent
peu de façon. Un simple vêtement de cuir * qui peut
durer jusqu'à sept ans leur suffit pour aller au travail.
Pour paraître en public, ils portent par-dessus une
sorte de caban qui couvre les vêtements plus grossiers.
Ces cabans ont partout dans l'île une seule et même
couleur, celle de la laine naturelle. On consomme
donc beaucoup moins d'étoffe que partout ailleurs, et
de plus cette étoffe coûte beaucoup moins cher. Le
travail du lin est encore plus simplifié et son usage
d'autant plus répandu. Ils ne considèrent dans la toile
que la blancheur, dans la laine que la propreté, sans
accorder le moindre prix à la finesse du fil. Il en

---

* UN NOUVEL EMPLACEMENT. — More n'envisage pas ici
l'accroissement de population qui obligera cependant les Utopiens à
constituer des colonies dans les pays voisins.

* UN SIMPLE VÊTEMENT DE CUIR. — Ce problème aussi est
sommairement résolu. More ne tient aucun compte de la rapide
usure des vêtements de travail, de la saleté dont se chargerait un
surtout de cuir au cours d'un long usage, de la croissance des
enfants. Au surplus, il constaterait avec plaisir que, dans le monde
moderne, les rangs sociaux se marquent par des différences
vestimentaires de moins en moins sensibles.

résulte que chacun se contente d'un habit qui lui dure
le plus souvent deux ans, alors qu'ailleurs on ne se
juge pas satisfait avec quatre ou cinq vêtements de
laine de diverses couleurs, autant de vêtements de soie
et qu'il en faut au moins dix aux plus raffinés.
Pourquoi un Utopien souhaiterait-il en avoir plusieurs ? Il ne serait pas mieux protégé contre le froid et
sa toilette ne paraîtrait pas d'un cheveu plus élégante.

Ainsi tout le monde travaille à des ouvrages utiles
qui ne sont nécessaires qu'en nombre limité ; la
production peut donc devenir trop abondante. On
conduit alors la population * réparer les routes s'il y en
a qui sont dégradées. Il arrive souvent aussi que, faute
de tout travail de ce genre, on décrète un abrégement
général de la journée de travail. Les magistrats en effet
ne souhaitent pas éprouver les citoyens malgré eux par
des fatigues inutiles. Car la Constitution vise uniquement, dans la mesure où les nécessités publiques le
permettent, à assurer à chaque personne, pour la
libération et la culture de son âme, le plus de temps
possible et un loisir affranchi de tout assujettissement
physique. En cela réside pour eux le bonheur véritable [51].

Il me faut exposer à présent ce que sont les relations
entre les citoyens, les échanges d'une province à
l'autre et comment les ressources sont réparties.

Une cité est donc composée de familles, qui résultent le plus souvent de la parenté en ligne masculine.
Les filles en effet, une fois nubiles, sont données en
mariage et vont vivre dans la famille de leur mari,

---

* POPULATION. — L'idée de limiter le nombre des personnes
dans une famille, des familles dans une cité et des habitants dans un
pays vient de Platon et se retrouve dans d'autres Etats nés de la
raison. La notion d'excédent est ici purement arithmétique ; elle ne
résulte pas, comme dans la réalité, d'une relation entre les
ressources et les besoins. Du reste, en Utopie, tous les besoins sont
toujours couverts. Le chiffre idéal vaut par lui-même. Les réparti-
tions utopiennes font fort bon marché des sentiments, ce qui étonne
sous la plume d'un homme pour qui les sentiments familiaux ont
beaucoup compté.

tandis que les fils et les petits-fils restent dans la famille et obéissent au plus âgé de ses chefs, à moins que l'âge n'ait affaibli son intelligence. Il est remplacé dans ce cas par son cadet immédiat.

Aucune cité ne doit voir diminuer excessivement sa population, ni davantage se trouver surpeuplée[52]. On évite donc qu'aucune famille — il y en a six mille dans chaque cité, sans compter les districts ruraux — ait moins de dix ou plus de seize membres adultes. Le nombre des enfants ne saurait être limité. Ces normes sont aisément observées, grâce au passage dans une famille trop peu nombreuse des membres qui sont en excédent dans une autre. Si, dans l'ensemble, une ville a trop de monde, le surplus va compenser le déficit d'une autre. Mais lorsque la population totale de l'île dépasse le niveau que l'on estime convenable, on lève dans chaque ville des citoyens qui vont établir une colonie* réglée d'après leurs lois. Ils vont partout où sont des terres vacantes laissées en friche[53] par les indigènes. Ils convoquent ceux-ci pour savoir s'ils consentent à vivre avec eux. Ceux qu'ils trouvent favorablement disposés, ils se les associent en une communauté de vie et d'usages, et c'est pour le plus grand bien des deux peuples. En effet, leurs principes font souvent que la même terre, qui donnait trop peu de pain pour une seule population, en donne pour deux en abondance. Mais si les indigènes refusent d'accepter leurs lois[54], les Utopiens les chassent du territoire qu'ils ont choisi et ils luttent à main armée contre ceux qui leur résistent. Car une guerre, esti-

---

* COLONIE. — Voici peut-être, présageant au destin de l'Angleterre, le premier plan systématique d'une colonie de peuplement. Le modèle vient à la fois de l'Antiquité et d'une réalité contemporaine. John Cabot en 1496 fit une expédition en Amérique du Nord et débarqua en Nouvelle-Ecosse. Douze ans plus tard, son fils Sébastien pénétra dans la baie d'Hudson. John Rastell, beau-frère de More, partit en 1517 à la recherche du passage du Nord-Ouest, mais aussi pour fonder des établissements dans la région découverte par Cabot. L'expédition échoua. Henry VIII, tout à sa politique de prestige, en découragea d'autres et le Canada fut français.

ment-ils, se justifie* éminemment lorsqu'un peuple
refuse l'usage et la possession d'un sol à des gens qui,
en vertu du droit résultant de la nature[55], devraient
trouver de quoi se nourrir, alors que lui-même ne s'en
sert pas, mais le laisse comme un bien inutile et
vacant[56].

Si un accident fait tomber la population d'une de
leurs villes au point que les excédents des autres, qui
ne doivent pas descendre au-dessous de leur norme,
ne puissent la rétablir — le cas s'est présenté deux fois
au cours des siècles, à la suite d'une épidémie de
peste* — ils réinstallent en Utopie des citoyens
rappelés d'une colonie. Car ils perdent plus volontiers
leurs colonies que de voir péricliter une seule de leurs
cités.

Mais il me faut revenir aux relations entre les
citoyens. Le plus âgé des hommes, je l'ai dit, est le
chef de la famille. Les femmes sont soumises à leurs
maris, les enfants à leurs parents et, en règle générale,
les plus jeunes à leurs aînés. Toute cité est divisée en
quatre secteurs égaux. Le centre de chacun d'eux est
occupé par un marché* où les objets confectionnés
dans chaque ménage sont acheminés et répartis par
espèces dans des magasins. Chaque père de famille
vient là demander tout ce dont il a besoin pour lui et
les siens et il l'emporte sans paiement, sans compensa-

---

* UNE GUERRE SE JUSTIFIE. — Cet argument se retrouvera chez
tous ceux qui ont voulu mettre un droit à la base du fait de la
colonisation. Le droit romain permet aux individus d'occuper des
terres vacantes. Et More, qui identifie les deux morales, doit
considérer comme légitime pour un Etat ce qui l'est pour un homme
privé. Les difficultés commencent lorsqu'il s'agit de définir les
terres vacantes.

* UNE ÉPIDÉMIE DE PESTE avait éclaté en 1508 ; une autre, plus
grave, se produisit en 1517. Celle de 1349, qui réduisit d'un tiers la
population de l'Europe, était encore dans les mémoires.

* MARCHÉ. — On se procure les objets nécessaires, fabriqués au
domicile de chaque artisan, dans un marché au centre de chacun des
quatre quartiers. A chaque marché aux provisions est adjoint un
abattoir, dont la proximité d'une eau courante a fait choisir
l'emplacement.

tion d'aucune sorte. Car pourquoi rien refuser à
personne lorsqu'il y a abondance de tous biens et que
nul n'a à redouter que son voisin demande plus qu'il
ne lui faut ? Et pourquoi en demander trop lorsqu'on
sait qu'on ne risque pas de manquer de quoi que ce
soit ? C'est la hantise de la pénurie qui rend avide et
rapace, ainsi qu'on le constate chez tous les êtres
vivants ; l'homme y ajoute l'orgueil[57], qui lui est
propre et qui lui donne l'illusion que l'on dépasse les
autres par un étalage de superfluités. Les principes
des Utopiens ne laissent aucune place à ces mauvais
sentiments.

Aux marchés dont je viens de parler s'ajoutent des
centres d'approvisionnement où l'on apporte des
légumes, des fruits, du pain et aussi des poissons, et
toutes les parties comestibles des volailles et des
quadrupèdes. Ces marchés se trouvent en dehors de
l'agglomération, dans des endroits appropriés où la
sanie et les ordures peuvent être lavées dans une eau
courante. C'est de là qu'on emporte les bêtes tuées et
nettoyées par les mains des esclaves★[58], car ils ne
souffrent pas que leurs citoyens s'habituent à dépecer
des animaux, craignant qu'ils n'y perdent peu à peu
les qualités du cœur qui sont le propre de l'humanité[59]. Ils ne tolèrent pas davantage que l'on amène
dans la ville rien qui soit impur ou souillé, ou dont la
putréfaction empoisonne l'air et provoque des maladies.

Chaque agglomération dispose de quelques grandes
salles régulièrement espacées, désignées chacune par
un nom. Elles sont sous la surveillance des syphograntes. Trente familles, quinze de chaque côté de
l'immeuble, sont désignées pour y prendre leurs
repas. Les pourvoyeurs de chaque salle se rendent à
heure fixe au marché pour se faire délivrer les
provisions après avoir déclaré le nombre de ceux qu'ils
ont à nourrir.

★ ESCLAVES. — Comme les Polylérites, les Utopiens condam-
nent leurs criminels aux travaux forcés. Ils ne punissent de mort que
les complots contre l'Etat.

Mais on s'occupe en premier lieu des malades*, lesquels sont soignés dans des hôpitaux publics. Il y en a quatre autour de chaque ville, un peu au-delà des murs, assez vastes pour que l'on puisse les comparer à autant de petites villes. Ainsi les malades, même nombreux, ne s'y sentent pas à l'étroit et par conséquent mal à leur aise ; et l'on peut isoler ceux qui sont atteints d'une maladie contagieuse. Ces hôpitaux sont fort bien installés, équipés de tout ce qui peut contribuer à une guérison. Des soins si délicats, si attentifs, y sont prodigués, la présence de médecins expérimentés y est si constante que, bien que personne ne soit obligé de s'y rendre, il n'y a pour ainsi dire personne dans la ville entière qui ne préfère, lorsqu'il tombe malade, être soigné à l'hôpital plutôt que chez lui. Une fois que le pourvoyeur des malades a obtenu au marché les aliments prescrits par les médecins, les meilleurs morceaux sont équitablement répartis entre les différentes salles, les parts faites pour le préfet de la ville, pour le grand prêtre, les tranibores et aussi pour les étrangers, s'il y en a. Il en vient rarement et toujours en petit nombre ; des domiciles tout prêts leur sont réservés.

Aux heures fixées* pour le déjeuner et le dîner,

---

* DES MALADES. — Le principe des hôpitaux date du Moyen Age, où des fondations pieuses les ont multipliés et enrichis. Henry VIII confisqua les biens de tous ceux de Londres. Un seul avait 180 lits « well furnished ». Quelques-uns furent rouverts dans la suite. Ils servaient à soigner les malades pauvres, à les isoler, et notamment les lépreux et les fous, ainsi que des misérables que le reste de la population considérait comme dangereux. La conception de More est toute différente. Il prévoit le rôle, dans la vie moderne, de la clinique, mieux équipée que ne pourrait l'être aucun domicile particulier, desservie en permanence par des médecins et fréquentée par tous sans distinction de rang social.

* AUX HEURES FIXÉES. — Rien ne fait plus penser à la vie cénobitique que cette description d'un repas en Utopie, avec un menu identique pour tous, des places fixées et, au début, une lecture édifiante, si ce n'est que les convives se réunissent à l'appel du clairon, non de la cloche, et que la lecture préliminaire traite de morale, non de religion. Dans une société fondée non sur le célibat mais sur le mariage, il faut bien que les hommes et les femmes

toute une syphograntie se réunit dans ces salles[60], avertie par une sonnerie de clairon. Seuls manquent à l'appel ceux qui sont alités dans les hôpitaux ou chez eux. Il n'est cependant interdit à personne d'aller se chercher des vivres au marché, après que les salles communes sont pourvues. Ils savent que personne ne s'y résoudra sans raison. En effet, bien que chacun soit autorisé à manger chez lui, on ne le fait pas volontiers, car la chose est assez mal vue. Et l'on juge absurde de se préparer à grand-peine un repas moins bon alors qu'un autre, excellent et abondant, est à votre disposition dans une salle toute proche.

Des esclaves accomplissent dans ce réfectoire les besognes quelque peu malpropres et fatigantes. La cuisine, la préparation des aliments et l'ordonnance du repas incombent exclusivement à des femmes, chaque famille envoyant les siennes à tour de rôle. Trois tables sont dressées, ou davantage, selon le nombre des convives. Les hommes sont rangés le long du mur, les femmes du côté extérieur. Si elles sont prises d'un malaise subit, ce qui arrive fréquemment pendant la grossesse, elles peuvent de la sorte se lever sans déranger personne et aller rejoindre les nourrices.

Celles-ci se trouvent à part, avec leurs nourrissons, dans une salle à manger qui leur est réservée, où se trouvent toujours du feu et de l'eau pure, ainsi que des berceaux où coucher leurs bébés ou, si elles le veulent, les démailloter au chaud et les laisser jouer. Chaque mère nourrit * ceux qu'elle a mis au monde, à moins que la mort ou la maladie ne l'en empêche. Dans ce cas, les épouses des syphograntes se mettent aussitôt en quête d'une nourrice et n'ont aucune peine à en

---

mangent ensemble ; encore sont-ils séparés comme dans une église. Ceux qui n'ont pas atteint l'âge nubile n'ont droit ni à une place assise, ni à un repas régulier. Ils se contentent de ce que leur donnent les adultes. Le temps est encore loin où l'enfant sera le centre de la famille.

* CHAQUE MÈRE NOURRIT. — Erasme aussi est partisan de l'allaitement maternel.

trouver une. Celles qui peuvent rendre ce service se proposent des plus volontiers, car leur générosité reçoit de tous les plus grands éloges, et l'enfant devenu grand considère sa nourrice comme sa mère. Dans la grotte des nourrices sont réunis tous les enfants qui n'ont pas accompli leur premier lustre.

Les autres adolescents — et l'on range dans cette classe tous ceux de l'un ou l'autre sexe qui n'ont pas atteint l'âge de se marier — servent les convives assis ou bien, s'ils sont trop petits pour cela, se tiennent en silence à côté d'eux. Tous se nourrissent de ce que les convives leur présentent. Aucun autre moment n'est prévu pour leur repas.

A la place d'honneur *, au milieu de la première table, placée perpendiculairement aux deux autres et bien en vue, est assis le syphogrante avec sa femme. A leurs côtés, sont deux doyens d'âge ; quatre autres doyens président les autres tables. S'il y a un temple dans la syphograntie, le prêtre et sa femme prennent la présidence aux côtés du syphogrante. A leur droite et à leur gauche, sont assises des personnes plus jeunes, puis de nouveau des vieillards et ainsi de suite pour toute la compagnie. Les contemporains se trouvent ainsi rapprochés, mêlés toutefois à ceux d'un âge différent. Ils en ont décidé ainsi afin que le sérieux et l'autorité d'un vieillard détourne les jeunes gens de toute mauvaise manière et de toute excessive liberté dans leurs discours.

Les plats ne sont pas présentés de place en place à partir de la première, mais offerts d'abord aux vieillards qui ont des places privilégiées, afin qu'ils puissent prendre les meilleurs morceaux *, puis à tous

---

* LA PLACE D'HONNEUR. — La table est, semble-t-il, le seul endroit où l'âge et la fonction confèrent un certain privilège. On révère en eux les dépositaires d'une sagesse supérieure et l'on désire que les jeunes profitent de leur expérience.

* LES MEILLEURS MORCEAUX. — Voici enfin quelque tolérance pour une gourmandise innocente. Et les Utopiens s'accordent un peu plus que le strict nécessaire puisque le repas comporte un dessert et quelques friandises. Un luxe modeste rentre en scène avec les autres. Les vieillards du reste font à leur guise bénéficier leurs voisins de leur part de choix, dont il n'y a pas une quantité telle qu'on puisse en offrir à toute la maisonnée. L'on rend ainsi aux anciens l'hommage qui leur est dû et dont l'agrément est partagé par tous.

Les deux repas s'ouvrent par quelque lecture morale, courte, afin de ne pas lasser. Après quoi les aînés entament d'honnêtes conversations qui ne manquent ni de gaieté ni d'agrément, sans occuper tout le déjeuner par d'interminables récits ; ils écoutent même les jeunes gens et les incitent intentionnellement à parler, afin d'apprendre à connaître le caractère et l'intelligence de chacun, à la faveur de la liberté que laisse un repas.

Le déjeuner est assez court, le dîner se prolonge davantage, car le premier est suivi d'une période de travail ; le second ne conduit qu'au sommeil et au repos de la nuit, qu'ils estiment le meilleur moyen de favoriser une bonne digestion. Aucun repas ne se passe sans musique, et le dessert ne manque jamais de friandises. On brûle des parfums et on en répand, sans rien négliger qui puisse charmer les convives. Ils sont assez enclins à penser qu'aucun plaisir * n'est répréhensible pourvu qu'il ne cause de gêne à personne.

Voilà comment on vit en ville. Mais à la campagne, où les habitations sont trop disséminées, chacun mange chez soi. Rien ne manque à l'approvisionnement d'aucun ménage, puisque ce sont eux qui procurent tout ce dont se nourrissent les citadins.

---

les parfums et la musique. More aimait la musique et lui a laissé quelque place dans cette république où chacun est ouvrier, où beaucoup sont savants, mais où, pas une seule fois, il n'est question d'un artiste.

* AUCUN PLAISIR. — Les Utopiens conçoivent le plaisir en hommes guidés uniquement par la raison. Ils reconnaissent l'aspiration essentielle qui porte l'homme à le rechercher tout d'abord. Mais leur système, qui admet pour tous un droit égal aux joies de la vie, impose à chacun, s'il veut respecter ce droit, une contrainte telle qu'en effet tous les plaisirs sont autorisés, sauf la liberté.

Si quelqu'un a envie d'aller visiter un de ses amis dans une autre ville, ou encore de visiter l'endroit lui-même, il obtient aisément l'autorisation des syphograntes et des tranibores, à moins qu'une nécessité n'y fasse obstacle. Ils partent en groupe, avec une lettre du préfet de la ville attestant qu'ils ont licence de voyager et fixant le jour de leur retour. On leur donne un chariot avec un esclave public qui conduit les bœufs et qui en prend soin. S'ils n'ont pas de femmes avec eux, ils renoncent d'ailleurs au véhicule qui leur paraît plutôt une charge et un encombrement. Sans qu'ils aient rien à emporter avec eux, rien cependant ne leur manquera au cours du voyage, car où qu'ils soient, ils sont chez eux. S'ils restent plus d'un jour en un lieu, ils y exercent leur industrie propre et sont reçus très amicalement par les ouvriers de leur branche. Si, de son propre chef, quelqu'un conduit ses pérégrinations au-delà de sa province et qu'il y soit pris sans autorisation du préfet, il est honteusement ramené, considéré comme un déserteur et durement châtié. S'ils récidive, il sera condamné aux travaux forcés.

S'il prend fantaisie à un citoyen d'aller se promener dans les campagnes de son propre district, il peut le faire, à condition d'avoir l'accord de son père et de son épouse. Mais, dans quelque hameau qu'il arrive, il ne recevra aucune nourriture avant d'avoir accompli, telle qu'elle se pratique en cet endroit, la tâche d'une matinée ou d'un après-midi. Sous cette condition, chacun est libre de parcourir le territoire de sa région : il sera aussi utile à la cité que s'il y habitait.

Aucun moyen ne subsiste, vous le voyez, de se dérober au travail, aucun prétexte pour rester oisif : pas de cabarets, pas de tavernes, pas de mauvais lieux, aucune occasion de débauche, aucun repaire, aucun endroit de rendez-vous. Toujours exposé aux yeux de tous, chacun est obligé de pratiquer son métier ou de s'adonner à un loisir irréprochable.

Le résultat en est une abondance de tous les biens qui, également répandue sur tous, fait que personne ne peut être ni indigent, ni mendiant.

Dans le sénat d'Amaurote * où, comme je l'ai dit, se rencontrent chaque année trois représentants de chaque ville, dès que l'on a consigné les choses qui abondent en chaque lieu et d'autre part ce qui manque ailleurs, une région aussitôt compense par ses surplus la pénurie d'une autre. Elle le fait sans contrepartie, sans rien recevoir en échange de ce qu'elle donne. Mais celle qui a donné recevra à son tour les produits qui lui font défaut sans avoir davantage à s'acquitter. Toute l'île de la sorte forme une seule famille.

Ils pourvoient ainsi à leur propre approvisionnement, qu'ils ne considèrent comme assuré qu'après avoir paré aux besoins de deux années, considérant l'incertitude de la récolte à venir. Cela fait, ils exportent à l'étranger une grande partie de leurs surplus, des céréales, du miel, de la laine, du bois, de l'écarlate, de la pourpre, des peaux, de la cire, du suif, du cuir et aussi du bétail. Un septième de toutes ces denrées est donné en cadeaux aux pauvres du pays acquéreur ; le reste est vendu à un prix raisonnable. Ce commerce leur permet de faire entrer en Utopie les produits qui leur manquent — c'est peu de chose en dehors du fer — et, en plus, une grande quantité d'or et d'argent. Comme ils pratiquent cet échange depuis de longues années, on ne saurait imaginer l'importance du trésor qu'ils ont chez eux.

C'est pourquoi ils se soucient peu de vendre au

---

* SÉNAT D'AMAUROTE. — Rien n'a encore été dit du rôle du pouvoir central. Sa première fonction est la juste répartition des ressources et la constitution, chaque année, d'une masse de réserve en prévision d'une récolte insuffisante. La seconde est l'utilisation des surplus qui restent disponibles. Ils vont servir de base à un capitalisme d'Etat qui autorise l'Utopie à jouer un rôle de grande puissance, à mener une politique étrangère audacieuse et même agressive. More assurément n'oublie pas le principe qui dirige la partie constructive de son traité aussi bien que la partie critique, à savoir que les Etats doivent obéir à la même morale que les particuliers. Il lui donne quelquefois des applications assez surprenantes, où l'or va tenir un rôle éminent, faute d'en jouer aucun dans la vie des particuliers.

comptant ou à terme, ou bien encore d'avoir de
nombreuses créances à recouvrer. Lorsqu'ils établis-
sent celles-ci, ils ignorent les particuliers mais demandent à l'Etat de garantir des factures régulièrement
établies. Cet Etat, à l'échéance, exige le paiement des
débiteurs privés, le fait rentrer dans son trésor et
profite des intérêts jusqu'au moment où les Utopiens
réclament la somme. Ils y renoncent souvent, estimant
injuste de s'adjuger une chose qui ne leur est de nul
usage en l'enlevant à ceux qui s'en servent. Mais si
quelque événement survient qui les oblige à en prêter
une partie à un autre peuple, ils font alors valoir leur
droit, ce qui est aussi le cas lorsqu'il leur faut
entreprendre une guerre.

   Ils ne donnent pas d'autre destination au trésor
qu'ils conservent chez eux que de leur servir de
réserve en cas de dangers graves ou imprévus, principalement s'il s'agit d'embaucher des soldats étrangers *, qu'ils exposent au danger plus volontiers que
leurs nationaux, et auxquels ils donnent une solde
énorme. Ils savent fort bien qu'en y mettant le prix on
peut acheter les ennemis eux-mêmes, et faire jouer
contre eux soit la trahison, soit même la guerre civile.
C'est dans cette vue qu'ils accumulent cette immense
réserve, non toutefois de la manière dont ailleurs on
conserve les trésors, mais d'une autre que j'hésite à
rapporter, craignant que mon récit ne trouve pas
crédit. Comment ne le craindrais-je pas lorsque je me
rends compte que, si je n'avais vu la chose de mes

---

* EMBAUCHER DES SOLDATS ÉTRANGERS. — Les Utopiens font
faire la guerre par des mercenaires comme ils imposent à leurs
esclaves publics le service des abattoirs. Coup droit à l'esprit
chevaleresque. Assurément, la notion de guerre nationale, en 1515,
n'existait pas. Un prince savait qu'il ne pouvait compter sur ses
soldats que dans la mesure où il autorisait le pillage. Le cynisme de
More, cependant, pouvait choquer. Il a critiqué dans la première
partie le recours aux armes déloyales, parce que les rois qui se disent
chrétiens les font servir à leur ambition. Il les admet chez les
Utopiens, éclairés uniquement par la raison, et qui ne les utilisent
que pour des guerres défensives.

propres yeux, j'aurais eu grand-peine à l'admettre sur la foi d'un autre ? Plus ce que l'on raconte est contraire aux usages des auditeurs, plus ceux-ci ont tendance à être incrédules. Et cependant, réfléchissant à l'énorme écart entre nos institutions et les leurs, un observateur attentif s'étonnera peut-être moins de voir leur emploi de l'argent et de l'or correspondre à leurs conceptions plutôt qu'aux nôtres.

Eux-mêmes ne font aucun usage de la monnaie. Ils la gardent pour un événement qui peut survenir, qui peut aussi ne jamais se présenter. Cet or et cet argent *, ils les conservent chez eux sans leur attacher plus de valeur que n'en comporte leur nature propre. Et qui ne voit qu'elle est bien inférieure à celle du fer, sans lequel les mortels ne pourraient vivre, pas plus qu'ils ne sauraient se passer de l'eau ou du feu, alors que tout au contraire la nature[61] n'a attaché à l'or et à l'argent aucune propriété qui nous serait précieuse, si la sottise des hommes n'ajoutait du prix à ce qui est rare ? La nature, comme la plus généreuse des mères, a mis à notre portée immédiate ce qu'elle nous a donné de meilleur, comme l'air, l'eau, la terre elle-même ; tandis qu'elle écarte de nous les choses vaines et inutiles.

Si donc ces réserves métalliques étaient cachées dans quelque tour, le prince et le sénat pourraient être soupçonnés — si grande est la sottise de la foule — d'avoir trouvé une ruse pour tromper le peuple et jouir eux-mêmes de ces biens. S'ils en faisaient faire par des

---

* CET OR ET CET ARGENT. — Les Utopiens, qui n'ont pas besoin de monnaie pour l'usage intérieur, prononcent sur les métaux le jugement du cynique qui dépouille toutes choses de ce qu'elles doivent aux conventions et les voit en elles-mêmes, en estimant le service réel qu'elles peuvent rendre aux hommes. Mais, comme ils reconnaissent la valeur fictive de l'or et l'argent dans leurs relations extérieures où ils les utilisent pour payer des mercenaires et pour corrompre des adversaires, ils jugent sage de les avilir aux yeux de la population. More s'amuse à insister sur la transmutation des valeurs et à l'illustrer d'exemples frappants. Les auteurs d'utopies qui viendront après lui useront de retournements analogues pour rendre sensible l'absurdité de certaines de nos conventions.

orfèvres des coupes ou d'autres ouvrages et que
survînt un événement qui obligeât à les fondre pour
payer la solde des combattants, les gens supporte-
raient peut-être mal de se les voir enlever une fois
qu'ils en auraient fait un des agréments de leur vie.

Pour parer à ces inconvénients, ils ont imaginé un
moyen aussi conforme à l'ensemble de leurs conceptions qu'il est étranger aux nôtres, où l'or est si estimé,
où il est si précieusement conservé. Faute de l'avoir vu
fonctionner, on aura peine à y croire. Alors qu'ils
mangent et boivent dans de la vaisselle de terre cuite
ou de verre, de forme élégante, mais sans valeur, ils
font d'or et d'argent, pour les maisons privées comme
pour les salles communes, des vases de nuit et des
récipients destinés aux usages les plus malpropres. Ils
en font aussi des chaînes et de lourdes entraves pour
lier leurs esclaves. Ceux enfin qu'une faute grave a
rendus infâmes portent aux oreilles et aux doigts des
anneaux d'or, une chaîne d'or au cou, un bandeau d'or
sur la tête. Tous les moyens leur servent ainsi à
dégrader l'or et l'argent, si bien que ces métaux,
qu'ailleurs on ne se laisse arracher qu'aussi douloureusement que les entrailles, en Utopie, si quelque
circonstance exigeait qu'on en perdît la totalité, personne ne se croirait plus pauvre d'un sou.

Ils recueillent aussi des perles * le long des côtes et,
dans certaines roches, des diamants et des grenats. Ils
ne se mettent pas en quête pour en découvrir, mais ils
les polissent quand ils en trouvent et en parent les
enfants qui, tant qu'ils sont petits, se glorifient de ces
beaux ornements. Mais dès qu'ils grandissent, voyant
que les enfants sont seuls à porter de ces bagatelles, ils
y renoncent sans attendre un avertissement de leurs
parents, exactement comme les nôtres renoncent à

---

  * DES PERLES. — Il faut montrer aussi le caractère puéril du
luxe. Mais lorsque Holbein fit en 1527 le portrait de More et des
siens, il mit des bijoux au cou des femmes et une lourde chaîne d'or
sur les épaules de Sir Thomas, insigne de sa dignité comme
chancelier de Lancastre.

leurs noix*, à la bulle pendue à leur cou, à leur poupée.

Combien ces institutions, si différentes de celles des autres peuples, peuvent produire dans les esprits des impressions également différentes, jamais je ne l'ai mieux compris qu'à l'arrivée des délégués d'Anémolie.

Ils vinrent à Amaurote pendant que j'y étais, chargés de traiter de grands intérêts. Aussi chaque ville avait envoyé trois citoyens pour les recevoir. Des ambassadeurs des pays voisins avaient été reçus précédemment. Connaissant les usages des Utopiens, sachant que ceux-ci n'accordent aucune valeur aux vêtements somptueux, qu'ils méprisent la soie et tiennent même l'or pour infâme, ils avaient pris l'habitude de venir habillés aussi modestement que possible. Les Anémoliens [62] habitent plus loin et ont moins de relations avec l'Utopie. Lorsqu'ils apprirent que tout le monde s'y habillait de même et d'une façon très primitive, ils s'imaginèrent que c'était faute d'avoir mieux et, avec plus de vanité que de sagesse, ils décidèrent d'apparaître comme des dieux dans les splendeurs de leur appareil et d'éblouir les yeux des pauvres Utopiens par l'éclat de leurs parures. C'est ainsi que l'on vit arriver trois ambassadeurs avec cent hommes d'escorte, tous en vêtements multicolores, en soie pour la plupart. Les ambassadeurs — des grands seigneurs dans leur pays — portaient des manteaux tissés d'or, de lourds colliers aux bras et aux oreilles et des chaînettes suspendues à leurs chapeaux resplendissants de perles et de pierreries *, ornés enfin de tout

---

* DES NOIX étaient les jouets des enfants romains ; les garçons portaient au cou une bulle qu'ils consacraient aux dieux en prenant la toge virile ; les jeunes filles en se mariant offraient leur poupée à Vénus. Si More allègue des usages romains, c'est faute de trouver dans ceux de son temps des symboles de l'enfance dont on dût se séparer solennellement pour passer parmi les adultes.

* PERLES ET PIERRERIES. — Le voyage imaginaire devint au XVIIIe siècle un moyen de mettre en accusation un système considéré comme raisonnable parce qu'il est traditionnel et de

ce qui, en Utopie, sert à punir les esclaves, à marquer
le déshonneur, à amuser les enfants. Quel spectacle
que de les voir relever la crête en comparant leurs
falbalas avec le costume des Utopiens, car tout le
peuple s'était répandu dans les rues ! Il n'était pas
moins amusant du reste de voir combien ils se
trompaient dans leur attente, combien ils étaient loin
de l'effet espéré. Aux yeux en effet de tous les
Utopiens, exception faite des quelques-uns qui pour
une bonne raison avaient visité des pays étrangers,
toute cette magnificence était la livrée de la honte. Si
bien qu'ils saluaient respectueusement les gens de
rien, les prenant pour des maîtres, tandis qu'ils
laissaient passer sans la moindre révérence les ambassadeurs eux-mêmes qu'ils croyaient des esclaves à
cause de leurs chaînes d'or. Vous auriez même pu voir
des enfants qui avaient dépassé l'âge des perles et des
diamants donner des coups de coude à leur mère
lorsqu'ils en virent attachés aux chapeaux des ambassadeurs et dire : « Regarde, maman, ce grand idiot qui
porte encore des perles et des pierreries comme s'il
était un bébé. » Et la mère répondait le plus sérieusement du monde : « Silence, fils, ce doit être un des
bouffons des ambassadeurs. » D'autres critiquaient

---

ridiculiser les idées reçues. More procède par contraste. Beaucoup
plus âprement, Swift avilit les diamants en en attribuant la passion
aux affreux Yahous. « En quelques parties du pays, l'on trouve des
pierres brillantes de couleurs variées, desquelles les Yahous sont
vivement épris. Ils creusent la terre avec leurs griffes pendant des
journées entières pour les détacher, ensuite ils les cachent dans leurs
bauges, de peur que leurs camarades ne découvrent leur trésor. »
« Je n'ai jamais pu, commente le sage Houyhnhm, savoir à quoi ces
pierres peuvent leur servir ; un jour j'en déplaçai un tas ; et la
sordide bête, en voyant son trésor enlevé, éclata en lamentations et
tomba dans une sorte de mélancolie jusqu'à ce que je l'eusse fait
remettre en place. Quand le yahou le revit il reprit sa bonne
humeur, mais porta son trésor dans un endroit plus secret. » More
distingue la vanité des pierreries étalées et celle de l'or enfoui, dont
il parle plus loin. Swift les confond en une seule image. Il est vrai
qu'il pouvait difficilement prêter à ses Yahous des recherches
vestimentaires.

ces chaînes d'or, disant qu'elles ne pouvaient servir à rien, si fragiles qu'un esclave les romprait aisément, si lâches qu'il s'en débarrasserait dès qu'il en aurait envie, pour s'enfuir ensuite, libre comme l'air.

Deux jours suffirent aux ambassadeurs pour voir en quelle quantité l'or se trouvait là, considéré pour rien, tenu en un mépris égal à l'honneur qu'on lui faisait chez eux, si bien employé pour punir un esclave coupable de désertion, que ses chaînes seules eussent valu l'appareil entier de trois d'entre eux. Ils abaissèrent alors leur panache et rougirent de garder plus longtemps ces mêmes habits qu'ils avaient vaniteusement exhibés, surtout après qu'ils se furent entretenus un peu plus familièrement avec les Utopiens et qu'ils se furent initiés à leurs coutumes et opinions.

Ceux-ci en effet s'étonnent qu'un mortel puisse tant se complaire à l'éclat incertain d'une petite gemme, alors qu'il peut contempler les étoiles et le soleil ; qu'il existe quelqu'un d'assez fou pour se considérer comme ennobli par un vêtement d'une laine plus fine. Car, après tout, si fin que soit le fil, la laine fut autrefois sur le dos d'un mouton et ne sera jamais que mouton. Ils s'étonnent de même que l'or, bon par sa nature à si peu de chose, soit mis partout aujourd'hui à si haut prix, à plus haut prix même que l'homme par qui et pour qui sa valeur lui a été conférée ; si bien qu'un lourdaud, bête comme une souche* et aussi malhonnête qu'il est sot, tient cependant sous sa dépendance des hommes probes et savants, uniquement parce qu'il a chez lui un gros tas de pièces d'or. Ce même tas, si un coup de la fortune ou une astuce des lois* (aussi capables que la fortune de renverser

---

* UN LOURDAUD BÊTE COMME UNE SOUCHE. — Ce ne sont plus les pensées des Utopiens qui s'expriment ici, puisque la richesse ne joue aucun rôle dans leur vie, mais bien l'expérience personnelle de More, qui parle en observateur et en moraliste, comme ferait La Bruyère.

* UNE ASTUCE DES LOIS. — Ainsi parle, avec compétence, un homme qui a vu à l'œuvre la politique financière de Henry VII et de Henry VIII.

les situations) l'enlève à ce seigneur pour le donner au plus abject vaurien de sa domesticité, fera de lui le valet de son valet, comme s'il n'était qu'un accessoire de sa monnaie. Ils comprennent moins encore et détestent davantage la folie de celui qui rend des honneurs presque divins à des riches auxquels il ne doit rien, pour la seule raison qu'ils sont riches, alors qu'il les sait sordidement avares et qu'il n'a pas à espérer que d'un tel magot, aussi longtemps que le maître vivra, la moindre piécette vienne jamais vers eux.

Ces conceptions et d'autres du même genre, les Utopiens les ont reçues de leur éducation — formés dans un Etat dont les institutions sont fort éloignées de toutes ces formes d'absurdité — et aussi par l'école et par les livres. Un petit nombre seulement est dans chaque ville déchargé des autres travaux et désigné pour la culture exclusive de l'esprit : ceux chez qui l'on a reconnu depuis l'enfance un don particulier, une intelligence supérieure, un penchant marqué pour la vie intellectuelle. Mais tous les enfants * reçoivent une instruction. Et une grande partie du peuple, les femmes aussi bien que les hommes, consacrent à l'étude, pendant toute leur vie, les heures que le travail, nous l'avons dit, laisse libres.

Ils se servent de leur langue nationale * pour apprendre les sciences. Son vocabulaire en effet est

---

* TOUS LES ENFANTS. — Les filles de More écrivaient couramment le latin et savaient le grec. Margaret Gigs avait appris la médecine. On a mis quatre siècles à reconnaître que cette idée utopienne n'avait rien d'utopique. C'est du reste celle de Platon, qui donne la même formation à tous les enfants, garçons et filles. Leurs aptitudes les désigneront ensuite pour les différentes classes. La classe résulte de l'éducation et non l'inverse.

* LANGUE NATIONALE. — More entrevoit dès ce moment le rôle futur des langues vulgaires que la poussée de recherches nouvelles va substituer aux langues savantes. Il souhaitait que le peuple lût la Bible en anglais. Il a écrit en latin ses premiers ouvrages religieux ; les suivants sont en anglais. Il revint au latin dans les méditations qu'il composa pendant sa captivité à la Tour et qui furent interrompues par son supplice.

riche ; elle est harmonieuse, faite comme aucune autre
pour traduire les sentiments de l'âme. Avec partout
quelques altérations régionales, elle est commune à de
vastes régions de cet univers.

De tous les philosophes dont les noms sont célèbres
dans notre partie du monde, aucun bruit avant notre
arrivée n'était parvenu jusqu'à eux ; et cependant, en
ce qui concerne la musique et la dialectique, la science
des nombres et des mesures, ils ont fait à peu près les
mêmes découvertes que nos ancêtres. Mais, s'ils
égalent les anciens en presque toutes choses, ils restent
fort au-dessous des récentes inventions de la dialectique, incapables de concevoir une seule de ces règles
subtiles qu'apprennent couramment les enfants de
chez nous, sur les restrictions, amplifications et sup-
positions minutieusement exposées dans les Petits
Traités de Logique*. Ils ne sont point parvenus
davantage à scruter les intentions secondes. Et
l'homme en général, comme on dit — encore qu'il
soit gigantesque, vous le savez, plus grand que n'importe quel colosse, et que nous sachions le dessiner du
doigt — personne chez eux n'est encore arrivé à le
voir.

Ils sont très instruits en revanche du cours des
astres et du mouvement des corps célestes. Ils ont
ingénieusement inventé plusieurs types d'instruments
pour déterminer avec exactitude les déplacements et

---

* PETITS TRAITÉS DE LOGIQUE. — Sous couleur d'excuser les
Utopiens restés novices en dialectique, More se moque de l'enseignement de la philosophie tel que le concevait la scolastique de son
temps. Les *Parva Logicalia* (ainsi nommés, dit-il ailleurs, parce
qu'on y trouve fort peu de logique) formaient le dernier volume des
Summulae du pape Jean XXI (Pierre Giuliani) mort en 1277.
L'ouvrage, resté en usage, fut imprimé en 1520. Il contenait des
définitions, du reste plus grammaticales que philosophiques, de la
« suppositio », de l' « ampliatio », de la « restrictio », etc. L' « intentio secunda » est l'acte de l'intelligence qui range un être dans
son espèce après l'avoir appréhendé lui-même par l' « intentio
prima ». L' « homo in communi », c'est l'universel, l'idée de
l'homme. Erasme, dans l'*Eloge de la Folie* (54), se moque de ces
« sornettes plus que scolastiques ».

positions du soleil, de la lune et des autres astres que l'on voit sur leur horizon. Quant à des amitiés, à des hostilités venues des étoiles errantes, à toute l'imposture de la divination par les astres*, ils n'y rêvent même pas. Les pluies, les vents, les autres changements de temps, ils les prévoient grâce à des signes précurseurs reconnus de longue date. Sur les causes de ces phénomènes, des marées, de la salure des mers et en général de l'origine et de la nature du ciel et de l'univers, ils parlent tantôt comme nos anciens philosophes, tantôt, sur les points où nos auteurs sont en désaccord, ils apportent eux aussi des explications nouvelles et différentes, sans du reste s'entendre entre eux sur tous les points.

Dans le domaine de la philosophie qui traite des mœurs [63], ils discutent, tout comme nous, des biens de l'âme, des biens du corps, des biens extérieurs, se demandant si l'on peut tous les désigner comme des biens ou si ce nom revient seulement aux dons de l'esprit. Ils dissertent sur la vertu et le plaisir. Mais leur principal thème de controverse est la question de savoir en quelle chose réside le bonheur humain, si elle est une ou multiple. Sur ce sujet, ils me paraissent accorder un peu trop à la secte qui se fait l'avocate du plaisir et qui voit en lui, sinon la totalité du bonheur, du moins son élément essentiel [64]. Et, ce qui est plus étonnant encore, c'est de la religion, chose sérieuse cependant, austère, stricte, rigide, qu'ils tirent les arguments pour une doctrine si relâchée. Jamais en effet ils ne discutent au sujet du bonheur sans confronter les principes dictés par la religion avec la sagesse résultant de la raison, estimant celle-ci incapable de découvrir le vrai bonheur sans le secours de l'autre [65].

Leurs principes religieux sont les suivants. L'âme

---

* DIVINATION PAR LES ASTRES. — More s'intéressait à l'astronomie et, comme Pétrarque et Erasme, méprisait les astrologues. Les habitants de la *Cité du Soleil* de Thomas Campanella (1623) ne font rien sans avoir consulté leur horoscope.

est immortelle*, la bonté de Dieu l'a destinée au bonheur. Une récompense est réservée à nos vertus et à nos bonnes actions, des châtiments à nos méfaits. Ces vérités sont assurément du domaine de la religion ; ils estiment néanmoins que la raison est capable de les connaître et de les admettre. Ces principes une fois abolis, déclarent-ils sans hésitation, personne ne serait assez aveugle pour ne pas s'aviser qu'il faut rechercher le plaisir à n'importe quel prix, pourvu seulement qu'un moindre plaisir ne fasse pas obstacle à un plus grand, et qu'aucune souffrance ne doive faire expier celui qu'on aura poursuivi. Car suivre la vertu, par une route escarpée, difficile, répudier toute douceur de vivre, supporter délibérément la douleur sans en espérer aucun fruit — quel fruit aurait-elle si, après la mort, rien n'attend celui qui a traversé la présente vie en en refusant les douceurs, en n'en connaissant que les misères ? — ce serait là, disent-ils, une pure folie.

Seulement le bonheur pour eux ne réside pas dans n'importe quel plaisir[66], mais dans le plaisir droit et honnête vers lequel notre nature est entraînée, comme vers son bien suprême, par cette même vertu où la secte opposée* place le bonheur à l'exclusion de tout

---

* L'ÂME EST IMMORTELLE. — Le concile de Latran avait en 1514 mis en discussion la question de savoir si la philosophie humaine et la raison pourraient, indépendamment de la révélation, conclure à l'immortalité de l'âme. La réponse de More, telle que la formulent les Utopiens, est affirmative, du reste pour des raisons plus pragmatiques que métaphysiques. Le 6 novembre 1516 — cinq jours après l'*Utopie* — Pomponace publia à Bologne son *Tractatus de immortalitate animae* où il enseigne au contraire que l'immortalité de l'âme, article de foi, reste douteuse au regard de la raison.

* LA SECTE OPPOSÉE. — Celle des stoïciens. Un stoïcisme chrétien devait donner en France, dans la seconde moitié du siècle, des œuvres importantes. L'humanisme du début du siècle est épicurien, au sens où le prend Erasme dans le dialogue de 1529 qui porte ce titre et qui prolonge ces pages de More. L'homme, dit Erasme, cherche le bonheur, et aucune doctrine comme celle du Christ n'est capable de le lui donner, même dès ce monde, sans mélange d'inquiétude et de remords. Les définitions utopiennes, inspirées par la seule raison humaine, expriment simplement la conception optimiste que More se fait de la nature.

autre domaine. Car ils définissent la vertu comme une vie conforme à la nature[67], Dieu nous y ayant destinés[68]. Celui-là vit conformément à la nature qui obéit à la raison lorsqu'elle lui conseille de désirer certaines choses et d'en éviter d'autres. La nature d'abord remplit les mortels d'un grand amour, d'une ardente vénération pour la majesté divine à laquelle nous devons, et notre être lui-même, et la possibilité d'atteindre au bonheur. Elle nous incite ensuite à mener une vie aussi exempte de tourments, aussi pleine de joies que possible, et à aider tous les autres, en vertu de la solidarité qui nous lie, à en obtenir autant. En effet, le plus sombre, le plus austère zélateur de la vertu, le plus farouche ennemi du plaisir, tout en te recommandant les travaux, les veilles et les macérations, ne manque jamais de t'ordonner en même temps d'alléger de tout ton pouvoir les privations et les ennuis des autres et il estime louable, au nom de l'humanité, l'aide et la consolation apportées par l'homme à l'homme. Si l'humanité[69], cette vertu qui est plus que toute autre naturelle à l'homme, consiste essentiellement à adoucir les maux des autres, à alléger leurs peines et, par là, à donner à leur vie plus de joie, c'est-à-dire plus de plaisir, comment la nature n'inciterait-elle pas aussi un chacun à se rendre le même service à lui-même?

De deux choses l'une en effet. Ou bien une vie agréable, c'est-à-dire riche en plaisirs, est mauvaise et, dans ce cas, bien loin d'aider personne à y accéder, il faut au contraire la retirer à tous comme chose nuisible et pernicieuse. Ou bien, s'il t'est non seulement permis, mais ordonné, de la procurer aux autres à titre de bien, pourquoi d'abord ne pas te l'accorder à toi-même, envers qui tu as le droit d'être aussi bienveillant qu'envers autrui? La nature te recommande d'être bon pour ton prochain; elle ne t'ordonne pas d'être cruel et impitoyable envers toi-même. La nature elle-même, disent-ils, nous prescrit une vie heureuse, c'est-à-dire le plaisir, comme la fin de toutes

nos actions. Ils définissent même la vertu comme une
vie orientée d'après ce principe.

La nature invite donc tous les mortels à se donner
une aide réciproque en vue d'une vie plus riante : sage
conseil, personne n'étant si au-dessus du sort commun
que la nature doive s'occuper de lui seul, elle qui veut
le même bien* à tous les êtres qu'elle a réunis en un
groupe unique par leur participation à une forme
commune. Cette même nature t'enjoint par conséquent de renoncer à t'assurer des profits qui se
solderaient par des pertes pour autrui.

C'est pourquoi ils estiment qu'il faut respecter les
accords entre les particuliers, ainsi que les lois de
l'Etat[70], en vue d'une bonne répartition des biens de
la vie, qui sont la substance même du plaisir, soit
qu'un bon prince les ait légalement promulguées, soit
qu'un peuple libre de toute tyrannie et de toute
sournoise influence les ait sanctionnées d'un commun
accord. Veiller à son avantage personnel sans offenser
les lois, c'est la sagesse ; travailler en plus à l'avantage
de la communauté, c'est la piété[71]. Mais voler son
plaisir à autrui en poursuivant le tien, cela vraiment
est une injustice, tandis que te priver de quelque chose
en faveur d'autrui est vraiment un acte humain et
généreux. Il comporte du reste plus de profit que de
perte, étant compensé par la réciprocité, par la
conscience du service rendu, par la reconnaissance et
l'amitié des obligés, d'où l'âme reçoit plus de joie que
le corps n'en aurait trouvé dans l'objet auquel il a

---

* LA NATURE VEUT LE MÊME BIEN. — Tout plaisir est bon,
disent les Utopiens, à condition qu'il ne lèse personne. More avec
eux condamne chez les individus ce que les nations glorifient sous le
nom d'égoïsme sacré. Il n'y a qu'une morale. Les traités doivent
être respectés à l'égal des lois et celles-ci à l'égal des accords privés.
Encore toutes les lois n'ont-elles pas le même pouvoir contraignant.
N'obligent en conscience que celles qui ont été prises par le peuple
lui-même ou correctement promulguées par un prince en vertu d'un
pacte social. Henry VIII se souciait peu de ces restrictions. Et More
refusa de jurer l'acte par lequel, de sa propre autorité, il se déclarait
le chef de l'Eglise d'Angleterre.

renoncé. Dieu enfin — la religion en persuadera
aisément un cœur qui librement s'est donné à elle —
compense un plaisir court et limité par un bonheur
immense et sans fin. Ainsi, tout mûrement considéré,
les Utopiens estiment que toutes nos actions et les
vertus que nous y mettons en œuvre tendent au plaisir
qui est leur heureux accomplissement.

Ils désignent comme plaisir tout mouvement et tout
repos du corps que la nature nous fait trouver
agréable. Ils insistent avec raison sur la tendance de la
nature. Ce qui est agréable en soi, qu'on atteint sans
rien faire d'injuste, sans rien perdre de plus agréable,
sans devoir le payer d'une souffrance, ce ne sont pas
seulement les sens qui s'y portent, mais la droite
raison. Mais il est des choses auxquelles les hommes
attribuent, en vertu d'une vaine convention (comme
s'il leur appartenait de changer les réalités aussi
aisément qu'on change leurs noms), une douceur que
la nature ne leur a pas accordée. Les Utopiens
estiment que, loin de contribuer au bonheur, elles
s'opposent à lui, et d'abord en s'installant dans l'esprit
pour n'y plus laisser aucune place aux délices véritables, car elles occupent toute l'âme par une conception
erronée du plaisir.

Bien des choses en effet ne contiennent par nature
rien qui contribue au bonheur et, tout au contraire,
bien des éléments d'amertume. Seule la perverse
séduction du désir * les fait tenir pour les plus grands
plaisirs, pour les principales raisons de vivre.

Les Utopiens rangent parmi les gens qui sacrifient
au plaisir falsifié ceux qui, je l'ai déjà dit, se croient
meilleurs parce qu'ils ont un meilleur vêtement, en

---

* LA PERVERSE SÉDUCTION DU DÉSIR. — On ne saurait concilier
la recherche du plaisir avec la morale sans admettre que certains
plaisirs sont illusoires, ce qui revient à dire qu'il est des cas où la
nature nous induit en erreur, et qu'il n'est donc pas toujours
possible de la prendre comme guide. More s'attache surtout au cas
où nous nous trompons, non par la faute de la nature, mais par celle
des conventions que nous interposons entre elle et nous et qui
l'empêchent de nous faire entendre sa voix.

quoi ils se trompent doublement, et tout autant en
estimant le vêtement meilleur qu'en se croyant tels
eux-mêmes. En quoi, si vous considérez l'usage, une
laine plus fine vaudrait-elle mieux qu'une plus gros-
sière ? Ils se croient nantis d'une supériorité réelle,
alors qu'elle n'est qu'illusoire, et ils relèvent la crête,
convaincus d'avoir ajouté quelque chose à leur valeur
personnelle, se jugeant dignes, pour un habit plus
somptueux, d'un respect qu'ils n'auraient pas osé
espérer un jour où ils auraient été plus simplement
vêtus, et ils prennent fort mal qu'on les laisse passer
sans faire attention à eux.

Cette sensibilité à des honneurs vains et sans profit,
ne relève-t-elle pas d'un identique manque d'intelligence ? Quel plaisir authentique peut donner la vue
d'un homme à la tête découverte, aux genoux pliés ?
Vos genoux douloureux en seront-ils guéris, ou la
frénésie qui vous habite le crâne ? On voit délirer de
joie, dans la même illusion d'un plaisir imaginaire,
ceux qui se flattent d'être nobles parce qu'ils ont eu la
chance d'avoir des ancêtres qui l'étaient : gens dont
plusieurs générations ont été tenues pour riches — car
la noblesse à présent * n'est plus autre chose — en
biens-fonds particulièrement. Et ils ne s'en tiennent
pas moins pour nobles si leurs aïeux ne leur ont rien
laissé du tout, ou si eux-mêmes ont mangé l'héritage.

Les Utopiens rangent dans la même catégorie ceux
qui sont fous de gemmes et de pierreries * et qui se
sentent devenir dieux, pourrait-on dire, lorsqu'ils se

---

* LA NOBLESSE À PRÉSENT. — La guerre de France et celle des
Deux-Roses l'avaient décimée. More la juge sévèrement parce
qu'elle continuait à s'arroger des droits alors qu'elle avait cessé
d'accomplir aucune fonction. Au surplus, elle devait être reconstituée peu à peu par la bourgeoisie ascendante dont More représentait
les tendances. Le roi le fit *knight* en 1521.

* PIERRERIES. — Ces exemples illustrent bien la conception
utopienne — cynique — du plaisir véritable opposé au plaisir
illusoire, mais ils sont empruntés à l'Angleterre de 1515, non à la
république où personne ne possède rien : premier crayon des
portraits de La Bruyère.

procurent une pièce de choix, surtout si elle est de l'espèce qui a la vogue en ce moment, car chacune d'elles a ses amateurs et ses saisons. Ils achètent la pierre nue, détachée de sa monture d'or et, même ainsi, le vendeur doit prêter serment qu'elle est authentique, tant ils craignent que leurs yeux ne se laissent tromper. Mais en quoi la fausse donnerait-elle moins de plaisir à l'œil qui la regardera, s'il n'est pas capable de la distinguer d'une vraie ? Elles ne diffèrent pas plus entre elles pour un voyant que pour un aveugle.

D'autres mettent sous clef des richesses inutiles dont l'entassement ne leur est de nul usage, mais dont la contemplation les enchante : en ont-ils un plaisir véritable ou sont-ils les jouets d'une illusion ? D'autres encore, par une aberration tout opposée, ont caché leur or qui jamais ne leur servira, que plus jamais ils ne reverront et qu'ils perdent par terreur de le perdre. Car soustraire de l'or à soi-même et à tous les mortels, n'est-ce pas le rendre à la terre ? Et cependant l'on danse de joie pour un trésor enfoui comme si l'on était sûr du salut de son âme. Si quelqu'un l'enlevait à l'insu de son maître et que celui-ci survive dix ans à son or volé, quelle différence y aurait-il pour lui entre l'or intact et l'or disparu ? Dans les deux cas, il en aurait fait exactement le même usage.

Ils jugent tout aussi imaginaire le plaisir des joueurs*, dont ils ne connaissent l'absurdité que par

---

* LE PLAISIR DES JOUEURS, dont Erasme se moque dans l'*Eloge de la Folie* (39) : « Qu'il prête à rire, le spectacle de ces gens assemblés dont le cœur bondit et palpite au bruit des dés qui tombent ! L'espoir de gagner ne les abandonne jamais. Lorsque leur fortune a fait un naufrage dont ils sortent tout nus, ils tromperaient tout le monde plutôt que leur gagnant, tant ils craignent de n'être pas pris pour des joueurs sérieux. Quand la goutte justicière leur a tordu les articulations, ils se payent des gens pour jeter les dés à leur place. » Voilà décrit, du reste d'après Horace, le jeu aristocratique. More a dit plus haut les dangers de la taverne où les pauvres diables vont perdre le peu qu'ils avaient : son point de vue est toujours, comme nous dirions, celui du sociologue.

ouï-dire, celui aussi des chasseurs et des oiseleurs. Qu'y a-t-il de plaisant, disent-ils, à jeter les dés sur un damier et à le faire si souvent que la seule répétition suffirait à rendre le divertissement fastidieux ? Et quelles délices peuvent apporter l'aboiement, le hurlement des chiens ? Pourquoi le spectacle d'un chien poursuivant un lièvre donnerait-il plus de plaisir que celui d'un chien poursuivant un chien ? Les deux se valent. Il y a course, si c'est la course qui vous charme. Mais si c'est l'attente de la mise à mort et du carnage qui se fera sous vos yeux, vous devriez plutôt être pris de pitié pour le petit lièvre déchiré par le chien, le plus faible par le plus fort, le fuyard, le timide par le fougueux, l'inoffensif par le cruel. Considérant la chasse * comme un exercice indigne des gens libres, les Utopiens le réservent à leurs bouchers dont le métier, nous l'avons dit, est pratiqué par des esclaves. Ils considèrent même la chasse comme l'échelon le plus bas de la boucherie, les autres branches étant plus utiles et plus honorables, puisqu'elles rendent service et qu'elles ne détruisent d'êtres vivants que pour une raison de nécessité ; le chasseur au contraire se complaît gratuitement à la mort et au dépècement d'une pauvre petite bête. Trouver du plaisir à voir mourir, ne fût-ce qu'un animal, suppose, pensent-ils, une disposition naturelle à la cruauté, ou bien y conduit, par l'exercice constant d'une volupté si sauvage.

Voilà des joies qu'avec d'autres du même genre l'opinion courante considère comme des plaisirs, ce que les Utopiens contestent, déclarant nettement qu'elles ne comportent rien qui soit délicieux par

---

* LA CHASSE est un plaisir chevaleresque que More rejette à ce titre et aussi parce qu'il aimait les animaux et s'amusait à en élever chez lui d'assez inattendus : un singe (qui figure sur le dessin de Holbein), un castor, une belette, un renard. Il aimait à les observer, à une époque où l'on ne s'y intéressait guère. Machiavel (*Prince*, 14) voit une excellente préparation à la guerre dans l'exercice de la chasse qui endurcit les corps et habitue les hommes à explorer les sites. More lui reproche précisément d'endurcir les cœurs.

nature *[72] et que, par conséquent, elles n'ont rien de
commun avec le plaisir véritable. Elles peuvent flatter
communément les sens, ce qui passe pour être l'action
du plaisir, sans amener les Utopiens à changer d'avis,
car ce qui agit n'est pas la nature de l'objet, mais une
habitude dépravée qui fait s'attacher aux choses
amères au lieu de s'attacher aux choses douces,
exactement comme les femmes grosses, avec leur goût
altéré, trouvent la poix ou le suif plus délectables que
le miel. Un jugement gâté par la maladie ou par
l'habitude est impuissant à changer la nature du
plaisir, pas plus que celle d'autre chose.

Les Utopiens font plusieurs groupes des plaisirs *
qu'ils déclarent véritables, rapportant les uns à l'âme,
les autres au corps [73]. De l'âme, relèvent l'intelligence
et la joie qui naît de la contemplation de la vérité, ainsi
que le doux souvenir d'une vie bien vécue et le ferme
espoir d'un bien à venir. Ils divisent en deux espèces
les plaisirs du corps. La première comprend l'agrément évident, certain, qui inonde les sens, comme il
arrive d'abord quand se renouvellent les éléments
dont se nourrit notre chaleur vitale, restaurés par la
nourriture et la boisson, et aussi quand s'évacue tout
ce que notre corps contient en excès. Ce plaisir nous
est procuré quand nous libérons les intestins des

---

* DÉLICIEUX PAR NATURE. — C'est ici qu'une définition serait
nécessaire et difficile à donner. More reconnaît des droits aux
exigences de la nature humaine en général, sans considérer les
tendances singulières.
* DES PLAISIRS. — More a attaché une grande importance à ce
morceau qui nous semble une digression longue et mal composée.
C'est qu'il était soucieux de définir la conception du plaisir à quoi
peut aboutir la raison non éclairée par la révélation. Il fallait qu'elle
concordât avec la notion chrétienne du plaisir permis. Il part de la
définition d'Epicure qu'il connaît par Cicéron et par les grammai-
riens anciens : que le plaisir est le commencement et la fin de toute
vie heureuse, ensuite, que le principe et la racine de tout bien sont le
plaisir du ventre. Ce n'est pas pour avilir le plaisir sexuel qu'il le
rapproche des autres excrétions, mais pour préciser le caractère
propre aux plaisirs élémentaires du corps, qui est de compenser une
souffrance. Le plaisir n'est dans ce cas que la suppression de la
douleur.

excréments, ou quand nous engendrons des enfants,
ou quand nous adoucissons des démangeaisons, en
nous frottant, en nous grattant la peau.

Parfois cependant, un plaisir apparaît sans rien
apporter dont nos membres aient besoin, sans rien
enlever qui leur pèse. Il a une force secrète et
cependant manifeste qui émeut, charme et attire : tel
est l'effet de la musique*.

Les plaisirs de la seconde espèce, disent-ils, résultent du repos et de l'équilibre du corps, ainsi que
chacun les éprouve quand rien n'altère sa santé. Celle-
ci, quand aucune souffrance ne la gêne, charme par
elle-même, sans qu'un plaisir extrinsèque ait besoin de
s'y ajouter. Elle est moins évidente et elle s'accompagne de sensations moins nettes que la massive
jouissance du boire et du manger. Beaucoup d'Utopiens cependant lui donnent le premier rang parmi les
plaisirs, et la plupart la déclarent de première importance, fondement et principe de tous les autres,
capable seule d'assurer une vie sereine et désirable, et
ne laissant place, là où elle fait défaut, à quelque
plaisir que ce soit. Car l'absence de douleur, là où
manque la santé, ils l'appellent torpeur et non plaisir.

Ils ont depuis longtemps condamné la théorie de
ceux qui refusent de ranger parmi les plaisirs une
santé stable et paisible*, sous prétexte que la présence
n'en saurait être perçue sans l'intervention d'un choc
venu de l'extérieur. La question a été activement

---

* LA MUSIQUE, mentionnée ici comme le type même du plaisir
gratuit, celui dont la privation n'est pas actuellement douloureuse,
est aussi le seul art qui ait fleuri dans l'austère Utopie. Elle
accompagne les repas ; elle donne leur solennité aux offices religieux ; et les Utopiens ont même inventé des instruments inconnus
dans l'ancien monde.

* UNE SANTÉ STABLE ET PAISIBLE. — Ceci encore est la doctrine
d'Epicure lorsqu'il enseigne que le vrai plaisir est un plaisir en
repos, c'est-à-dire, semble-t-il, cet heureux équilibre du corps en
quoi consistent la santé et l'apaisement des besoins naturels
satisfaits. Le sage est celui qui « avec un peu de pain et d'eau,
rivalise de félicité avec Jupiter ». Mais cette félicité serait inconcevab-
ble si le corps était en état de maladie.

débattue parmi eux. Ils ont conclu presque unanimement en faisant de la santé, au premier chef, un
plaisir. De même, disent-ils, que la douleur, irréconci-
liable ennemie du plaisir, est présente dans la maladie,
de même, la maladie étant l'ennemie de la santé, la
paix qui résulte de la santé doit comporter du plaisir.
Que la santé soit plaisir par elle-même ou qu'elle
engendre nécessairement un plaisir, de même que la
chaleur naît du feu, dans les deux cas, le plaisir ne
peut manquer à ceux qui jouissent d'une santé inalté-
rable. Que se produit-il lorsque nous mangeons ?
disent-ils encore. N'est-ce pas la santé qui se sent
menacée et qui engage le combat, avec l'aliment
comme allié, contre la défaillance ? A mesure qu'elle
reprend des forces, chacun des progrès qui la ramène
vers sa vigueur habituelle renouvelle le plaisir que
nous éprouvons à nous restaurer. La santé éprouve de
la jouissance tout au long du combat ; comment ne
serait-elle pas satisfaite une fois la victoire remportée ?
Une fois recouvrée sa vigueur première, enjeu de la
lutte, va-t-elle tomber dans un engourdissement où
elle cessera de reconnaître ce qui lui est bon, et de s'y
porter ? Ils n'admettent pas en effet que la santé soit
un état dont on n'a pas conscience. Quel homme
éveillé, à moins qu'il ne déraisonne, disent-ils, n'a pas
le sentiment de sa propre santé ? S'il n'est ni paralysé,
ni en léthargie, il ne refusera pas de reconnaître que la
santé lui est agréable, délectable. Et qu'est-ce que la
délectation, sinon un autre nom pour le plaisir ?

Ils apprécient éminemment les plaisirs de l'âme *,
qu'ils considèrent comme les premiers et les plus

---

* LES PLAISIRS DE L'ÂME. — Il faut maintenant dépasser
l'épicurisme et affirmer plus nettement la suprématie de l'âme sur le
corps. C'est pourquoi More revient sur le caractère relatif des
plaisirs physiques. Peut-on considérer comme un bien en soi ce qui
n'est que la compensation d'un mal et qui cesse même d'être perçu
comme bien dès qu'il a accompli son rôle qui était de remédier au
mal ? Les joies de l'âme résultent pour les Utopiens de la pratique
des vertus. Epicure, parmi les plaisirs de ce genre, gratuits par
définition, mentionne avant tout l'amitié.

excellents de tous, et dont la majeure partie résulte
pour eux de la pratique des vertus et de la conscience
de mener une vie louable. Ils donnent la palme à la
santé parmi les plaisirs du corps, puisque c'est uniquement en vue d'elle que nous devons désirer, disent-ils,
les agréments du boire et du manger et des autres
fonctions semblables. Ces choses en effet ne sont pas
délectables en soi mais seulement dans la mesure où
elles empêchent une maladie de s'insinuer sournoise-
ment en nous. Un sage aimera mieux prévenir la
maladie que de demander des remèdes ; tenir les
douleurs à l'écart plutôt que de recourir à des
calmants ; s'abstenir enfin des plaisirs dont il aurait à
réparer les dégâts. Si quelqu'un place son bonheur
dans des plaisirs de cette dernière sorte, il doit bien
reconnaître que le comble de la félicité est pour lui une
vie partagée entre la faim, la soif, le prurit d'une part
et d'autre part le manger, le boire, le gratter, le
frotter. Et qui ne verrait qu'une telle vie est non
seulement laide, mais pitoyable ? Ces plaisirs sont
donc tout au bas de l'échelle parce qu'ils sont les
moins véritables, étant toujours liés à une souffrance
qui en est la contrepartie. En effet, au plaisir de
manger est associée la faim, mais non pas sur un pied
d'égalité. La douleur est plus violente et plus durable,
car elle naît avant le plaisir et, lorsqu'elle meurt, le
plaisir meurt en même temps.

Ils n'estiment donc pas qu'il faille faire grand cas de
plaisirs de ce genre, sinon dans la mesure où ils sont
liés à la nécessité. Ils y trouvent cependant de la joie et
ils savent gré de sa générosité à la nature notre mère *

---

* LA NATURE NOTRE MÈRE. — Cela encore est épicurien.
« Grâces soient rendues à la bienheureuse nature d'avoir mis à notre
portée les choses qui sont nécessaires, tandis que celles qui ne sont
pas aisément à notre portée sont celles qui ne sont pas nécessaires.
Se tenir dans les limites de la nature, c'est avoir à sa suffisance ; c'est
le comble de la richesse. » La doctrine du plaisir est gouvernée pour
les Utopiens, comme pour Epicure, par les vertus cardinales. La
prudence, la plus importante de toutes, discerne les plaisirs
véritables ; la force empêche d'en mésuser ; la tempérance empêche
d'en abuser ; la justice écarte tout ce qui pourrait nuire à autrui.

d'avoir pour ses enfants affecté d'attirance et de charme les fonctions qu'ils doivent accomplir régulièrement. Que la vie serait ennuyeuse si, comme certaines maladies qui nous visitent rarement, la quotidienne maladie de la faim et de la soif n'était guérissable qu'à force de poisons et de drogues amères !

La beauté, en revanche, la force, l'agilité, les Utopiens les tiennent en haute estime, voyant en elles de véritables dons de la nature, faits pour nous réjouir. Les plaisirs qui entrent par les oreilles, les yeux, les narines, que la nature a réservés à l'usage exclusif de l'homme, puisque nulle autre espèce vivante ne perçoit la beauté du monde, n'est émue par le charme des odeurs qui n'avertissent pas de la présence des aliments, ne distingue entre les sons les intervalles d'où résultent des accords justes et harmonieux, tous ces plaisirs, ils les recherchent comme d'agréables épices de la vie.

Mais partout ils s'en tiennent au principe qu'un plaisir plus petit ne doit pas faire obstacle à un plus grand ; qu'il ne doit jamais entraîner la douleur après lui, et ce qu'ils considèrent comme allant de soi, qu'il ne doit jamais être déshonnête.

Mépriser d'autre part la beauté* du corps, ruiner ses forces, endormir son agilité dans la paresse, épuiser son corps à force de jeûnes, détruire sa santé, rejeter avec mépris les autres douceurs de la nature, sans en espérer un surcroît de biens pour autrui ou pour l'Etat ni une joie supérieure par laquelle Dieu récompenserait le sacrifice ; pour une vaine ombre de

---

* LA BEAUTÉ. — Les Utopiens ignorent tout ascétisme. Ce que More en pensait pour son compte personnel est une question toute différente. Pendant la seconde partie de sa vie, il portait un cilice sous ses vêtements ; sa fille Margaret Roper le reçut de ses mains lors de la dernière visite qu'elle lui fit à la Tour la veille de sa décollation. Les Utopiens qui n'ont que les lumières de la raison n'admettent le sacrifice que lorsqu'il sert aux intérêts d'autrui. Aussi bien que l'ascétisme mystique des chrétiens, ils repoussent l'ascétisme pédagogique des stoïciens, dressage de l'individu en vue d'épreuves hypothétiques.

vertu se détruire sans profit pour personne, avec l'idée de pouvoir supporter plus aisément un revers de fortune qui peut-être n'arrivera jamais : voilà ce qu'ils estiment être le comble de la folie, l'acte d'une âme méchante envers elle-même et suprêmement ingrate envers la nature, puisqu'elle la congédie avec tous ses bienfaits, comme si elle rougissait d'avoir cette dette envers elle.

Voilà ce qu'ils pensent de la vertu et du plaisir. A moins qu'une religion dictée par le ciel n'inspire à l'homme une doctrine plus sainte, ils estiment que la raison humaine n'en saurait découvrir une plus vraie. Nous n'avons pas le loisir de mettre cette opinion à l'étude, et du reste ce n'est pas nécessaire, puisque nous avons décidé de décrire leurs institutions, non de les justifier.

Ces théories étant ce qu'elles sont, je suis toutefois pleinement convaincu qu'il n'existe nulle part un peuple plus excellent ni un Etat plus heureux *. Leurs corps sont souples et agiles, plus vigoureux que leur taille ne l'annonce, encore qu'elle soit assez élevée. Leur sol est loin d'être partout des plus fertile, ni leur climat des plus sain. Mais la tempérance de leur régime les protège contre le mauvais air et ils mettent un tel zèle à améliorer leur terroir qu'il n'est aucun pays où récoltes et troupeaux soient plus abondants, où les hommes vivent plus vieux et moins exposés aux maladies. Vous verriez là-bas, soigneusement exécutées, les besognes de tout agriculteur pour améliorer à force d'art et de travail une terre ingrate * par nature.

---

* UN ETAT PLUS HEUREUX. — Ce bonheur est décrit uniquement en termes de prospérité collective. Les individus, délivrés de toute inquiétude, paient leur sécurité matérielle par un assujettissement de tous les instants.

* UNE TERRE INGRATE. — Les réalisations utopiennes — celles notamment qui permettent de ramener à six heures la journée de travail — ne doivent rien à la science, peu de chose à l'ingéniosité, beaucoup en revanche au travail dirigé. Ceux qui ont souligné l'indifférence de More à l'égard de toute amélioration de l'outillage n'ont pas assez marqué l'importance qu'il accorde à de très grandes

Mais ils font davantage. En tel endroit, toute une forêt est défrichée à bras d'hommes et reconstituée en un autre endroit avec l'intention, non de produire davantage, mais de faciliter le transport, afin d'avoir du bois à proximité de la mer, des fleuves et des villes. Il est en effet plus aisé d'acheminer des céréales par voie de terre que d'amener du bois d'une longue distance. Ces gens sont aimables, gais, industrieux ; ils savourent leurs loisirs, ils endurent tout ce qui est nécessaire en fait de travaux physiques ; ceux de l'esprit les trouvent infatigables [74].

Lorsqu'ils nous eurent entendu parler des lettres et de la science des Grecs — car ils ne purent pas avoir grande estime pour les Latins, sauf pour leurs historiens et leurs poètes — ils mirent un zèle admirable à s'efforcer de les approfondir, aidés de nos explications. Nous avons commencé par des lectures commentées, plutôt, au début, pour ne point paraître leur refuser ce service que dans l'espoir d'en tirer grand fruit. Mais à mesure que nous avancions, nous comprîmes, à voir leur assiduité, que la nôtre ne se dépensait pas en pure perte. Ils se mirent à imiter si aisément la forme des lettres, à si bien prononcer les mots, à les retenir si vite, à les reproduire si fidèlement que nous en fûmes émerveillés. A vrai dire, la plupart de nos auditeurs, venus spontanément ou désignés par le Sénat, étaient des gens d'âge mûr ou des esprits distingués appartenant à la chasse des lettrés. Il ne leur fallut pas trois ans pour se rendre maîtres de la langue et lire couramment les bons auteurs, quand ils n'étaient pas arrêtés par des altérations du texte.

S'ils s'approprièrent si rapidement cette littérature, c'est, je pense, en vertu d'une certaine parenté. Je

---

entreprises. Le pont d'Amaurote, l'amélioration des terres, les défrichements représentent des desseins collectifs, réalisés au prix d'un long effort. A l'époque où il écrit, on ne voit guère, dans cet ordre d'idées, que les cathédrales qui puissent leur être comparées.

crois deviner qu'ils sont Grecs d'origine. Leur langue
en effet, très proche au surplus du persan, conserve
quelques traces du grec dans les noms des villes et des
magistratures. En partant pour la quatrième expédition, j'avais embarqué, en guise de pacotille, un
honnête bagage de livres *, décidé à ne revenir que le
plus tard possible. C'est ainsi qu'ils me doivent la
plupart des traités de Platon, quelques-uns d'Aristote,
l'ouvrage de Théophraste sur les plantes, malheureusement mutilé en plusieurs endroits. Un singe au
cours du voyage avait découvert le livre dont nous
avions pris trop peu de soin ; en jouant et en folâtrant,
il en avait arraché et déchiré quelques pages. Comme
grammairien, ils n'ont que Lascaris. Je n'avais pas
emporté Théodore ni aucun dictionnaire excepté
Hésychius et Dioscoride. Ils raffolent des petits traités
de Plutarque et apprécient l'esprit et la drôlerie de
Lucien. Parmi les poètes, ils ont Aristophane,
Homère et Euripide, ainsi qu'un Sophocle dans le
petit caractère des Aldes ; parmi les historiens, Thucydide, Hérodote ainsi qu'Hérodien. Mon ami Tricius

---

* LIVRES. — Les ouvrages que cite More ont été imprimés dans
les vingt années qui vont de 1495 à 1515, à l'exception de la *Pratique
médicale* de Galien, qui ne fut imprimée, chez les Aldes, qu'en 1525.
Un compagnon du quatrième voyage de Vespuce n'aurait pu
emporter le *Glossaire* d'Hésychius, publié par Musurus à Venise en
1514 seulement. Cette liste est un hommage aux imprimeurs,
notamment à Alde l'aîné, mort en avril 1515. La bibliothèque
grecque des Utopiens porte la marque des goûts d'un humaniste.
Erasme et More ont traduit plusieurs dialogues de Lucien, sans
paraître se rendre compte de ce que son ironie avait de corrosif, non
seulement pour le paganisme, mais pour toute religion. Les *Vies* de
Plutarque, destinées à un si grand succès dans la seconde moitié du
siècle, manquent ici, comme elles manquent parmi les ouvrages
dont Erasme recommande la lecture au Prince Chrétien, alors que
les traités y figurent. César est un des rares auteurs latins qu'Erasme
n'a pas édités : les humanistes ne glorifient pas volontiers les grands
capitaines. Les ouvrages de botanique, de médecine, d'agriculture,
d'art militaire, furent très tôt imprimés parce qu'on leur demandait
des recettes pratiques : méthode encore toute médiévale que
l'observation directe de la nature allait, lentement, supplanter.

Apinatus * avait avec lui quelques opuscules d'Hippocrate et *La Petite Technique* de Galien, qu'ils estiment beaucoup. Alors qu'il est peu de peuples au monde à qui la médecine soit aussi peu nécessaire, il n'en est aucun où elle soit plus en honneur ; ils en rangent en effet les découvertes parmi les parties les plus belles et les plus utiles de cette philosophie à l'aide de laquelle ils pénètrent les secrets de la nature, ce qui leur donne des joies admirables et leur vaut la faveur de son auteur, l'ouvrier de toutes choses. Celui-ci, pensent-ils, agissant comme font tous les ouvriers, a exposé la machine du monde afin qu'elle soit contemplée par l'homme, seul être capable de la comprendre ; il préférera donc un spectateur attentif et intéressé, admirateur de son ouvrage, à celui qui restera passif comme une bête devant ce grand spectacle et passera son chemin.

Aiguisé par les lettres, l'esprit des Utopiens est éminemment propre à inventer des procédés capables d'améliorer les conditions de la vie. Ils nous doivent deux arts, l'imprimerie[75] et la fabrication du papier ; ils y ont à vrai dire largement collaboré. Nous leur avons montré des volumes sur papier, imprimés en caractères des Aldes ; nous leur avons parlé des matériaux nécessaires à la fabrication du papier et de la technique de l'impression, bien empêchés de leur donner des explications plus précises, puisque aucun de nous n'avait la moindre expérience de l'une ni de l'autre. Eux, aussitôt, à force de s'y appliquer, devinèrent le reste. Ils avaient auparavant écrit sur des peaux, des écorces et du papyrus ; ils essayèrent aussitôt de faire du papier et d'imprimer. Le résultat fut d'abord insatisfaisant. Mais à force de répéter les tentatives, ils furent bientôt passés maîtres dans ces deux arts, au point qu'il leur suffit d'avoir un premier manuscrit d'un texte grec ; ils ne manquent bientôt plus de volumes imprimés. Ils n'ont actuellement pas

* TRICIUS APINATUS est un personnage fictif dont More a pris le nom dans une épigramme de Martial.

d'autres textes que ceux que j'ai rappelés, mais ces
ouvrages-là sont déjà imprimés et répandus à plusieurs
milliers d'exemplaires *.

Ceux qui arrivent chez eux pour voir le pays, ils les
reçoivent à bras ouverts si leur esprit se recommande
par quelque mérite particulier ou s'ils ont acquis de
grandes connaissances par de longs voyages à l'étranger, ce qui précisément fit que notre visite fut
bienvenue. Ils aiment être renseignés sur ce qui se
passe dans le monde. Rares au contraire sont ceux qui
abordent en Utopie pour faire du commerce. Que
pourraient-ils apporter, si ce n'est du fer ? De l'or ou
de l'argent ? Ils aimeraient mieux en remporter. Ce
que les Utopiens ont à exporter, ils préfèrent en
assumer eux-mêmes le transport, afin d'être mieux au
courant de ce qui se passe à l'extérieur et de ne pas
perdre leur expérience des choses de la mer.

Leurs esclaves * ne sont ni des prisonniers de guerre
— à moins que des soldats capturés lors d'une guerre
où Utopie fut attaquée — ni des enfants d'esclaves ni
aucun de ceux qu'on trouve en servage dans les autres
pays. Ce sont des citoyens à qui un acte honteux a

---

* PLUSIEURS MILLIERS D'EXEMPLAIRES. — Aucune édition au
début du XVIᵉ siècle n'atteignit un chiffre aussi élevé ; une édition
de trois à quatre cents volumes était couramment partagée entre
deux imprimeurs, un seul n'ayant pu l'assurer.

* LEURS ESCLAVES. — L'esclavage est un châtiment et More
refuse l'hérédité pour tout châtiment comme pour tout privilège. En
revanche, il accepte l'idée de la faute collective qui serait celle de
tout un peuple assumant une guerre injuste. Infliger un esclavage
pénal aux soldats capturés, c'est méconnaître, d'abord qu'ils ont pu
être induits en erreur, ce qui en fait est toujours le cas et, ensuite,
qu'ils ont été contraints. Vivès l'a mieux compris lorsqu'en 1525 il
conseille à Henry VIII la modération à l'égard de la France : « Ce
n'est pas la faute du peuple si le roi François, contre la volonté de
tous ses conseillers, a décidé de faire la guerre ». Rousseau discute
dans le *Contrat social* la doctrine de Grotius qui tire de la guerre le
droit de réduire en esclavage et il dit fermement : « La guerre ne
donne aucun droit qui ne soit nécessaire à sa fin » (I, 4). A quoi
More objecterait que la servitude en Utopie est un châtiment
moralisateur.

coûté la liberté ; ce sont, plus souvent encore, des étrangers condamnés à mort dans leur pays à la suite d'un crime. Les Utopiens les achètent en grand nombre, et pour peu d'argent, le plus souvent pour rien. Ces esclaves sont toute leur vie tenus au travail, et, de plus, enchaînés, les Utopiens plus durement que les autres. Leur cas en effet est jugé plus désespéré, et méritant des châtiments plus exemplaires, pour n'avoir pu s'abstenir du mal après avoir été formés à la vertu par une éducation si excellente.

Une troisième espèce d'esclaves est composée de manœuvres étrangers, courageux et pauvres, qui choisissent spontanément de venir servir parmi eux. Ils les traitent décemment, presque aussi bien que leurs propres citoyens, sinon qu'on leur impose une tâche un peu plus lourde, étant donné qu'ils sont accoutumés à travailler davantage. Ils ne retiennent pas contre leur gré ceux qui souhaitent s'en aller, ce qui arrive rarement, et ils ne les renvoient pas les mains vides.

Ils soignent les malades, je l'ai dit, avec la plus grande sollicitude et ne négligent rien qui puisse contribuer à leur guérison, ni en fait de remède ni en fait de régime. Si quelqu'un est atteint d'une maladie incurable*, ils cherchent à lui rendre la vie tolérable en l'assistant, en l'encourageant, en recourant à tous les médicaments capables d'adoucir ses souffrances. Mais lorsque à un mal sans espoir s'ajoutent des

---

* UNE MALADIE INCURABLE. — More trouve la tradition classique divisée au sujet du suicide. Celui-ci est presque toujours condamné par la législation des cités, mais souvent assimilé par les poètes à un acte de courage. Les philosophes le subordonnent à la raison. Platon l'admet en cas de souffrances excessives ou d'une honte qui rendrait la vie intolérable. Ce qui n'est chez Platon qu'une licence devient un devoir pour les Stoïciens. Puisque la raison humaine, laissée à elle-même, admet le suicide, les Utopiens doivent aussi l'avoir accepté. Leur doctrine toutefois, comme leur théorie du plaisir, incline déjà vers le christianisme, puisque le droit au suicide dérive de la croyance à l'immortalité de l'âme et aux sanctions d'outre-tombe et que, dans chaque cas individuel, il ne peut être appliqué que par un verdict des prêtres.

tortures perpétuelles, les prêtres et les magistrats viennent trouver le patient et lui exposent qu'il ne peut plus s'acquitter d'aucune des tâches de la vie, qu'il est à charge à lui-même et aux autres, qu'il survit à sa propre mort, qu'il n'est pas sage de nourrir plus longtemps le mal qui le dévore, qu'il ne doit pas reculer devant la mort puisque l'existence est pour lui un supplice, qu'une ferme espérance l'autorise à s'évader d'une telle vie comme un fléau ou bien à permettre aux autres de l'en délivrer ; que c'est agir sagement que de mettre fin par la mort à ce qui a cessé d'être un bien pour devenir un mal ; et qu'obéir aux conseils des prêtres, interprètes de Dieu, c'est agir le plus pieusement et saintement. Ceux que ce discours persuade se laissent mourir de faim, ou bien sont endormis et se trouvent délivrés sans même avoir senti qu'ils meurent. On ne supprime aucun malade sans son assentiment et on ne ralentit pas les soins à l'égard de celui qui le refuse. Mourir ainsi sur le conseil des prêtres est à leurs yeux un acte glorieux. Celui en revanche qui se tue pour quelque raison qui n'a pas été approuvée par les prêtres et le sénat n'est jugé digne ni d'une sépulture ni d'un bûcher ; il est honteusement jeté dans quelque marais.

Une fille ne se marie pas avant sa vingt-deuxième année, un garçon, avant sa vingt-sixième. Une fille ou un garçon convaincus d'amours clandestines sont sévèrement punis et tout mariage leur est dorénavant absolument interdit*, à moins que le prince ne leur fasse grâce. Le père et la mère dont la maison a vu le scandale tombent en grand discrédit, pour avoir négligé leurs devoirs. Si la sanction est si sévère, c'est qu'ils estiment que le pacte de l'amour conjugal, qui exige que l'on passe toute sa vie avec un seul conjoint et que l'on supporte tous les pénibles devoirs qui

---

* TOUT MARIAGE LEUR EST DORÉNAVANT INTERDIT, remède qui serait probablement pire que le mal. Le rationalisme utopien comporte plus d'une erreur de ce genre.

pourront en résulter, liera difficilement deux êtres qui
n'auront pas été attentivement détournés de toute
union inconstante.

Le choix d'un conjoint comporte chez eux une
coutume absurde * à nos yeux et des plus risibles, mais
qu'ils observent avec le plus grand sérieux. La femme,
qu'elle soit vierge ou veuve, est montrée nue au
prétendant par une femme honnête ; un homme
également digne de confiance montre à la jeune fille le
prétendant nu. Nous rions de cela comme d'une
extravagance ; eux au contraire s'étonnent de l'insigne
déraison des autres peuples où l'on refuse d'acheter un
bidet de deux sous sans prendre la précaution de le
mettre nu en lui enlevant sa selle et son harnachement,
de peur qu'un défaut ne soit caché dessous ; lorsqu'il
s'agit de prendre une épouse, source de délices ou de
dégoût pour une vie entière, on y met une telle incurie
qu'on juge toute la personne d'après une surface
grande tout juste comme la main, le visage seul étant
visible et tout le reste du corps disparaissant sous les
vêtements ; après quoi on se l'attache, non sans danger
de faire avec elle mauvais ménage si un défaut se
découvre plus tard. Car tous les hommes ne sont pas si
raisonnables qu'en leur conjoint ils considèrent uniquement le caractère. Du reste, même entre gens
raisonnables, les avantages physiques, dans le
mariage, ajoutent aux qualités de l'âme un condiment
qui n'est pas méprisable. Sous les beaux voiles peut se
cacher un défaut si pénible à supporter qu'un mari se
sente dans son cœur totalement détaché de sa femme,
alors que leurs corps sont liés pour la vie. Qu'un
accident survienne qui défigure quelqu'un après le

* UNE COUTUME ABSURDE. — Elle est dans la meilleure tradition cynique. Les écrivains postérieurs l'ont vivement goûtée.
Francis Bacon donne de l'ostension pré-nuptiale, à la fin de sa *Nova
Atlantis* (1638), une version quelque peu retouchée, et c'est même le
seul passage qui indique qu'il ait lu More. Celui-ci commence par
imposer la même épreuve aux deux futurs époux, puis continue en
développant uniquement le point de vue du mari et la déception que
pourrait lui réserver le lendemain de ses noces.

mariage, il faudra bien supporter la disgrâce. La tâche des lois est de prévenir à temps toute surprise fâcheuse[76].

Elles doivent y veiller d'autant plus attentivement que les Utopiens sont monogames[77], contrairement à tous les peuples qui habitent cette partie du monde ; un mariage n'y est généralement dissous que par la mort, en dehors du cas d'adultère ou de conduite intolérable. Un conjoint gravement offensé de la sorte peut obtenir du sénat l'autorisation de se remarier. Le conjoint coupable, noté d'infamie, doit passer seul le reste de sa vie. Mais renvoyer contre son gré une femme qui n'a commis aucune faute, parce qu'une infirmité l'a frappée dans son corps, c'est ce qu'ils n'admettent absolument pas, estimant barbare d'abandonner une personne au moment où elle aurait le plus grand besoin d'assistance, et d'enlever à la vieillesse, mère des maladies et maladie elle-même, la solide fidélité dont elle se croyait assurée.

Il arrive parfois aussi que deux époux dont les caractères ne s'accordent pas trouvent l'un et l'autre une personne avec laquelle ils espèrent pouvoir goûter plus de bonheur ; ils se séparent alors par consentement mutuel* et se remarient chacun de son côté. Mais il leur faut l'autorisation des sénateurs qui ne prononcent la séparation qu'après avoir, en compagnie de leurs épouses, minutieusement examiné le cas ; elle n'est pas aisément accordée, car la perspective d'un remariage, ils le savent, n'est pas un moyen de renforcer l'amour conjugal.

L'adultère est puni de la servitude la plus dure. Si les deux coupables étaient mariés, les conjoints offen-

* CONSENTEMENT MUTUEL. — More n'est pas plus partisan du divorce que du suicide des incurables ou de l'euthanasie. Il estime simplement que la raison humaine laissée à elle-même les aurait admis et réglés dans les conditions qu'il prévoit. La conception utopienne du divorce pèse dans la même balance les torts de l'épouse et ceux du mari, ce que notre droit contemporain n'admet pas encore. On s'étonne un peu que More ne dise rien ici du sort des enfants.

sés ont droit de répudiation et, s'ils le désirent, peuvent se marier entre eux, ou avec qui bon leur semble. Si l'un d'eux reste ferme dans son amour envers un conjoint qui l'a si mal mérité, la loi ne rompt pas le mariage, à condition qu'il suive l'autre aux travaux forcés. Il arrive parfois que le repentir de l'un ou le dévouement de l'autre émeuve la pitié du prince et obtienne un retour à la liberté. Mais la récidive est punie de mort.

Aucune loi* ne détermine d'avance la peine qui frappera les autres crimes. Le sénat en décide pour chaque cas, en la mesurant à la gravité de la faute. Les maris punissent leurs femmes*; les parents punissent leurs enfants, à moins qu'une faute trop grave n'exige une réparation publique. La plupart des grands crimes ont l'esclavage pour sanction, châtiment qui leur semble aussi redoutable pour les coupables, et beaucoup plus avantageux pour l'Etat, que la mort ou la relégation. Car les coupables rendront plus de services par leur travail que par leur mort et leur exemple intimidera durablement ceux qui seraient attirés par des fautes semblables. C'est seulement quand des condamnés se révoltent qu'on les tue, comme des bêtes sauvages que le cachot et la chaîne n'ont pu réduire. Ceux qui se soumettent gardent en revanche une espérance. Domptés par une longue souffrance, s'ils montrent par leur repentir qu'ils sont plus affectés par leur crime que par leur châtiment, le

---

* AUCUNE LOI. — More ne paraît pas s'être rendu compte que la loi écrite est une garantie pour les petits et qu'il peut y avoir danger à laisser un tel jeu à ceux qui fixeront la peine.

* LES MARIS PUNISSENT LEURS FEMMES. — La législation utopienne s'inspire ici du passé, du patriarcalisme hébreu, romain, musulman. Quel sera le sort de la femme et des enfants si c'est le père qui n'est pas irréprochable? More part de l'idée que les pouvoirs, étant électifs, seront exercés par des hommes qui en seront dignes, illusion que l'histoire romaine aurait pu lui enlever. Et la juridiction du père n'a même pas cette excuse.

prince peut user de son droit de grâce*, ou le peuple obtenir par son vote que la servitude soit adoucie ou suspendue.

La sollicitation à la débauche est passible de la même peine que le viol. En tout délit, ils considèrent un propos bien arrêté* comme équivalent à l'acte accompli ; estimant que l'on n'a pas à bénéficier d'un empêchement dont on n'est pas responsable.

Les fous leur donnent beaucoup de plaisir. Ils considèrent comme particulièrement honteux qu'on les offense, mais veulent bien qu'on s'amuse de leur déraison, puisque les fous eux-mêmes en profitent grandement[78]. Mais ils ne confieront pas un fou à un homme trop sévère et trop sombre pour s'égayer jamais d'une sottise ou d'une bouffonnerie, craignant qu'il traite sans gentillesse un être qui ne saurait ni lui servir ni le faire rire, seul plaisir qu'un fou puisse procurer.

Se moquer d'un homme difforme ou estropié est considéré comme une honte, non pour celui dont on a ri, mais pour celui qui a ri et sottement reproché à quelqu'un une disgrâce dont il est innocent.

Il faut être paresseux et nonchalant, disent-ils, pour ne pas prendre soin de la beauté donnée par la nature ; mais recourir aux fards est le fait d'une vanité coupable. L'expérience leur a appris que nul raffinement de beauté ne recommande une femme à son mari autant que la probité des mœurs et la soumission*. Car s'il est des hommes que captive la seule beauté, il

---

* DROIT DE GRÂCE. — L'adoucissement de la peine pour le condamné qui se conduit bien n'est entré dans la pratique qu'à la fin du XIXe siècle.

* UN PROPOS BIEN ARRÊTÉ. — L'égale culpabilité de l'intention et de l'acte accompli est une idée chrétienne, restée étrangère aux droits des anciens et même à leur morale.

* LA SOUMISSION. — L'Etat utopien donne des droits égaux aux femmes et aux hommes. Mais l'intérieur des maisons obéit au droit patriarcal qui accorde au mari une autorité totale sur l'épouse aussi bien que sur les enfants, ainsi que le veut, après saint Paul, saint Augustin.

n'en est pas qui soient retenus par autre chose que par
la vertu et la déférence.

Non contents de rendre le crime redoutable par les
châtiments dont ils le frappent, ils invitent aux belles
actions par des honneurs et des récompenses. Ils
dressent sur les places publiques des statues* pour les
hommes éminents qui ont bien mérité de la chose
publique, à la fois pour perpétuer le souvenir de leurs
œuvres et afin que la gloire des ancêtres serve d'éperon
pour exciter leurs descendants à faire le bien.

Celui qui intrigue pour obtenir une fonction publique perd du coup tout espoir d'en obtenir aucune. Les
rapports avec les magistrats sont amicaux. Aucun
n'est arrogant ou grossier. On les nomme pères et ils
se conduisent comme s'ils l'étaient. On leur donne
librement les marques du respect qui leur revient,
mais ils n'en réclament aucune de ceux qui s'y
refusent. Aucun vêtement spécial, aucun diadème ne
distingue le prince ; mais on porte devant lui une
gerbe de blé, et un cierge devant le grand prêtre.

Leurs lois sont peu nombreuses[79] : il n'en faut
guère avec une telle Constitution. Ils désapprouvent
vivement chez les autres peuples les volumes sans
nombre qui ne suffisent pas à l'interprétation* des

---

* DES STATUES, à l'imitation de ce que firent les Grecs à l'époque
tardive et les Romains. Au début du XVIᵉ siècle, en Europe
occidentale, il ne se trouvait guère de statues commémoratives sinon
sur des tombeaux.

* L'INTERPRÉTATION DES LOIS. — Le *Code* de Justinien, le
Digeste et les *Institutes* avaient été commentés entre le XIIᵉ et le XIVᵉ
siècle par des glossateurs dont les opinions avaient fini par prendre
force de lois. Dans l'*Eloge de la Folie*, celle-ci revendique pour
siens, après les Poètes, les Savants : « Parmi eux, les Jurisconsultes
réclament le premier rang, personne n'étant plus vaniteux. Accu-
mulant glose sur glose, ils donnent l'impression que leur science est
la plus difficile, convaincus que tout ce qui est pénible est
admirable. » Il arrive à Erasme, et dans la *Folie* plus qu'ailleurs, de
parler légèrement de choses qu'il ignore. More était juriste, fils d'un
juge, avocat lui-même. Comme Budé, qui lui aussi était juriste et
trouvait les lois trop nombreuses, il a pu constater les inconvénients
des interprétations trop subtiles et voir qu'elles faussaient la justice

leurs, car ils voient une suprême iniquité à tenir les hommes liés par des lois trop nombreuses[80] pour que personne puisse jamais les lire d'un bout à l'autre, et trop obscures pour que le premier venu puisse les comprendre.

Ils refusent radicalement l'intervention des avocats, qui exposent les causes avec trop d'habileté et qui interprètent les lois avec trop de ruse. Ils veulent que chacun plaide sa propre cause devant le juge comme il l'exposerait à son porte-parole ; on s'épargne ainsi des détours et la vérité se laisse plus facilement dégager, car lorsqu'un homme parle sans qu'un avocat lui ait soufflé des artifices, la sagacité du juge saura peser le pour et le contre et protéger des cœurs un peu trop simples contre les sophismes des fourbes, méthode que l'on pourrait difficilement appliquer dans d'autres pays où les lois s'accumulent en un fatras inextricable.

Chacun chez eux connaît les lois puisqu'elles sont, je l'ai dit, en petit nombre et que, dans un cas douteux, ils adoptent comme la plus équitable l'interprétation dictée par le plus gros bon sens. La loi, disent-ils, ayant uniquement pour objet de rappeler son devoir à chacun, une interprétation trop subtile, que peu sont capables de comprendre, ne saura instruire qu'une minorité, alors que sa signification, dégagée par un esprit simple, est claire pour tous. Qu'importe à la masse, c'est-à-dire à la classe la plus nombreuse et qui a le plus grand besoin de règles, qu'il n'y ait pas de lois du tout ou que celles qui existent ne doivent un sens qu'aux interminables discussions de savants personnages, qui ne sauraient être intelligibles au jugement sommaire du bon peuple et encore moins à des gens dont la vie est occupée tout entière par la conquête du pain ?

Frappés par les hautes qualités des Utopiens, des

---

au détriment des petites gens. Mais comment a-t-il pu croire servir l'équité en supprimant les porte-parole des partis ? En Grèce, les plaideurs exposent personnellement leur cause au juge, mais l'exposé a été rédigé par un avocat.

peuples voisins, ceux du moins qui se gouvernent librement — et plusieurs d'entre eux ont été affranchis de la tyrannie par les Utopiens eux-mêmes — leur demandent des magistrats pour un terme d'un an, parfois d'un lustre, après quoi ils les reconduisent avec honneur et louange pour en ramener d'autres chez eux[81]. Ils ne sauraient rendre de meilleur service à leur patrie. Puisque la prospérité ou la ruine d'un Etat dépend de la moralité de ses gouvernants, où aurait-on chance de faire un choix plus sage que parmi ceux que nulle cupidité ne saurait détourner de leur devoir ? De l'or ne leur servirait à rien, puisqu'il retourneront bientôt dans leur pays. Quel parti pris d'amour ou de haine les fléchira-t-il, eux qui sont des étrangers parmi la population ? Voilà exclus ces deux maux, la partialité et la cupidité, qui, dès qu'ils s'installent dans les tribunaux, y ruinent toute justice, c'est-à-dire le nerf même de la vigueur d'un Etat. Les Utopiens désignent comme leurs alliés les peuples qui leur demandent des gouvernants, comme leurs amis ceux à qui eux-mêmes ont rendu des services.

Les autres peuples signent des traités, les rompent et en concluent à chaque instant de nouveaux. Les Utopiens n'en concluent avec personne. A quoi bon ? disent-ils. Est-ce que la nature ne rapproche pas suffisamment l'homme de l'homme[82] ? Celui qui méprise les lois de la nature fera-t-il plus de cas de formules écrites ? Ils en sont venus à penser ainsi tant les pactes et accords conclus entre les princes sont peu respectés dans leur partie du monde.

En Europe au contraire, et surtout dans les pays qui professent la doctrine et la religion du Christ, la majesté des traités est partout sacrée et inviolable, grâce à la justice et à la droiture des princes, grâce aussi à la crainte et au respect que leur inspirent les souverains pontifes*. Car les papes ne s'engagent à

---

* LES SOUVERAINS PONTIFES. — Jules II fonda la Ligue de Cambrai, pour soumettre Venise, puis s'en détacha dès que la victoire de Louis XII à Agnadello eut mit la ville à sa merci et, dès

rien qu'ils n'exécutent religieusement. Aussi obligent-
ils tous les autres princes à tenir scrupuleusement leur
engagements, employant leur censure et leurs rigueurs
pastorales à contraindre ceux qui se dérobent. Ils
jugent, avec raison, profondément honteux que la
bonne foi soit absente des traités de ceux que l'on
désigne tout particulièrement comme les croyants de
la vraie foi.

Mais dans ce nouveau monde qui est séparé du
nôtre par l'équateur et, bien davantage encore, par la
différence des coutumes et des mœurs, personne ne
peut se fier à un traité. Plus religieusement on aura
entortillé un texte dans des cérémonies, plus vite on le
viole. Les échappatoires sont toutes prêtes dans une
rédaction qui a été astucieusement combinée pour que
nulle obligation ne soit inéluctable, mais qu'on puisse
toujours s'y dérober, en éludant en même temps le
traité et la promesse. Ces ruses, ces supercheries, cette
traîtrise, si on les découvrait dans les contrats entre
personnes privées, les mêmes hommes qui se vantent
de les avoir conseillées à leurs souverains les déclare-
raient avec une belle indignation sacrilèges et dignes
du pilori. C'est pourquoi la justice fait figure de vertu
humble et populaire, assise bien bas au-dessous du
faîte où trône le roi. Ou bien encore elles sont deux :
l'une, bonne pour les petites gens, va à pied, rampe
par terre, gênée par mille chaînes dans tous ses
mouvements ; l'autre est à l'usage des rois et, dans la
mesure même où elle est plus auguste que sa plé-
béienne sœur, elle est aussi bien plus libre, dispensée
de rien faire qui lui déplaise [83].

---

lors, ne songea plus qu'à affaiblir le roi de France qu'il commença
par excommunier. Il obtint pour cela l'appui de Ferdinand d'Aragon et de Henry VIII. Celui-ci défendit Jules II contre Louis XII et
Maximilien, puis Léon X contre François Ier et Clément VII contre
Charles Quint, avec une fidélité qui explique quelque peu sa colère
quand le divorce lui fut refusé. Thomas More avait déconseillé les
expéditions en Italie. Il devait donner sa vie pour défendre le
pouvoir spirituel des papes. Il a jugé leur politique temporelle avec
une clairvoyante sévérité.

C'est, je suppose, la déloyauté des princes de là-bas qui détourne les Utopiens de conclure des traités. Ils changeraient peut-être de sentiment s'ils vivaient chez nous. Même si l'on respecte les accords, pensent-ils toutefois, il serait fâcheux que l'on prît l'habitude d'y recourir. La nature n'a-t-elle pas établi une société entre deux peuples séparés seulement par une petite colline, par un petit ruisseau ? C'est l'usage des traités qui les amène à se considérer comme des ennemis nés, faits pour se détruire légitimement l'un l'autre, à moins que des textes ne s'y opposent. Ceux-ci une fois signés ne fondent pas une amitié mais laissent la porte ouverte au pillage chaque fois que, par suite d'une inadvertance dans la rédaction de l'accord, aucune clause prudente ne l'interdit formellement. Les Utopiens pensent tout au rebours qu'il ne faut tenir pour ennemie aucune personne de qui l'on n'a reçu aucune injure ; que la communauté établie par la nature rend les conventions inutiles ; que les hommes enfin sont rapprochés plus fortement, plus efficacement, par la charité que par des textes, par l'esprit que par des formules[84].

Ils détestent la guerre* au suprême degré, comme

---

* LA GUERRE. — Une étymologie médiévale faisait dériver « bellum », guerre, de « bellua » bête fauve. Les humanistes s'en sont emparés. Leur effort pour déconsidérer la guerre se précise en ce début du XVIe siècle. Erasme écrit le 14 mars 1514 à Antoine de Berghes une lettre qui est aussitôt célèbre, traduite et publiée en allemand, sur le même thème que l'adage « La guerre est agréable pour ceux qui ne la font pas ». Il condamne la guerre avec l'intransigeance de Cyprien, de Chrysostome, d'Ambroise : aucun chrétien n'a le droit de verser le sang, si légitimes que soient ses griefs. More se range à la théorie augustinienne qui autorise une guerre pourvu qu'elle serve à établir la paix : concession nécessaire pour assurer la permanence d'un Etat, mais à quoi Erasme objecte que toute guerre conduit à une autre guerre. Les Utopiens défendent leurs frontières et se reconnaissent, de plus, le droit de prendre l'offensive pour occuper des terres vacantes en cas de surpopulation, pour défendre leurs alliés victimes d'une agression ; pour aider un peuple esclave à se libérer. Exceptions suffisantes pour autoriser, en fait, toutes les interventions que l'on voudra. La

une chose absolument bestiale — alors qu'aucune espèce de fauves ne s'y livre d'une façon aussi permanente que l'homme — et, contrairement au sentiment de presque tous les peuples, ils estiment que rien n'est moins glorieux que la gloire donnée par la guerre[85].

Ils se plient toutefois en tout temps et à des jours fixes à la discipline militaire, non seulement les hommes mais aussi les femmes, afin d'être en état de faire la guerre si c'est indispensable. Mais ils ne s'y résolvent pas volontiers, à moins que ce ne soit pour défendre leurs frontières, ou encore pour repousser des ennemis qui auraient envahi un pays allié, ou enfin par pitié envers un peuple tyrannisé — et c'est pour l'amour de l'humanité qu'ils agissent dans ce cas — qu'ils libèrent par la force du joug de son tyran et de son état de servitude. Ils interviennent aussi au bénéfice de leurs amis, non seulement pour les défendre, mais aussi pour venger des injures commises. A vrai dire, ils ne le font que s'ils ont été consultés avant la déclaration de la guerre. Ils examinent alors la justice de la cause et réclament réparation du dommage ; puis, en cas de refus, si les agresseurs doivent être punis par une invasion. Ils la décident chaque fois qu'un pillage a été commis par une incursion ennemie ; mais leur violence atteint son comble lorsque des marchands d'une nation amie ont été victimes de l'injustice sous le masque de la justice, soit par la faute de lois injustes, soit par une interprétation perfide de bonnes lois.

Telle fut l'origine de la guerre qu'ils firent peu avant notre temps, avec les Néphélogètes contre les Alaopolites. Les premiers se plaignaient que, sous un prétexte juridique, les seconds eussent fait tort à leurs

---

casuistique utopienne, a-t-on dit, dépasse en habileté celle même des canonistes médiévaux. Ce qui est sûr, c'est que la politique militaire et, paradoxalement, financière de l'île aboutit à faire d'elle le centre d'une constellation d'Etats satellites qui pourraient difficilement se dérober à son autorité.

marchands. Que la plainte fût fondée ou non, l'offense
fut vengée par une guerre sans merci. Car aux forces
propres et aux haines des deux partis en présence
s'ajoutèrent les passions et les ressources des peuples
voisins. Des nations très florissantes furent ou
détruites ou cruellement atteintes jusqu'à ce qu'enfin
la capitulation et l'asservissement des Alaopolites
eussent mis fin à des calamités qui naissaient les unes
des autres. Ils tombèrent au pouvoir des Néphélogètes
— car les Utopiens ne combattaient pas pour leur
propre compte —, un peuple qui n'aurait pu se
comparer à eux au temps de leur splendeur.

Les Utopiens poursuivent âprement les injures [86]
faites à leurs amis même lorsqu'il ne s'agit que
d'argent. Ils n'en usent pas ainsi quand eux-mêmes
sont en cause. Si quelqu'un des leurs est circonvenu et
privé de ses biens sans que sa personne ait été lésée,
leurs représailles se bornent à interrompre tout
commerce avec les gens de ce pays jusqu'à ce que
réparation ait été obtenue. Non qu'ils aient moins de
sollicitude pour leurs nationaux que pour leurs alliés ;
mais ils supportent mieux d'être dépouillés de leur
argent que d'en voir dépouiller les autres. Et les
marchands de leurs amis se sentent gravement lésés
par une perte qui concerne leur avoir personnel,
tandis que les Utopiens n'ont perdu que le bien de
l'Etat, dont il existe des réserves abondantes ; du
reste, si l'on en a envoyé au-delà des frontières, c'est
qu'il existait des surplus. Personne chez eux ne subit
donc le moindre dommage, et ils estiment barbare de
sacrifier des vies pour venger une injure qui n'atteint
nul des leurs dans son corps ou dans son bien-être.
Mais si un de leurs citoyens est maltraité ou tué sans
raison, soit par une action publique soit par une action
privée, ils font établir les faits par des délégués et seule
la livraison des coupables, qui sont condamnés à la
mort ou à la servitude, peut les détourner de déclarer
la guerre sur-le-champ.

Une victoire sanglante leur inspire tristesse et même
honte, car ils estiment que c'est folie de payer trop

cher une marchandise, si précieuse soit-elle. Mais si c'est par ruse et artifice* qu'ils l'ont emporté, en dominant leurs ennemis par l'action de l'argent, ils s'en glorifient, décrètent un triomphe officiel et érigent un trophée comme pour une action d'éclat. C'est seulement lorsqu'ils ont vaincu de la sorte qu'ils estiment s'être conduits en hommes, en usant du moyen dont l'homme seul dispose parmi les êtres vivants, la force de l'intelligence. Celles du corps, disent-ils, sont les armes que les ours, les lions, les sangliers, les loups, les chiens et les autres fauves utilisent au combat. Presque tous l'emportent sur nous en vigueur et en férocité, mais nous les dépassons tous par l'intelligence et la raison.

Leur seule intention en faisant la guerre est d'établir l'état de fait qui, s'il leur avait été accordé au départ, leur aurait épargné de prendre les armes ; ou, si c'est impossible, d'obtenir des auteurs de l'injure une vengeance si sévère que la terreur les détournera dorénavant de pareils abus de pouvoir. Ils arrêtent leurs plans dans cet esprit et en poursuivent l'exécu-

---

* PAR RUSE ET ARTIFICE. — Comme les cyniques, les humanistes discréditent la valeur militaire en l'assimilant au courage des animaux, et exaltent la ruse, œuvre de l'esprit, le propre de l'homme. Les artifices, au surplus, ont toujours eu leur place reconnue dans les guerres de l'Antiquité et les grands capitaines se sont fait honneur d'avoir vu ou inventé des stratagèmes pour frapper l'ennemi tout en ménageant leurs propres soldats. Se servir de la ruse dans la conduite de la guerre est une chose glorieuse, dit Machiavel (*Discours*, III, 40). L'éthique chevaleresque au contraire n'accorde de prix qu'à la vaillance personnelle et méprise tout succès obtenu par artifice. Les chevaliers battus à Courtrai en 1302 par une milice populaire retranchée derrière des marais lui reprochèrent d'avoir violé les règles du jeu. Les Utopiens poussent le cynisme beaucoup plus loin, et ajoutent aux ruses militaires des machinations politiques à l'immoralité desquelles leur historien paraît assez peu sensible. Il répondrait que les adversaires des vertueux Utopiens sont des gens déloyaux envers qui toutes les armes sont bonnes, ce qui peut entraîner loin. Celles qu'ils conseillent paraissent, de plus, fort dangereuses. Faisant, pour une fois, du machiavélisme au sens populaire du mot, More passe à la limite, non sans illogisme et naïveté.

tion sans délai, avec toujours le souci majeur d'éviter
le danger, non de grandir leur renom et leur gloire.
C'est pourquoi, dès qu'ils ont déclaré la guerre, ils
font afficher par des agents secrets, le même jour,
dans les endroits les plus en vue du pays ennemi, des
déclarations revêtues de l'autorité de leur sceau officiel
promettant d'énormes récompenses à celui qui tuera le
prince leur ennemi ; d'autres moins élevées, mais
considérables, pour chacune des têtes dont le nom
figure sur la liste : celles des hommes qu'ils tiennent
pour responsables après le prince. Ils promettent le
double d'une récompense d'assassin à qui leur livrera
vivant un de ceux qu'ils proscrivent et autant aux
proscrits eux-mêmes, sans compter l'impunité, s'ils
trahissent leurs complices.

Il ne faut pas longtemps pour que les chefs ennemis
prennent en suspicion * tout le reste de l'humanité, se
soupçonnent réciproquement et vivent dans la plus
grande terreur et les plus grands dangers. On en put
voir plusieurs, à commencer par leur roi, trahis par
ceux sur lesquels ils comptaient le plus. Tant l'or est
puissant pour inciter au crime. Les Utopiens en usent
sans mesure ; sachant combien est périlleuse l'action à
laquelle ils poussent, ils s'efforcent de compenser la
grandeur du danger par l'énormité de l'avantage. C'est
pourquoi ils ne promettent pas seulement une grande
quantité d'or, mais aussi, en propriété perpétuelle, des
terres d'un grand revenu dans des lieux bien protégés
chez les peuples amis, et ils tiennent très fidèlement
leur parole.

Cette façon de mettre l'ennemi à prix et d'en faire
l'objet d'un marché, réprouvée dans les autres peuples
comme une vilenie issue d'une âme basse, ils s'en

---

* PRENNENT EN SUSPICION. — Les Utopiens de leur côté
croiront-ils pouvoir se confier à ces traîtres qu'ils ont gagnés à prix
d'or ? Ils leur offrent des terres en récompense : non chez eux
puisque la totalité du territoire appartient à la communauté, mais
dans le pays dans l'intérêt duquel ils ont entrepris la guerre. Comme
les rois que Raphaël a blâmés, ils donnent donc ce qui ne leur
appartient pas.

glorifient au contraire comme d'une preuve de sagesse, grâce à laquelle ils terminent les plus grandes guerres sans avoir à livrer un seul combat, comme une preuve aussi d'humanité et de miséricorde, puisque la vie d'une poignée de coupables rachète celle de milliers d'innocents qui seraient tombés sous leurs coups ou ceux de leurs ennemis. Car ils ont pitié du petit peuple de leurs adversaires aussi bien que du leur, sachant fort bien qu'il n'a pas choisi la guerre de son plein gré, mais qu'il y a été amené par la démence des princes.

Si les promesses restent sans résultat, ils sèment et entretiennent des ferments de discorde, en faisant espérer la couronne à un frère du roi, à l'un ou l'autre des grands. Si les partis à l'intérieur refusent de s'agiter, ils travaillent les peuples limitrophes * et les mettent en mouvement, en exhumant quelque prétention désuète comme il n'en manque jamais aux rois.

Quand, dans une guerre, ils promettent leur aide, ils envoient de l'or en abondance, mais très peu d'hommes. Ceux-ci leur sont si précieux, et ils tiennent si fermement les uns aux autres qu'ils n'échangeraient pas volontiers l'un des leurs contre la personne du roi ennemi. Mais ils prodiguent sans regret leur or et leur argent, puisque aussi bien c'est pour cet usage qu'ils en entassent et qu'ils ne vivront pas moins bien s'ils dépensent jusqu'au dernier sou. Car en dehors des réserves qu'ils ont chez eux, ils disposent d'énormes richesses à l'étranger, où plusieurs pays, je l'ai dit, sont leurs débiteurs. C'est pourquoi ils envoient à la guerre des mercenaires embauchés un peu partout, mais surtout chez les Zapolètes *.

---

* LES PEUPLES LIMITROPHES. — Les Utopiens emploient, pour remporter des victoires tout en épargnant leur peuple, des méthodes capables d'allumer partout des guerres civiles et de mettre tout un continent à feu et à sang. Et ce peuple qui répudie l'usage de la monnaie est en fait le banquier des pays environnants, à même de les tenir tous en respect grâce à sa supériorité financière.

* LES ZAPOLÈTES, « ceux qui ne demandent qu'à se vendre » sont évidemment ces Suisses qui, dans les guerres d'Italie, décidè-

Ce peuple habite à cinq cents milles à l'est de l'Utopie. Il est rude, sauvage, intrépide, fier des forêts et des montagnes au milieu desquelles il a été nourri ; race de fer capable d'endurer le froid, les chaleurs, les fatigues, étrangère à tout bien-être, ignorant l'agriculture, indifférente au confort des maisons et du vêtement, occupée uniquement d'élevage mais vivant surtout de chasse et de razzia. Nés uniquement pour la guerre, ils recherchent toutes les occasions de la faire, s'y jettent ensuite avec fougue, émigrant par masses entières pour se proposer à vil prix à qui a besoin de soldats. Ils connaissent un seul art pour gagner leur vie, celui qui donne la mort. Ils combattent âprement et avec une incorruptible fidélité pour ceux qui les ont embauchés, mais ils ne fixent pas de terme à leur engagement et entrent dans le jeu sous la condition que si demain l'ennemi leur offre une solde supérieure, ils passeront de son côté pour revenir après-demain à la faveur d'une faible surenchère. Une guerre éclate rarement qu'il n'y ait des leurs dans l'une et l'autre armée. C'est pourquoi il arrive chaque jour que des hommes du même sang, élevés dans la même région, rapprochés par une vieille camaraderie, mais inscrits dans des armées adverses, s'affrontent comme des ennemis et se combattent âprement, oubliant leur commune origine et leur amitié pour se massacrer mutuellement sans autre raison que d'avoir été enrôlés pour un peu d'argent par des princes différents. Ce peu d'argent compte tellement pour eux qu'il suffit d'ajouter un sou à leur solde quotidienne pour les faire changer de camp, si peu de temps il a fallu à la cupidité pour s'emparer d'eux et sans rien leur

---

rent souvent de l'issue d'une bataille. More a pesé avec clairvoyance les raisons économiques qui justifiaient le pullulement des mendiants et des voleurs en Angleterre ; il ne semble pas s'être interrogé sur celles qui expliquent le mercenariat suisse. L'année même où il achève *L'Utopie*, son ami Richard Pace est en Suisse, à embaucher un corps pour Henry VIII ; il se plaint des capitaines qui marchandent leurs services depuis que leur succès à Marignan les a rendus exigeants. Il est vrai qu'ils y avaient laissé dix mille des leurs.

rapporter. Car ce qu'ils gagnent au prix de leur sang est aussitôt gaspillé en prodigalités pitoyables.

Ces gens font la guerre pour les Utopiens contre tout le monde parce que personne ne les paie mieux. Autant les Utopiens recherchent des gens de bien pour s'en faire des amis, autant ils recherchent cette racaille * pour l'exploiter. Ils les gagnent par de grandes promesses et les exposent quand il le faut aux plus grands dangers, dont la plupart ne reviendront même pas pour exiger leur dû. Les engagements sont scrupuleusement tenus envers les survivants, afin de les enflammer pour de semblables prouesses. Ils se soucient peu d'en perdre des quantités, convaincus qu'ils rendraient un grand service à l'humanité s'ils pouvaient nettoyer la terre de la souillure de ces affreux brigands.

Ils placent en seconde ligne ceux au bénéfice de qui ils ont pris les armes, puis les troupes auxiliaires formées de leurs autres alliés, enfin leurs propres citoyens auxquels ils donnent comme général un homme d'un courage éprouvé, avec deux lieutenants qui, lui vivant, n'ont aucune autorité, mais qui, s'il est pris ou tué, le remplacent, de peur que, le chef étant frappé — la guerre a de tels hasards — toute l'armée ne tombe dans le désordre.

Chaque ville envoie son contingent de volontaires, car personne n'est contre son gré envoyé à la guerre. Ils estiment en effet qu'un homme naturellement

---

* CETTE RACAILLE. — La vertu utopienne ne va pas sans quelque pharisaïsme qui, ici, est assez gênant. More l'exprime avec une étrange crudité. Les guerres d'Italie l'ont rempli d'une mauvaise humeur qui fut souvent empêchée de se traduire directement. Elle tombe ici tout entière sur ceux qui furent, si l'on peut dire, la matière première de ces expéditions coûteuses, meurtrières et absurdes. Les Suisses en étaient à peu près aussi responsables que l'âne du mal qui répand la terreur. Machiavel admire leur indomptable courage, mais déconseille tout recours aux mercenaires parce que leurs chefs se concertent pour que nul des Etats qui les prennent à leur solde n'obtienne jamais de victoire complète (*Discours*, II, 19).

peureux, incapable d'accomplir lui-même aucun acte
courageux, ne pourra que communiquer sa peur à tous
ses camarades. Mais si la patrie est envahie, ils mettent
ces inaptes, pourvu qu'ils soient robustes, sur les
navires, parmi des hommes plus courageux, ou bien
ils les répartissent sur les remparts, où ils ne sauraient
déserter. Le regard de leurs camarades, la proximité
de l'ennemi, l'impossibilité de fuir agissent contre la
peur et souvent l'excès du danger fait naître l'héroïsme.

Si personne n'est traîné contre sa volonté dans une
guerre en territoire étranger, les femmes* en revanche
sont autorisées à accompagner leurs maris sous les
armes. Ils les y incitent même et les encouragent par
leurs éloges. Celles qui partent ont leur place dans le
rang à côté de leur mari. Chaque homme* est entouré
de ses fils, de ses parents, de ses alliés afin que
s'entraident ceux que la nature pousse le plus fortement à s'apporter une aide réciproque. La honte
suprême, pour un conjoint, est de revenir sans l'autre ;
pour un fils, de revenir sans son père ; de telle sorte
que, si un contingent entre en action et que les
ennemis restent en place, un long et mortel combat
peut aller jusqu'à l'extermination totale. Ils prennent,
c'est vrai, tous les moyens pour se dispenser eux-
mêmes de combattre et pour terminer la guerre en se
substituant des mercenaires. Mais, lorsqu'ils ne peuvent éviter l'engagement, ils y apportent autant de feu
qu'ils ont mis de sagesse à l'éviter le plus longtemps

* LES FEMMES. — Ainsi, dit Tacite, font-elles en Germanie (8).
Peut-être en disait-on autant dans l'ancienne Angleterre. More
revient volontiers à des traditions archaïques.
* CHAQUE HOMME. — Les historiens classiques décrivent de la
sorte les hordes germaniques, montrant à la fois leur courage, leur
mépris de la mort et leur incapacité à comprendre la guerre comme
un art. Les Utopiens feraient donc la guerre à la fois en cyniques et
en barbares, comme s'il n'était pas psychologiquement impossible
de passer d'un système à l'autre, et comme si la démystification de la
guerre ne devait pas détruire toute *furia* chez ceux qui restent
obligés de la faire.

possible. Ils ne donnent pas tout leur élan dans le premier assaut, mais tiennent leur force en suspens pour l'accroître progressivement, avec une obstination et un courage si opiniâtres qu'ils se font tuer plutôt que de reculer. Sûrs d'avoir chez eux leur pain quotidien, dispensés de toute inquiétude au sujet de ceux qu'ils y laissent — souci capable de briser partout les plus nobles courages —, cette liberté d'esprit soulève l'homme au-dessus de lui-même et lui fait refuser la défaite. Leur confiance est accrue par leur expérience du métier militaire. Ils doivent enfin aux principes excellents qu'ils puisent dès l'enfance dans les écoles et les institutions de leur Etat le courage qui leur interdit à la fois de faire bon marché de leur vie au point de la risquer sans raison, et de lui attacher un prix excessif ; mais aussi, lorsque l'honneur exige d'y renoncer, de s'y cramponner avec une honteuse avidité.

Au plus fort de la mêlée, une troupe de jeunes gens d'élite*, unis par un serment de vaincre ou de mourir, poursuit le chef des ennemis. Ils l'attaquent à découvert et par surprise, de près et de loin. La troupe est formée en coin, sans une lacune, les vides laissés par les hommes épuisés étant réparés sans cesse par de nouveaux arrivants. Il est rare qu'ils ne réussissent pas à tuer le chef ou à le prendre vivant, à moins qu'il ne se dérobe par la fuite.

Ils ne se livrent à aucun carnage s'ils sont victorieux, aimant mieux capturer les fuyards que de les massacrer. Jamais non plus ils ne les poursuivent sans tenir en même temps un corps rangé en bataille, toutes enseignes déployées. S'il leur arrive, défaits ailleurs,

---

* JEUNES GENS D'ÉLITE. — « Quand le roi de Moab vit qu'il avait le dessous dans le combat, il prit avec lui sept cents hommes, l'épée nue à la main, pour se frayer un passage jusqu'au roi d'Edom ; mais ils ne purent y réussir. Prenant alors son fils premier-né, ils l'offrirent en holocauste sur la muraille » (II, *Rois*, 3, 26). Voilà, dans toute sa logique, le système barbare. Un bataillon sacré, une fois déchaîné, reviendra malaisément aux méthodes prudentes, rationnelles et humaines dont les Utopiens ne se détachent qu'à toute extrémité.

de se redresser en bon ordre pour être victorieux dans un dernier engagement, ils préfèrent laisser la retraite libre à la totalité des ennemis plutôt que de les poursuivre en désordre. L'ennemi souvent, ils s'en souviennent, après avoir battu le gros de l'armée, s'était égaillé dans l'enivrement de la victoire à poursuivre des soldats en déroute ; de petites unités postées en réserve, saisissant l'occasion propice, avaient repris l'attaque contre des groupes en désordre, trop sûrs de n'avoir plus rien à craindre pour rester sur leurs gardes ; la bataille avait ainsi changé de face ; la victoire avait été arrachée à ceux qui croyaient la tenir et les vainqueurs s'étaient trouvés vaincus.

On ne saurait dire s'ils sont plus experts à inventer des stratagèmes ou plus prudents à les déjouer. On croit qu'ils préparent la retraite quand rien n'est plus loin de leurs intentions. Et lorsqu'ils s'y résolvent au contraire, ils paraissent penser à tout autre chose. Aussitôt qu'ils se voient inférieurs en nombre et désavantagés par le terrain, ils lèvent le camp la nuit, en silence, en bon ordre, ou bien ils trouvent une ruse pour éluder la bataille, ou encore, en plein jour, ils se retirent si lentement et en si belle ordonnance qu'il est aussi dangereux de les attaquer lorsqu'ils reculent que lorsqu'ils avancent.

Ils prennent grand soin de fortifier leur camp par un fossé large et profond *, les déblais rejetés à l'intérieur. Le travail n'est pas confié à des manœuvres, mais à leurs propres soldats. Toute l'armée est à la besogne, exceptés ceux qui monteront en armes la garde de nuit devant le retranchement. Avec tant d'ouvriers, un vaste ouvrage de défense est mené à bien avec une incroyable rapidité.

Leurs armes défensives les protègent des coups sans entraver aucun de leurs mouvements, sans même les

---

* UN FOSSÉ LARGE ET PROFOND. — Les armées romaines, contrairement aux grecques, ne s'installaient jamais, même pour une seule nuit, sans avoir d'abord construit et fortifié un camp, dont les soldats emportaient le matériel avec eux.

gêner pour nager. Car leur instruction militaire
comporte dès le principe la natation en armes *. Leurs
armes de jet sont des flèches qu'ils décochent avec
autant de sûreté que de promptitude, et les cavaliers
aussi bien que les fantassins. Ils n'utilisent pas l'épée *
dans le corps à corps, mais des hallebardes, redoutables à la fois par leur tranchant et par leur poids, dont
ils frappent d'estoc et de taille. Ils mettent beaucoup
d'ingéniosité à inventer des machines de siège, beaucoup de soin à les tenir secrètes, craignant que,
prématurément révélées, elles ne soient traitées
comme des jouets avant d'avoir servi. Ils veillent avant
tout, en les construisant, à en rendre le transport et le
mouvement aisés.

Dès qu'une trêve [87] est conclue, ils s'y tiennent si
religieusement qu'ils ne la considèrent même pas
comme rompue par un cas de provocation. Ils ne
ravagent aucune terre ennemie, ne mettent pas le feu
aux récoltes ; bien au contraire, ils évitent dans la
mesure du possible que rien ne soit foulé aux pieds par
les hommes et les chevaux, estimant que le blé pousse
pour leur usage. Ils ne maltraitent aucun homme
désarmé, à moins qu'il ne s'agisse d'un espion. Ils
épargnent les villes qui ont capitulé *, et s'abstiennent

---

* LA NATATION EN ARMES. — À la bataille de Brest en août
1512, un navire anglais et un navire français s'abordèrent et prirent
feu. Seuls furent sauvés les rares soldats qui savaient nager. La
natation faisait partie de l'entraînement du soldat suédois sous
Charles XII. Les règlements militaires actuels en France et en
Belgique ne font encore que la conseiller.

* L'ÉPÉE est l'insigne du chevalier : More n'en veut pas pour son
armée populaire.

* LES VILLES QUI ONT CAPITULÉ. — Le courage, preuve de
vertu chez les Utopiens, est considéré comme un crime chez leurs
ennemis. C'est que les premiers seuls se battent pour défendre une
cause juste. More pense sur ce point comme saint Augustin, dont la
doctrine sur la légitimité de la guerre est exposée par François de
Vittoria, né en 1480, donc exactement contemporain de More. C'est
seulement au XVII⁰ siècle que les théologiens, reconnaissant le fait
que tout soldat est convaincu de la légitimité de sa cause, admettent
qu'une guerre puisse être juste des deux côtés, ce qui aboutit à
innocenter tous les belligérants.

même de piller celles qu'ils prennent après un siège ; mais ils mettent à mort ceux qui se sont opposés à la reddition et réduisent les autres défenseurs en esclavage. Ils ne touchent pas à la foule des non-combattants. S'ils apprennent que certains citoyens ont conseillé la reddition, ils leur donnent une partie des biens des condamnés. La vente du reste à l'encan leur permet de donner des gratifications à leurs auxiliaires. Eux ne s'adjugent aucune part du butin.

La guerre terminée, ils en imputent les frais non aux amis pour qui ils l'ont faite, mais aux vaincus. Ils exigent à ce titre de l'argent qu'ils réservent pour l'éventualité de guerres analogues, et des domaines qui désormais leur appartiendront et qui seront d'un bon rapport. Ils ont actuellement dans beaucoup de pays des revenus de ce genre qui, constitués peu à peu par des apports divers, montent annuellement jusqu'à sept cent mille ducats. Ils les font gérer par quelques-uns de leurs citoyens qui vivent somptueusement à l'étranger avec le titre de questeurs et un rang seigneurial. Une grande partie des revenus est toutefois versée au trésor public ou laissée disponible pour les gens du pays, jusqu'au moment où l'Utopie en aurait besoin. Ils cherchent rarement à en recouvrer la totalité. Quant aux terres *, ils en attribuent à ceux qui ont couru un risque pour répondre à leur appel, ainsi que je l'ai dit.

Si quelque prince prend les armes contre eux et menace d'envahir un des pays de leur domination, ils sortent aussitôt de leur territoire pour se porter en force à sa rencontre. Car ils évitent avant tout de faire la guerre sur leur sol et aucune nécessité ne les déterminerait à ouvrir leur île à des auxiliaires étrangers *.

---

* QUANT AUX TERRES. — Il semble que ce soit uniquement par l'argent, agissant sur les Etats par des bienfaits, sur les individus par la corruption, que les Utopiens se composent leur clientèle politique. Un mobile idéologique, comme nous dirions, n'est jamais mentionné.

* DES AUXILIAIRES ETRANGERS. — « Ce qu'on doit craindre des troupes mercenaires, dit Machiavel (*Prince*, 13), c'est leur lâcheté ;

Leurs religions varient* d'une ville à l'autre, et même à l'intérieur d'une même ville. Les uns adorent le soleil*, d'autres la lune ou quelque planète. Quelques-uns vénèrent comme dieu suprême un homme qui a brillé en son vivant par son courage et par sa gloire[88].

Le plus grand nombre toutefois et de beaucoup les plus sages, rejettent ces croyances, mais reconnaissent un dieu unique, inconnu, éternel, incommensurable, impénétrable, inaccessible à la raison humaine, répandu dans notre univers à la manière, non d'un corps, mais d'une puissance. Ils le nomment Père et rapportent à lui seul les origines, l'accroissement, les progrès, les vicissitudes, le déclin de toutes choses. Ils n'accordent d'honneurs divins qu'à lui seul.

Au reste, malgré la multiplicité de leurs croyances, les autres Utopiens tombent du moins d'accord sur l'existence d'un être suprême*, créateur et protecteur du monde. Ils l'appellent tous dans la langue du pays, Mythra*, sans que ce nom ait pour tous la même

---

avec des troupes auxiliaires, c'est leur valeur. Un prince sage aime mieux être battu avec ses propres forces que victorieux avec celles d'autrui. »

* LEURS RELIGIONS VARIENT. — More imagine les conceptions religieuses de gens qui n'ont reçu aucune révélation, mais qui interprètent avec sérieux ce qu'ils peuvent tirer de la seule raison humaine, en qui il a confiance, convaincu par conséquent que tout esprit loyal doit aboutir à ce christianisme dont rien, en 1516, ne semblait menacer la splendide unité.

* LE SOLEIL. — Une première étape amène les Utopiens au niveau de ce que le paganisme antique semble avoir de plus naturel. Lactance au IIIe siècle réfute la divinité des astres. D'autre part, les apologistes avaient accepté l'explication évhémériste, trop heureux qu'on eût avant eux rabaissé les dieux au rang de morts divinisés.

* UN ÊTRE SUPRÊME. — L'idée d'une essence divine résumée par un nom apparaît plus ou moins explicitement chez les poètes et les philosophes grecs, même si le dieu suprême n'est jamais pour eux ce qu'est Jaweh pour les Hébreux : le créateur du monde.

* MYTHRA, parce que la langue utopienne, a dit Raphaël, est apparentée à la persane.

signification. Mais, quelle que soit la conception qu'ils se font de lui, chacun reconnaît en lui cette essence à la volonté et à la puissance, à laquelle tous les peuples, d'un consentement unanime, attribuent la création du monde.

Tous, au surplus, renoncent progressivement à cette bigarrure de croyances superstitieuses pour adhérer à une religion unique qui leur paraît plus raisonnable que toutes les autres. Celles-ci auraient sans nul doute disparu depuis longtemps si des gens sur le point de s'en détacher, devant quelque malchance fortuite, ne voyaient là un coup, non du hasard, mais du ciel*, et ne pensaient dans leur frayeur que le dieu dont le culte était abandonné punissait leur impiété.

Mais ils apprirent de nous le nom, l'enseignement, la vie, les miracles du Christ ainsi que l'admirable constance de tant de martyrs dont le sang volontairement versé a rangé à sa doctrine tant de peuples dispersés sur la terre. Vous ne sauriez croire avec quel élan ils se portèrent aussitôt vers elle, soit que Dieu leur parlât en secret, soit qu'elle leur parût la plus proche de la croyance qu'eux-mêmes jugent supérieure à toutes les autres. Ce qui les toucha notamment fut d'entendre que le Christ avait conseillé aux siens de mettre toutes leurs ressources en commun et que cet usage est encore pratiqué dans les congrégations les plus véritablement chrétiennes.

Quelle que fût la force de cet argument, beaucoup d'entre eux adoptèrent notre religion et furent purifiés par l'eau sainte. Mais nous n'étions plus que quatre parmi eux, deux ayant payé leur tribut à la mort, et aucun de nous, malheureusement, n'était prêtre*.

---

* UN COUP DU CIEL. — Ainsi les Romains traditionalistes attribuèrent la prise de Rome en 410 à la colère des dieux, irrités par les progrès du christianisme.

* AUCUN DE NOUS N'ÉTAIT PRÊTRE. — More laisse les Utopiens en suspens entre un christianisme à demi accepté, et dont la supériorité reste ainsi affirmée, et des traditions plus anciennes qui continuent d'être pratiquées puisque le culte nouveau ne peut être

Ceux qui ont été baptisés et instruits manquent encore des sacrements que requiert chez nous le ministère sacerdotal. Ils en comprennent toutefois la signification et ne désirent rien tant que de les recevoir. Ils se demandent même avec insistance si, même sans une délégation du pontife chrétien, un homme choisi parmi eux ne pourrait pas obtenir le caractère de prêtre. Ils étaient sur le point d'en désigner un, mais ne l'avaient pas encore fait au moment de mon départ.

Ceux du reste qui n'adhèrent pas à la religion chrétienne n'en détournent personne et ne gênent aucun de ceux qui la professent. Un de nos néophytes fut cependant puni en ma présence. Récemment baptisé, il prêchait le christianisme en public, malgré nos conseils, avec plus de zèle que de prudence. Il s'enflamma non seulement jusqu'à dire que notre religion est supérieure aux autres, mais à les condamner toutes sans distinction, à les traiter de mécréances et leurs fidèles d'impies et de sacrilèges promis au feu éternel. On le laissa longtemps déclamer sur ce ton, puis on l'arrêta, on l'emmena et on le condamna, non pour avoir outragé la religion, mais pour avoir excité une émeute * dans leur peuple. On le punit de l'exil. Car une de leurs lois, et l'une des plus anciennes, interdit de faire tort à personne à cause de sa religion.

Utopus * au début de son règne apprit qu'avant son arrivée, les habitants avaient d'âpres discussions au sujet de leurs croyances. Ils étaient divisés en sectes

---

pleinement établi. Ces traditions composent la religion naturelle, spontanée, telle que peut la concevoir une communauté particulièrement douée.

* UNE ÉMEUTE. — Personne ne peut être gêné dans l'exercice de sa religion. Mais l'État punit celui qui trouble l'ordre public.

* UTOPUS. — C'est d'abord une raison politique qui le détermine à établir la liberté de conscience : la paix règnera dans le peuple si chacun est sûr que ses croyances seront respectées ; ce peuple même ne peut réaliser son unité que si les différentes sectes y coexistent pacifiquement. Il faut donc leur ôter toute inquiétude, mais en même temps les détourner d'un prosélytisme bruyant. L'intérêt du sentiment religieux en soi ne vient qu'en second lieu.

qui, ennemies entre elles, combattaient séparément
pour leur patrie. Elles lui donnèrent ainsi l'occasion de
les vaincre toutes à la fois. Une fois victorieux, il
décida que chacun professerait librement la religion de
son choix, mais ne pourrait pratiquer le prosélytisme
qu'en exposant, avec calme et modération, ses raisons
de croire, sans attaquer acrimonieusement celles des
autres et, si la persuasion restait impuissante, sans
recourir à la force et aux insultes. Celui qui met un
acharnement excessif à des querelles de ce genre est
puni de l'exil ou de la servitude.

Utopus prit cette décision parce qu'il voyait la paix
détruite par des luttes continuelles et des haines
irréconciliables, et aussi parce qu'il jugeait la liberté
avantageuse à la religion elle-même. Jamais il n'osa
rien définir à la légère en matière de foi, se demandant
si Dieu n'inspire pas lui-même aux hommes des
croyances diverses, la variété et la multiplicité des
cultes étant conformes à son désir. Il ne voyait en tout
cas qu'un abus et une folie à vouloir obliger les autres
hommes, par menaces et violence, à admettre ce qui
vous paraît tel. Si vraiment une religion est vraie et les
autres fausses, pourvu qu'on agît avec raison et
modération, la force de la vérité, pensait-il, finirait
bien un jour par prévaloir d'elle-même. Quand, au
contraire, la controverse se fait violente et agressive,
comme les moins bons sont aussi les plus obstinés, la
religion la meilleure et la plus sainte peut fort bien se
trouver étouffée par des superstitions qui rivalisent
d'absurdité : comme du bon grain parmi les ronces et
les broussailles. Il laissa donc la question libre et
permit à chacun de croire ce qu'il voulait.

Il interdit toutefois, avec une pieuse sévérité, que
personne dégradât la dignité humaine en admettant
que l'âme périt avec le corps* ou que le monde

---

* L'ÂME PÉRIT AVEC LE CORPS. — La tolérance d'Utopus,
comme celle des Athéniens, s'arrête en deçà d'une certaine impiété,
considérée comme coupable. L'impiété, à Athènes, porte sur les
dieux de la cité. Celle que More considère comme impardonnable
concerne la conception même de l'homme, en quoi elle porte bien la

marche au hasard sans une providence. Les Utopiens croient donc qu'après cette vie des châtiments sanctionnent les vices et des récompenses les vertus. Celui qui pense autrement, ils ne le considèrent même pas comme un homme, étant donné qu'il ravale la sublimité de son âme à la basse matérialité animale. Ils refusent même de le ranger parmi les citoyens, car sans la crainte qui le retient, il ne ferait aucun cas des lois et coutumes de l'Etat. Un homme hésitera-t-il en effet à tourner subrepticement les lois ou à les ruiner par la violence, s'il ne redoute rien qui les dépasse, s'il n'a aucune espérance qui aille au-delà de son propre corps ? Celui qui pense ainsi ne doit donc attendre d'eux aucun honneur, aucune magistrature, aucun office public. Ils le méprisent, partout où il est, comme un être d'une nature basse et sans ressources, sans toutefois lui infliger aucune peine corporelle, convaincus qu'il n'est pas donné à l'homme de croire ce qu'il veut*. Ils s'abstiennent également de toutes menaces qui lui feraient dissimuler son sentiment, n'admettant pas les feintes et les grimaces pour lesquelles ils ont une aversion incroyable, les jugeant sœurs jumelles de l'imposture. Mais ils lui interdisent de défendre son opinion, du moins en public. En présence des prêtres et des gens sérieux, non seulement ils l'y autorisent, mais ils l'y poussent, convain-

---

marque de son temps. Nier l'immortalité de l'âme signifie impunité pour le coupable qui arrive sur cette terre à éluder les châtiments. Davantage, c'est méconnaître l'éminente, la singulière dignité de l'homme. Un Utopien impie sera écarté de la vie publique, mais on ne le condamnera pas à mort. Utopus est plus tolérant que Platon. Celui-ci, considérant également l'impiété comme un danger social, la frappe de peines très dures qui vont jusqu'à la mort en cas d'obstination (*Lois*, X).

   * IL N'EST PAS DONNÉ À L'HOMME DE CROIRE CE QU'IL VEUT. — More dut parfois se rappeler ce jugement lorsque, chancelier d'Angleterre, il eut à sévir contre des luthériens. Il se vante dans l'épitaphe qu'il composa pour lui-même d'avoir été « haereticis molestus ». Erasme, dans une lettre destinée à obtenir de Henry VIII un geste de clémence envers More prisonnier, donne cependant à entendre qu'il n'aurait prononcé aucune peine capitale.

cus que cette aberration s'inclinera pour finir devant la
sagesse.

D'autres Utopiens, assez nombreux, dont on ne
contrarie pas les convictions, car ils sont gens de bons
sens et de bonne conduite, estiment, par une erreur
tout opposée, que les animaux aussi ont des âmes
éternelles, inférieures toutefois aux nôtres par la
dignité et par la félicité à laquelle elles sont promises.
Presque tous en effet tiennent une béatitude sans
limites comme si sûrement destinée à l'homme qu'ils
plaignent ceux qui tombent malades, mais non celui
qui meurt, à moins qu'ils ne le voient sortir de la vie
dans l'angoisse et le refus. Ils voient là, en effet, un
mauvais présage, comme si une âme sans espoir et
consciente de ses fautes redoutait le voyage dans la
prescience d'un châtiment imminent. Dieu, pensent-
ils aussi, n'accueillera pas volontiers un homme qui,
appelé à lui, n'accourt pas volontiers, mais résiste* et
se fait traîner. Une telle mort remplit les assistants de
terreur ; tristement, silencieusement, ils emportent le
corps et, en implorant les dieux propices aux mânes
du défunt de pardonner ses faiblesses, ils le recouvrent
de terre*.

Ceux au contraire qui ont trépassé dans la joie et
l'espoir, personne ne les pleure, mais on suit leur
convoi en chantant, en recommandant de tout cœur
leur âme à Dieu. On brûle ensuite leur corps avec
respect, mais sans lamentations, et l'on élève sur la
place une stèle où sont gravés les titres du défunt. De

---

* MAIS RÉSISTE. — More, à la Tour, déclara qu'il ne voulait pas
mourir *unwillingly*, craignant que Dieu n'accueille pas ceux qui se
révoltent contre la mort.

* ILS LE RECOUVRENT DE TERRE. — On peut s'étonner que
More, contrairement au sentiment des premiers chrétiens, réserve
l'inhumation aux mauvais morts et la crémation aux meilleurs. Son
ouvrage contient fort peu de ces images qui vivent dans les religions
et le folklore des peuples, attestant l'unité et la permanence des
représentations de l'inconscient. En voici au moins une : la
croyance au feu purifiant, qui délivre l'âme en la débarrassant de la
matière à laquelle elle a été associée.

retour à la maison, on rappelle ses actions et les traits de son caractère, en insistant, parmi les épisodes de sa vie, sur la sérénité de sa mort. Cette commémoration d'une conduite vertueuse est pour les vivants, pensent-ils, la plus efficace des exhortations au bien et l'hommage le plus agréable aux morts *. Ceux-ci sont présents lorsqu'on parle d'eux, invisibles seulement au regard trop peu perçant des mortels. Les bienheureux ne sauraient être privés du pouvoir de se transporter où ils veulent, et ils manqueraient de gratitude s'ils ne désiraient pas revoir ceux à qui ils ont été liés sur terre par une tendresse et un amour mutuels, sentiments qui, pensent-ils, doivent subsister après la mort, chez les gens de bien, à un degré accru, et non diminué. Ils voient ainsi les morts circulant parmi les vivants, témoins de leurs actes et de leurs paroles. Cette foi en la présence tutélaire des morts leur inspire plus de confiance dans leurs entreprises et les détourne de rien faire de mal en secret.

Les augures et autres moyens superstitieux de divination, en si grand crédit chez les autres peuples, sont chez eux méprisés et raillés. Mais les miracles * qui se produisent sans le secours des causes naturelles leur inspirent du respect, comme étant les ouvrages d'un dieu et les preuves de sa présence. Il en survient souvent chez eux, disent-ils. Dans des circonstances importantes où ils ne savent quel parti prendre, ils en demandent avec beaucoup de foi, par une supplication publique, et en obtiennent.

* LA PRÉSENCE DES MORTS. — Les Utopiens pourraient y croire comme les Grecs et les Romains y ont cru. Mais, chez les Anciens, c'est surtout la présence du mort irrité qui est sensible et, par conséquent, redoutée. More incline la vieille croyance aux mânes dans la direction de l'idée chrétienne de la communion des saints, et les morts deviennent tutélaires.

* LES MIRACLES. — More en parle ici avec une indulgence amusée. Il savait que les faux miracles sont plus nombreux que les vrais. Il raconte dans le *Dialogue concernant les hérésies* (1528) l'histoire du faux aveugle démasqué au pèlerinage de Saint-Alban par le duc de Gloucester ; Shakespeare a fait de l'anecdote une scène de *Henry VI* (II, 2, 1).

Observer la nature est pour eux une façon d'honorer Dieu en rapportant à lui, pour sa satisfaction, l'admiration qu'elle mérite. Il existe des hommes cependant, et en grand nombre, qui par scrupule religieux, négligent les études, ne cherchent pas à scruter les choses et ne s'accordent aucun loisir, croyant que seuls, des travaux et des services rendus à autrui peuvent mériter le bonheur qui suivra la mort. On en voit ainsi qui soignent les malades, qui réparent les routes et les ponts, qui nettoient les canaux, qui arrachent la mauvaise herbe, qui transportent le sable et les pierres, qui abattent les arbres et scient des planches, qui amènent en ville, sur leurs chariots, le bois, le grain et tout le reste et se comportent à l'égard de la communauté moins en serviteurs qu'en esclaves. Il n'est aucun travail rude, pénible, dont tous se détournent tant il est malpropre, fatigant, dégoûtant, décourageant, qu'ils ne se le réservent totalement, de leur plein gré et avec bonne humeur. Les autres, grâce à eux, ont du loisir; eux passent leur vie dans un labeur ininterrompu. Ils ne s'en vantent pas et ne critiquent pas plus la vie des autres qu'ils n'exaltent la leur. Plus ils se conduisent en esclaves, plus ils sont honorés de tous.

Ils sont répartis en deux sectes *.

L'une est celle des célibataires qui renoncent totalement et aux plaisirs de l'amour et même à la consommation de la viande, parfois même de tout ce qui vient des êtres vivants, répudiant comme nuisibles tous les

---

* DEUX SECTES. — Une quinzaine d'années avant d'écrire ceci, More étudiait le droit à Londres, tout en se demandant si sa vocation n'était pas d'être religieux. Il avait d'autre part à la Chartreuse une chambre où il se retirait pour prier, vivant parmi les moines comme l'un d'eux, mais sans avoir prononcé aucun vœu. Il décida finalement de fonder une famille. Cette expérience, et cette hésitation, donnent son vrai sens au diptyque qu'il esquisse ici en comparant le moine parfait au laïque parfaitement pieux — inspirés l'un et l'autre, dans l'hypothèse, par une religion purement naturelle. Les religieux utopiens, au surplus, ne vivent pas en communauté. L'île entière n'est-elle pas un vaste monastère?

plaisirs de la vie présente, n'aspirant, à travers veilles et fatigues, qu'à la vie future, restant au surplus gais et dispos dans leur espoir de l'obtenir.

Les autres, non moins ardents au travail, préfèrent l'état de mariage. Ils en apprécient la douceur ; ils estiment aussi devoir leur tribut à la nature et des enfants à leur patrie. Ils ne refusent aucun plaisir, sauf s'il met obstacle à leur travail. Ils apprécient la chair des quadrupèdes, pensant qu'elle leur donnera plus de force pour leur besogne.

Les Utopiens jugent ceux-ci plus sensés, mais les premiers plus saints. A les voir préférer le célibat au mariage, une vie rude à une vie agréable, on se moquerait d'eux s'ils se réclamaient de la raison. Mais comme ils disent avoir la religion pour mobile, on les respecte et on les honore. Car on n'évite rien plus soigneusement là-bas que de se prononcer indiscrètement sur les choses religieuses. Ces gens s'appellent dans leur langue des buthresques, ce que nous traduirions dans la nôtre par « religieux ».

Leurs prêtres* sont d'une sainteté éminente et par

---

* LEURS PRÊTRES. — Des communautés d'ascètes ont existé dans tous les pays. More a lu ce que Plutarque dit des gymnosophistes de l'Inde. Il a prêté aux moines utopiens l'activité qui règne dans un couvent bénédictin. Les prêtres, au contraire, ne pouvaient ressembler aux prêtres chrétiens, créés par un sacrement et avant pour office d'en conférer. Tout se passe ici, comme à Rome, au niveau et dans le cadre de l'Etat dont ils sont un rouage. Ils sont élus dans les mêmes conditions que les autres magistrats et un de leurs rôles est de servir d'instituteurs aux enfants ; un autre correspond à celui des censeurs romains. Comme tous les autres magistrats, ils peuvent se marier et Utopie, comme les cités antiques, a des prêtresses. Mais ils ont en plus des attributs du sacerdoce chrétien. Ceux qui commettent un délit ne relèvent pas du pouvoir civil. La question de l'immunité du clergé, qui avait mis Henry II aux prises avec Becket, était brûlante en Angleterre. Le concile de Latran (1517) refusait aux tribunaux laïques toute juridiction sur les gens d'Eglise. More range l'Utopie, une fois de plus, au principe médiéval. Mais il ajoute aussitôt que l'exception est sans inconvénient pour l'Etat, parce qu'il y a très peu de prêtres. De son temps, il y en avait trop, ainsi qu'il le dira plus tard dans sa *Défense de l'Eglise*. Les prêtres utopiens ont également le droit de prononcer des excommunications que le pouvoir civil n'a plus qu'à appliquer.

conséquent très peu nombreux. Il n'y en a pas plus de treize dans chaque ville, autant que de temples. En cas de guerre, sept prêtres accompagnent l'armée et sont suppléés par autant de remplaçants qui leur cèdent la place à leur retour. Les suppléants succèdent aux titulaires à mesure que ceux-ci viennent à mourir. En attendant, ils assistent le pontife qui dans chaque ville est à la tête des autres.

Ils sont élus par le peuple et, comme tous les autres magistrats, au suffrage secret, afin d'éviter toute intrigue. Une fois élus, ils sont consacrés par leur propre collège. Ils contrôlent la vie religieuse, s'occupent des cérémonies et exercent une surveillance sur les mœurs. On considère comme très infamant d'être appelé devant eux et de recevoir leurs reproches pour avoir mené une vie peu convenable.

Leur tâche est d'exhorter et d'avertir ; mais il n'appartient qu'au prince et aux autres magistrats de prendre des mesures pour punir les coupables. Les prêtres toutefois excluent des cérémonies religieuses ceux qu'ils trouvent endurcis dans le mal. Aucun châtiment n'inspire une aussi grande terreur : il frappe d'infamie et torture la conscience d'une angoisse sacrée. Le corps lui-même, bientôt, sera menacé : si le condamné ne fait pas promptement acte de repentir en présence des prêtres, le sénat le fait appréhender et lui inflige le châtiment de son impiété.

Les enfants et les adolescents reçoivent d'eux leur première instruction, qui porte sur le caractère et la morale autant que sur les lettres. Ils apportent tous leurs soins à instiller dans les âmes encore tendres et dociles des enfants les saines doctrines qui sont la sauvegarde de l'Etat. Si elles y ont profondément pénétré, elles accompagneront l'homme sa vie entière et contribueront grandement au salut public, lequel n'est menacé que par les vices issus de principes erronés.

Les prêtres — ceux du sexe masculin, car les femmes ne sont pas exclues du sacerdoce, mais il arrive rarement qu'on les élise et, dans ce cas, c'est une veuve déjà sur l'âge — prennent leurs épouses dans les familles les plus considérées. Aucune autre fonction n'a plus de prestige, à tel point que si l'un d'eux commet une infamie, il ne sera inculpé devant aucun tribunal d'Etat : on lui donne comme juge Dieu et lui-même. Car ils estiment qu'il n'est pas permis de porter une main mortelle sur l'homme, si coupable soit-il, qui a été si exceptionnellement voué à Dieu comme une offrande consacrée. Cette immunité est chez eux sans inconvénient parce que les prêtres sont peu nombreux et choisis avec le plus grand soin. Un homme excellent élevé par des gens de biens à une haute dignité, en considération de sa seule vertu, se laissera-t-il facilement séduire par l'attrait du vice ? Si cela arrive, car la nature humaine est instable, comme leur nombre est insignifiant, que leur prestige ne se double d'aucun pouvoir, on n'a pas à craindre qu'ils mettent l'Etat en danger.

S'ils limitent strictement le nombre des prêtres, c'est afin d'éviter que la dignité d'un ordre qu'ils entourent aujourd'hui d'un tel respect ne décline d'être attribué à trop de personnes, sans compter qu'ils ne trouvent pas aisément des hommes au niveau d'une si haute fonction. Car des vertus moyennes ne suffisent pas pour exercer celle-ci.

Leurs prêtres sont estimés dans les pays étrangers autant qu'en Utopie même. Une coutume le montre qui me paraît du reste être à l'origine de cette considération. Au moment d'un combat décisif, les prêtres s'agenouillent * à quelque distance, revêtus de leurs ornements sacrés. Les paumes levées vers le ciel, ils demandent d'abord la paix pour tous, puis la victoire pour leur peuple et, enfin, qu'elle ne soit

---

* LES PRÊTRES S'AGENOUILLENT. — Ils ne sont plus ici de simples magistrats choisis pour leurs vertus, chargés d'instruire la jeunesse et de surveiller les mœurs. Leur pouvoir est mystique. More s'est souvenu de l'histoire de Moïse priant pendant la bataille contre les Amalécites (*Exode*, XVII, 10). L'image du prêtre aux mains levées se prolonge en détails plus édifiants que persuasifs, satire indirecte du belliqueux Jules II.

sanglante pour aucun des deux partis. Quand leurs
soldats l'emportent, ils s'élancent vers les combattants
et les détournent de s'acharner contre des vaincus
terrassés. Ceux-ci n'ont qu'à les voir et les appeler
pour avoir la vie sauve ; ceux qui peuvent toucher
leurs vêtements flottants sauvent par là leurs biens
avec leur vie de toutes les injures de la guerre. Voilà
pourquoi ils sont en si grande vénération, en si grande
majesté auprès de tous les peuples, au point d'apporter souvent à leurs concitoyens, contre les ennemis, un
secours égal à celui que les ennemis ont reçu d'eux. En
effet, leurs lignes, dans une circonstance connue,
vinrent à fléchir ; les soldats prirent la fuite ; la
situation semblait désespérée ; les ennemis se ruaient
au massacre et au pillage quand l'intervention des
prêtres les arrêta, suspendit le désastre, sépara les
combattants et amena la conclusion d'une paix à des
conditions équitables. Il n'est nulle part de peuple si
sauvage, si féroce, si barbare, qu'il ait refusé de voir
en eux un corps sacro-saint et inviolable.

Ils célèbrent une fête le premier et le dernier jour de
chaque mois et de chaque année. Le cours de la lune
définit le mois, celui du soleil définit l'année. Le
premier et le dernier jour s'appellent dans leur langue
Cynemernus et Trapemernus, ce qui signifie à peu
près fête d'ouverture et fête de clôture.

Leurs sanctuaires sont admirables*, d'une
construction magnifique et capables de contenir un
peuple immense, et c'est nécessaire, car ils sont très
peu nombreux. Tous sont assez sombres, ce qu'il ne
faut pas imputer à une faute de l'architecte, mais à une
intention des prêtres qui pensent qu'une lumière trop
vive trouble la méditation, tandis qu'elle aide les

* LEURS SANCTUAIRES SONT ADMIRABLES. — Ce passage est
peut-être le seul qui donne à penser que les Utopiens se soucient
d'autre chose que d'utilité, et qu'ils aient un art et des artistes. Ce
qui est ici décrit est une cathédrale, non point claire comme
Vézelay, mais plongée comme Chartres dans une pénombre propice
au recueillement.

pensées à se concentrer et à se porter vers les choses du ciel lorsqu'elle devient pauvre et comme douteuse. Les Utopiens ont des religions différentes mais, de même que plusieurs routes conduisent à un seul et même lieu, tous leurs aspects, en dépit de leur multiplicité et de leur variété, convergent tous vers le culte de l'essence divine. C'est pourquoi l'on ne voit, l'on n'entend rien dans leurs temples que ce qui s'accorde avec toutes les croyances. Les rites particuliers de chaque secte s'accomplissent dans la maison de chacun ; les cérémonies publiques s'accomplissent sous une forme qui ne les contredit en rien.

C'est pourquoi les temples ne contiennent aucune image des dieux : chacun est libre de se figurer la divinité d'après son sentiment le plus élevé. Ils ne prononcent, pour l'invoquer, aucun nom, excepté celui de Mythra, qui pour eux tous désigne l'essence unique de la majesté divine, quelle qu'elle soit. Aucune prière n'est formulée que chacun ne puisse répéter sans offenser sa croyance particulière.

Ils se réunissent dans le temple aux fêtes de clôture, le soir, à jeun, afin de rendre grâces à Dieu qui leur a permis de terminer heureusement cette année ou ce mois. Le lendemain, qui est fête d'ouverture, ils y reviennent en foule, afin d'implorer bonheur et prospérité pendant l'année ou le mois qui s'ouvre par cette cérémonie. Aux fêtes de clôture, avant de se rendre au temple, les épouses s'agenouillent * à la maison aux pieds de leurs maris, les enfants aux pieds de leurs parents, confessent les incorrections qu'ils ont commises, les devoirs qu'ils ont négligés et demandent le pardon de leurs erreurs. De la sorte, si quelque petit

---

* LES ÉPOUSES S'AGENOUILLENT. — Le patriarcalisme utopien donne au père une autorité totale sur l'épouse et sur les enfants. L'égalité des sexes, qui va jusqu'à ouvrir aux femmes l'accès de la prêtrise, n'existe qu'au regard de l'Etat ; elle est totalement ignorée à l'intérieur des maisons. More voit une garantie d'entente familiale dans une humiliation unilatérale qui paraît surtout capable de faire naître de grands ressentiments et beaucoup d'hypocrisie. Il est généralement moins mauvais psychologue.

nuage avait menacé l'entente familiale, il serait dissipé par une telle réparation et tous assisteraient aux cérémonies d'un cœur pur et apaisé. Car il n'est pas permis d'y venir avec une âme inquiète et troublée. Ceux qui se sentent possédés par la haine ou la colère n'assistent aux sacrifices qu'après s'être réconciliés avec leurs ennemis, qu'après s'être nettoyés de leur ressentiment.

Les hommes en entrant au temple se dirigent vers la droite, les femmes vers la gauche, de façon que les membres masculins de la famille soient assis devant le père et que la mère vienne derrière le groupe des femmes. On veut par là que les chefs de famille puissent surveiller en public la conduite de ceux qu'ils gouvernent et instruisent chez eux. On a le soin de disséminer les plus jeunes parmi les plus âgés, afin de ne pas confier des enfants à des enfants, qui passeraient en sottises puériles le moment où ils doivent se pénétrer de la plus religieuse crainte des dieux : le sentiment le plus éminemment capable de les encourager à la pratique des vertus*.

Aucun être vivant n'est immolé au cours de leurs sacrifices. Ils se refusent à admettre qu'un Dieu de bonté trouve plaisir au sang et à la mort, alors qu'il a fait présent de la vie à ses créatures afin qu'elles en jouissent. Ils brûlent de l'encens* et d'autres parfums et offrent de nombreux cierges, non qu'ils pensent que le présent ajoute quoi que ce soit à la grandeur divine, pas plus du reste que celle-ci n'a besoin des prières des hommes, mais ils aiment ce culte qui ne fait pas de

---

* LA PRATIQUE DES VERTUS. — La religion des Utopiens est surtout maîtresse de morale. S'ils mettent au ban de leur société ceux qui ne croient pas à l'immortalité de l'âme et aux sanctions dans l'au-delà, c'est parce qu'ils considèrent une telle croyance comme incompatible avec une vie vertueuse.

* DE L'ENCENS. — Voici qui éloigne le culte utopien d'une fête civique en 1790 pour le rapprocher des rites chrétiens. L'atmosphère du temple doit être aussi différente que possible de celle d'une simple salle commune si l'on veut que les fidèles y cherchent et y ressentent la présence d'une réalité supérieure.

victime, ces parfums, ces lumières, toutes ces cérémonies qui donnent aux hommes le sentiment d'être en quelque sorte soulevés, portés par un élan plus vif à adorer Dieu.

Le peuple dans le sanctuaire est habillé de blanc. Le prêtre a des vêtements bigarrés, d'un travail et d'une forme surprenants, sans du reste que l'étoffe en soit du tout précieuse. Elle n'est pas tissée d'or, ni boutonnée de pierreries, mais composée de diverses couleurs, avec tant d'habileté et de raffinement que nulle substance ne saurait égaler la richesse d'un tel ouvrage. Ces ailes et ces plumages* constituent de plus, par leur arrangement sur le vêtement du prêtre, les symboles de mystères cachés. La signification leur en est connue, car les prêtres la leur expliquent minutieusement. Elle rappelle à chacun les bienfaits qu'il a reçus des dieux, la reconnaissance qu'il leur doit et ses devoirs envers son prochain.

Dès que le prêtre, sortant du saint des saints, apparaît dans ces ornements, tous se prosternent respectueusement, dans un silence si profond que le spectacle remplit de terreur, comme si un dieu était présent. Après quelques instants, un signal du prêtre fait relever tout le monde. Ils chantent* alors à la louange de Dieu des hymnes soutenus par des instruments de musique très différents en général de ceux qu'on voit dans notre partie du monde. Certains l'emportent en charme sur les nôtres; d'autres ne peuvent leur être comparés. Mais sur un point ils nous

---

* CES AILES ET CES PLUMAGES. — More pense-t-il aux cygnes prophétiques de Platon ? à un passage de *Timée ?* Les vêtements des prêtres introduisent dans cette religion si raisonnable un élément mystérieux qui la rapproche de la liturgie chrétienne, où chaque objet a sa signification symbolique.

* ILS CHANTENT. — La musique est le seul art dont *L'Utopie* fasse mention. More chantait au chœur à l'église de Chelsea. Il imagine ici une musique sacrée particulièrement expressive, comme celle de Bach, de Gluck. Erasme jugea sévèrement celle qui se pratiquait en Angleterre, « faite uniquement pour plaire aux oreilles, si bien qu'on va à l'église comme on irait au théâtre ».

dépassent sans contestation : leur musique, instru-
mentale ou vocale, épouse si fidèlement le sentiment,
traduit si bien les choses par les sons — la prière, la
supplication, la joie, la paix, le trouble, le deuil, la
colère —, le mouvement de la mélodie correspond si
bien aux pensées, qu'elle saisit les âmes des auditeurs,
les pénètre et les exalte avec une force incomparable.

Le prêtre enfin récite avec le peuple des prières
composées de telle sorte que chacun rapporte mentale-
ment à soi-même ce que tous prononcent à l'unisson.
Il y confesse un Dieu créateur, gouverneur, auteur de
tous les biens ; il lui rend grâces des bienfaits qu'il a
reçus de lui et singulièrement de la bonté qu'il eut de
le faire naître dans le plus heureux de tous les Etats *
et dans la religion qu'il espère être la plus véritable.
S'il se trompe sur ce point, s'il existe quelque chose de
meilleur que l'une et l'autre et qui plaise davantage à
Dieu, que celui-ci dans sa bonté lui en accorde la
connaissance, car il est prêt à aller partout où Dieu le
conduira. Mais si la Constitution de sa patrie est la
meilleure et sa religion la plus droite, que Dieu lui
accorde d'y être fidèle, d'amener les autres hommes à
vivre sous les mêmes lois, à concevoir le divin de la
même façon, à moins que la diversité des croyances ne
soit agréable à son impénétrable volonté. Qu'après
une mort sans lutte Dieu consente à le recevoir :
bientôt ou plus tard, il n'oserait en décider. Mais s'il
peut le dire sans offenser la majesté divine, il préfére-
rait arriver à elle, même après la mort la plus douloureuse, plutôt que d'être retenu loin d'elle trop longtemps, fût-ce par le cours de la vie la plus prospère.

Cette prière prononcée, ils se redressent et vont
déjeuner. Le reste de la journée se passe dans des jeux
et des exercices militaires.

* LE PLUS HEUREUX DE TOUS LES ÉTATS est mentionné avant la
religion, laquelle, en Utopie comme à Rome, fait partie de l'Etat. La
religion au surplus ne pouvait venir qu'à la seconde place,
puisqu'elle n'est en quelque sorte que provisoire, acheminant au
christianisme.

Je vous ai décrit le plus exactement possible la structure de cette république où je vois non seulement la meilleure, mais la seule qui mérite ce nom. Toutes les autres parlent de l'intérêt public et ne veillent qu'aux intérêts privés. Rien ici n'est privé, et ce qui compte est le bien public. Il ne saurait, ici et là, en aller autrement. Chacun sait ailleurs que s'il ne se soigne pas pour sa propre personne, et si florissant que soit l'Etat, il n'a qu'à mourir de faim ; il est donc forcé de tenir compte de ses intérêts plutôt que de ceux du peuple, c'est-à-dire d'autrui. Chez eux au contraire, où toutes choses sont à tous, un homme est sûr de ne pas manquer du nécessaire pourvu que les greniers publics soient remplis.

Car la répartition des denrées se fait largement ; il n'y a pas d'indigents, pas de mendiants et, sans que personne possède rien, tous sont riches. Est-il richesse plus grande que de vivre sans aucun souci, l'esprit heureux et libre, sans s'inquiéter de son pain, sans être harcelé par les plaintes d'une épouse, sans redouter la pauvreté pour un fils, sans se tourmenter pour la dot d'une fille ? Etre rassuré sur les ressources et le bonheur des siens, femme, enfants, petits-enfants, et jusqu'à la plus longue postérité qu'un noble puisse se souhaiter ? Car tout a été calculé pour ceux qui ont travaillé * autrefois et qui en sont à présent incapables, aussi bien que pour ceux qui travaillent à présent.

Je voudrais voir qui oserait comparer avec cette équité la justice qui règne chez les autres peuples, où je consens à être pendu si je découvre la moindre trace de justice ou d'équité. Y a-t-il justice quand le premier noble venu, ou un orfèvre, ou un usurier, ou n'importe lequel de ces gens qui ne produisent rien, ou

---

* CEUX QUI ONT TRAVAILLÉ. — Raphaël n'a guère parlé de ceux qui, dans cette île consacrée au travail, ont passé l'âge de s'y livrer. Une population comprenait en 1515 moins de vieillards qu'à présent. La partie des ressources publiques qui est mise en commun dans un Etat non communiste d'aujourd'hui est précisément affectée aux pensions.

seulement des choses dont la communauté se passerait
aisément, mènent une vie large et heureuse dans la
paresse ou dans une occupation inutile, tandis que le
manœuvre, le charretier, l'artisan, le laboureur, par
un travail si lourd, si continuel qu'à peine une bête de
somme pourrait le soutenir, si indispensable que sans
lui un Etat ne durerait pas une année, ne peuvent
s'accorder qu'un pain chichement mesuré, et vivent
dans la misère ? La condition des bêtes de somme a de
quoi paraître bien meilleure ; elles travaillent moins
longtemps ; leur nourriture n'est guère plus mauvaise,
si elle ne leur paraît même pas plus délectable ; et elles
ne sont pas obsédées par la crainte de l'avenir.

Mais les ouvriers ! Ils peinent au jour le jour,
accablés par un travail stérile et sans récompense, et la
perspective d'une vieillesse sans pain les tue. Le
salaire quotidien ne suffit même pas à leurs besoins ;
tant s'en faut qu'il en reste de quoi mettre de côté en
vue de l'avenir.

N'est-il pas injuste et ingrat, le pays qui accorde de
telles faveurs à ceux qu'on appelle les nobles, aux
orfèvres * et aux gens de cette espèce, qui ne font rien,
sinon flatter et servir les plaisirs les plus vains ? Mais il
n'a aucune générosité pour les cultivateurs, les char-
bonniers, les manœuvres, les cochers, sans lesquels
aucun Etat ne pourrait subsister. Il exige d'eux,
pendant leurs plus belles années, des fatigues exces-

---

* LES ORFÈVRES. — Pourquoi cette mention d'un métier de luxe
qui, après tout, aurait l'excuse de fabriquer des objets beaux et
durables ? Torrigiani, venu de Venise pour exécuter à Westminster
des travaux commandés par Henry VIII, fut frappé par la richesse
de la vaisselle d'argent dans les maisons de Londres. « Dans une
seule rue conduisant à Saint Paul, dit-il, il y a cinquante-deux
boutiques d'orfèvres, contenant plus d'argenterie que toutes celles,
réunies, de Milan, Rome et Venise. » More parle ici d'un orfèvre où
nous dirions aujourd'hui un banquier. C'est seulement au XVIIe siècle que la banque devint en Angleterre une industrie séparée. Le
prêt jusque-là avait été pratiqué par les orfèvres, qui seuls avaient
des stocks de métaux précieux et des locaux voûtés où ils les
conservaient.

sives, après quoi, quand ils sont alourdis par l'âge et
les maladies, et privés de toute ressource, perdant le
souvenir de tout ce qu'il a reçu d'eux, il les récompense indignement en les laissant mourir de faim.

Sans compter que la pitance quotidienne des pauvres est chaque jour écornée par les riches, qui font
jouer aussi bien les lois de l'Etat que leurs supercheries personnelles. On estimait injuste autrefois de mal
récompenser ceux qui avaient bien mérité de l'Etat :
voilà que par une loi promulguée, cette ingratitude est
érigée en loi.

Quand je reconsidère ou que j'observe les Etats
aujourd'hui florissants, je n'y vois, Dieu me par-
donne, qu'une sorte de conspiration des riches* pour
soigner leurs intérêts personnels sous couleur de gérer
l'Etat. Il n'est pas de moyen, pas de machination
qu'ils n'inventent pour conserver d'abord et mettre en
sûreté ce qu'ils ont acquis par leurs vilains procédés,
et ensuite pour user et abuser de la peine des pauvres
en la payant le moins possible. Dès que les riches ont
une fois décidé de faire adopter ces pratiques par
l'Etat — qui comprend les pauvres aussi bien qu'eux-
mêmes — elles prennent du coup force de loi.

---

* UNE CONSPIRATION DES RICHES. — La formule, qui nous
paraît marxiste, n'avait rien de surprenant pour ceux qui se
souvenaient des mouvements populaires qui avaient agité l'Angleterre au siècle précédent, soutenus par une partie du clergé ; celui-ci
reprenait et développait l'antithèse du Mauvais Riche et du Pauvre
Lazare. Le Jugement Dernier était représenté comme la revanche
de Lazare. Quant au Riche, « nourri du sang du pauvre » comme
dit Jean de Meung, il devenait la personnification même des deux
vices capitaux, *Avaritia* et *Luxuria*, tout semblable au méchant
Capitaliste de la mythologie communiste à l'usage du peuple.
Froissart rapporte un sermon du prêtre John Ball pendant la révolte
de 1381, disant : « Les choses ne peuvent bien aller en Angleterre
jusques à tant que les biens iront tout de commun et qu'il ne sera
plus ni vilain ni gentilhomme, que nous ne soyons tous unis. » Vers
la fin du Moyen Age du reste, les maîtres du droit et de la
scolastique admettaient comme un lieu commun que, dans son
premier et meilleur état, la société avait ignoré la propriété privée,
parce que tout appartenait à tous. Les prêtres qui épousaient la
cause des révoltés disaient la même chose, sur un ton plus violent.

Ces hommes détestables, avec leur insatiable avidité, se sont partagé ce qui devait suffire à tous ; combien cependant ils sont loin de la félicité dont jouissent les Utopiens ! Avec l'usage de l'or, a disparu toute avidité d'en posséder : que de soucis supprimés, quelle semence de crime arrachée avec sa racine ! Car, qui ne le sait ? les tromperies, les vols, les brigandages, les rixes, les émeutes, les coups, les révoltes, les meurtres, les trahisons, les empoisonnements, que des supplices quotidiens punissent sans pouvoir les décourager, disparaissent en même temps que l'usage de la monnaie. Ajoutons-y la peur, l'angoisse, les soucis, les efforts, les veilles, qui mourront en même temps que l'argent. Même la pauvreté, qui semble avoir l'argent pour remède, disparaîtra dès qu'il aura été aboli.

Pour mieux vous persuader, je vous rappellerai une année mauvaise et stérile, où des milliers d'hommes sont morts de faim. Je soutiens qu'à la fin de la disette, si l'on avait fouillé les greniers des riches, on y aurait trouvé assez de blé pour le distribuer à tous ceux qui succombèrent aux privations ; et personne alors n'aurait même remarqué la parcimonie du ciel et du sol. Combien facilement les ressources peuvent être procurées si ce bienheureux argent — qu'on n'a inventé, dit-on, que pour faciliter leur arrivée — n'en bouchait seul les accès !

Les riches eux-mêmes, je n'en doute pas, comprennent ces vérités. Ils savent qu'il vaut bien mieux ne jamais manquer du nécessaire que d'avoir en abondance une foule de superfluités, être délivré de mille peines que d'être prisonnier de grandes richesses.

L'univers entier, j'en suis convaincu, aurait depuis longtemps été amené à adopter les lois de cette république, à la fois par la considération de l'intérêt de chacun et par l'autorité du Christ notre Sauveur, dont la sagesse infinie ne pouvait ignorer ce qui vaut le mieux pour nous, dont la bonté infinie ne pouvait manquer de nous le prescrire — si une seule bête fauve n'avait opposé sa résistance, la reine, la mère de tous les maux, la Superbe. La prospérité à ses yeux ne se mesure pas d'après le bonheur de chacun, mais d'après le malheur des autres. Elle refuserait même de devenir dieu si elle ne pouvait garder autour d'elle des misérables à insulter, à traiter en esclaves, dont la détresse serve de repoussoir à son éclatante félicité, qu'elle puisse torturer, irriter dans leur dénuement par l'étalage de ses richesses. Ce serpent d'enfer s'enroule autour du cœur des hommes pour les détourner de la voie droite ; il s'attache à eux et les tire en arrière comme le rémora fait aux navires.

Il est trop profondément enfoncé en la nature humaine pour qu'on puisse aisément l'en arracher. Mais je suis heureux de voir aux Utopiens la forme de Constitution que je souhaiterais à tous les peuples. Eux du moins se sont laissé guider par des principes qui ont donné à leur république la prospérité et de plus, pour autant que les supputations humaines puissent prévoir l'avenir, une garantie de pérennité. Une fois extirpées à l'intérieur, avec tous les autres vices, les racines de l'ambition et des factions, quel danger subsiste-t-il qu'elle ait à souffrir de ces discordes intestines qui ont suffi à perdre tant de cités puissamment défendues ? Aussi longtemps que la bonne entente règne dans la maison et que les lois sont saines, l'envie de tous les rois voisins — ils ont déjà tenté plus d'une entreprise, mais toutes ont été repoussées — ne parviendra pas à renverser cet empire ni même à l'ébranler.

Telle fut la relation de Raphaël. Bien des choses me revenaient à l'esprit qui, dans les coutumes et les lois de ce peuple, me semblaient des plus absurdes *, dans

---

* DES PLUS ABSURDES. — Une des lois de ce genre littéraire est que l'auteur se désolidarise de sa création. En face de Raphaël, doctrinaire intransigeant, More du reste s'est donné lui-même comme un opportuniste décidé à procéder par des réformes de détail. La dernière phrase fait écho à ce jugement de la première partie : « Comment toutes choses seraient-elles parfaites si les hommes ne le sont pas, ce que je n'espère pas voir arriver demain » ? Peut-être au surplus y a-t-il ici un désaveu de prudence. L'Angle-

leur façon de faire la guerre, de concevoir le culte et la religion, dans plus d'une autre mesure et, surtout, dans le principe fondamental de leur Constitution, la communauté de la vie et des ressources, sans aucune circulation d'argent, ce qui équivaut à l'écroulement de tout ce qui est brillant, magnifique, grandiose, majestueux, tout ce qui, d'après le sentiment généralement admis, constitue la parure d'un Etat.

Comme cependant je le voyais fatigué par son long récit et que je ne savais pas s'il admettait la contradiction — car je me souvenais qu'il avait blâmé ces gens qui redoutent de paraître peu avertis s'ils ne trouvent quelque chose à critiquer dans les idées d'autrui —, je me bornai à louer les lois des Utopiens et l'exposé qu'il nous en avait fait et, le prenant par le bras, je l'amenai dans la salle à manger. Je lui dis cependant que nous trouverions une autre occasion de réfléchir plus mûrement à ces problèmes et de nous en entretenir plus longuement.

Espérons que ce moment arrivera. Entre-temps, sans pouvoir donner mon adhésion à tout ce qu'a dit cet homme, très savant sans contredit et riche d'une particulière expérience des choses humaines, je reconnais bien volontiers qu'il y a dans la république utopienne bien des choses que je souhaiterais voir dans nos cités. Je le souhaite, plutôt que je ne l'espère.

---

terre est critiquée dans l'ouvrage avec une particulière âpreté. Le texte latin fut publié dans six villes d'Europe avant de l'être dans l'île. Il fut traduit en allemand, en français, en italien avant de l'être en anglais, sous Edouard VI, en 1552. Il valait mieux que Henry VIII ne le lût pas, ou, s'il le lisait, qu'il ne le prît pas au sérieux.

Fin du discours d'après-midi de Raphaël Hythlodée sur les lois et institutions de l'île d'Utopie, peu connue jusqu'à présent, par le très célèbre et très savant Thomas Morus, citoyen et vice-shérif de la cité de Londres.

NOTES

1. Cette lettre, qui date vraisemblablement d'octobre 1516, est beaucoup plus qu'une « préface » ; elle est une présentation de l'auteur et de son état d'esprit.

2. Il faut rappeler l'importance de la vie professionnelle de More, avocat et sous-shérif, mais aussi professeur à l'Ecole de droit de Lincoln's Inn et conseiller juridique en matière économique à Londres.

3. Au XVIᵉ siècle, l'escroquerie littéraire était fréquente. More, comme Erasme, est de ceux qui tiennent particulièrement à la paternité de leurs œuvres.

4. Au début du XVIᵉ siècle, la culture littéraire (ou scientifique) est très peu répandue : ainsi s'opposent le *lettré* et le *barbare*. Erasme, par ses *Antibarbari* et ses *Adages*, projetait de lutter contre l'inculture du public.

5. Le latin dit : *de optimo reipublicae*, qui serait plus exactement traduit par « la meilleure forme de communauté politique ».

6. Allusion, sans doute, à la mission à la fois politique et commerciale dont Thomas More fut chargé dans les Flandres.

7. Ce navigateur est le marin-philosophe qui, tel un pilote, va conduire la discussion qui suit.

8. Dans l'*Enéide*, 5833-61, Virgile fait de Palinure un marin peu attentif qui, s'étant endormi au gouvernail, tomba à la mer.

9. Dans l'*Odyssée*, Ulysse a été aussi jeté sur une île dont on ne sait pas le lieu. Il faut noter que, chez les humanistes de la Renaissance, la référence à Ulysse est fréquente.

10. Le latin dit : *inde pervenit in Caliquit*. Il ne s'agit pas de Calcutta, mais d'un port de la côte de Malabar, *Calicut* (où l'on fabriquait le tissu appelé *calicot*) ; cf. notre Introduction, p. 36.

11. C'est ici que commence ce qu'Erasme a considéré comme le Livre I de *L'Utopie*, rédigé, on le sait, sur ses instances.

12. Les techniques et leurs progrès ont toujours intéressé Thomas More.

13. C'est ici la définition même de la liberté individuelle que More, comme Erasme, entend avant tout sauvegarder — projet évidemment inconciliable avec les perspectives communistes ou socialistes que certains interprètes ont cru percevoir dans *L'Utopie*.

14. Le latin dit : *Res publica*. Le mot *Etat* a une connotation trop moderne.

15. Les deux formules sont tirées des fables d'Esope.

16. Il ne faut pas refuser le progrès au nom de la tradition.

17. Au cours de cette conversation à la table du cardinal Morton, la critique d'une justice sans équité — souvenir probable d'Aristote — est, sous le couvert d'un exercice oratoire fait par un juriste, la critique du régime en vigueur dans l'Angleterre du moment que les lignes suivantes décrivent sans aménité.

18. L'expression traduit le terme grec *Morosophos* forgé par Lucien de Samosate et traduit par Erasme « demi-sage-demi-fou ».

19. La critique des mercenaires, assimilés à des bêtes, est véhémente ; elle apparaît à plusieurs reprises également dans le Livre II.

20. Allusion aux *enclosures* qui ont détruit, dans l'Angleterre du début du XVIe siècle, les anciens droits de vaine pâture sur les terres communes.

21. Ici commence le procès de l'argent.

22. La traduction affaiblit le texte de More s'écriant : « Chassez ces " funestes fléaux " » *(perniciosas pestes)*.

23. Les pages qui suivent et se rapportent au problème des délits et des peines peuvent avoir été extraites par More de l'un de ses cours de droit pénal.

24. La maxime *Summum jus, summa injuria* est, à l'évidence, présente à l'esprit de More, hostile, de surcroît, au principe classique de la *restitutio juris*, principe formel et rigoureux, mais dépourvu d'humanité.

25. Manlius Torquatus, consul en 340 av. J.-C., fut aussi inhumain que le dictateur Manlius Imperiosus son père : il alla jusqu'à requérir la mort pour son propre fils qui avait combattu l'ennemi sans en avoir reçu l'ordre.

26. Après la critique, voici la partie positive de l'exposé sur les peines.

27. C'est la condition des ouvriers qui va maintenant être envisagée.

28. Saint Paul, *Epître aux Ephésiens*, 4.26.

29. Ici se termine le repas à la table du cardinal Morton.

30. Platon, *République*, V, 473 d.

31. Bien sûr, ces « ouvrages » sont ceux de Platon, mais aussi d'Aristote, de Plutarque, de Thucydide... qui sont dans les bibliothèques des Utopiens.

32. More ironise sur le thème machiavélien de la sécurité et de la pérennité du prince.

33. Le peuple des Macariens est le peuple d'une mini-utopie : celle des Bienheureux (*Matthieu*, 5.3).

34. Le texte latin parle ici de *Philosophia scolastica*, désignant une pensée d'école tout opposée aux critères pratiques de l'action politique.

35. Il faut se souvenir ici que Raphaël Hythlodée est le marin-philosophe dont le rôle est de piloter le navire de la pensée et, corrélativement, le navire de la *Res publica*.

36. L'humanisme chrétien de Thomas More trouve ici, comme à plusieurs reprises dans le Livre II, une justification explicite.

37. Allusion à la règle de plomb des architectes de Lesbos qui symbolise la souplesse en matière de justice. Tandis qu'Aristote évoque la règle lesbienne pour vanter les mérites de l'équité sur une justice raide et stricte, More voit ici en elle des accommodements trop souples avec la loi.

38. Cette phrase ne résume-t-elle pas la meilleure Constitution telle que la décrivaient les Livres VII et VIII de *La Politique* d'Aristote ?

39. Les objections adressées ici à la communauté absolue des biens sont celles d'Aristote (*Pol.* 1260 b, 1266 a) que Thomas d'Aquin a commentées (*Commentaire d'Aristote, Politique*, L. II, 1-7).

40. Comme dans les dialogues de Platon — cf. *Le Banquet* —, les protagonistes partagent leurs repas et leurs loisirs.

41. L'image de la navigation se poursuit ; sa force symbolique se concentre dans cette phrase. Il appartient à More-Hythlodée de montrer aux hommes de la dystopie, malades de déshumanisation, la voie de la véritable *humanitas*.

42. Le texte latin précise : les « affaires communes » (*de rebus insulae communibus*).

43. Les utopies auraient donc une économie planifiée.

44. Il s'agit du Sénat confédéral de l'Ile.

45. Utopus est, dit A. Prévost (*op. cit.*) le « héros légendaire », le « Moïse des utopies ».

46. Par son étymologie, le syphogrante est « le sage d'âge mûr ».

47. Le philarque est le chef de tribu.

48. Les tranibores sont, d'après la note marginale du manuscrit, des sortes de « préfets de première classe ».

49. Il faut noter ici l'importance de l'idée de *nature* qui, désormais, sera essentielle tout au long du Livre II.

50. Une note marginale du manuscrit précise : les nobles « dory-phores ».

51. Ce souci de la vie intérieure qui apparaît dans la conception même de la Constitution d'Utopie est primordial. La liberté *(animi libertas)* est un accomplissement spirituel : voilà nettement exprimé le souci humaniste et spiritualiste de More.

52. On retrouve ici le souci démographique dont témoignait déjà Aristote pour sa Cité idéale.

53. Le droit de la colonisation a donc pour principe l'inaptitude des indigènes à exploiter leur terre. Il y a chez More une espèce d'intuition physiocratique.

54. Soulignons ici l'importance de la législation utopienne qui, même dans les colonies de peuplement, doit s'imposer et, par conséquent, refuser l'amalgame institutionnel avec des traditions locales.

55. Le recours à l'idée de *droit naturel* — dont More a pu trouver le modèle chez Aristote et chez Cicéron mais aussi dans le droit romain — est discret, mais important.

56. L'idée de *res nullius* est également empruntée au droit romain.

57. Selon More, l'orgueil, plus encore que l'avidité, est, de toutes les passions qui ravagent la nature humaine, la plus dangereuse.

58. Le latin emploie le mot *famuli* qui signifie « domestiques » plutôt qu'« esclaves ».

59. Le souci moral de More est tout à fait congruent avec ses préoccupations humanistes. Il est significatif que les institutions et les lois de la cité aient pour office non seulement de réglementer la vie quotidienne en ses aspects pratiques, mais également de protéger l'humanité en ce qu'elle a de plus noble. On voit en cela le lien serré de la morale et du droit.

60. On évoque évidemment ici les sissyties de l'antique Sparte.

61. La *Nature* est ici encore invoquée pour laisser entendre la gravité de la dépravation produite par la richesse. On retrouvera la même idée chez Locke et chez Rousseau.

62. Les Anémoliens sont « légers comme le vent », c'est-à-dire essentiellement vaniteux.

63. Ces pages qui exposent la morale des Utopiens contrastent par leur ton spéculatif avec les descriptions colorées et concrètes de la vie quotidienne en Utopie. Elles rendent particulièrement claire l'alliance, chère à Thomas More, de la morale antique et de la morale chrétienne.

64. Il s'agit de l'épicurisme.

65. Religion et philosophie doivent se porter un mutuel appui.

66. L'eudémonisme vers lequel se tournent les Utopiens parle en faveur de l'humanisme chrétien de More. La *felicitas* s'y double de la vertu, donc du souci du Souverain Bien.

67. Il s'agit de la thèse stoïcienne.

68. La nature de l'homme est celle voulue de Dieu; c'est pourquoi tout ce qui la corrompt est répréhensible.

69. *Humanitas*.

70. Les contrats et les lois auxquels souscrit implicitement tout citoyen dans la Cité engagent la responsabilité de chacun en matière morale et non seulement juridique.

71. Le mot *pietas* a une connotation religieuse : il désigne un devoir sacré.
Le latin dit : *His inoffensis legibus tuum curare commodum, prudentia est; publicum praeterea, pietatis*. Nous préférons la traduction d'A. Prévost : « Assurer son propre avantage sans violer les lois est sagesse; travailler en outre au bien public, c'est remplir un devoir sacré. »

72. C'est la nature même des choses qui est importante pour les Utopiens. On reconnaît, ici, le réalisme ontologique qui est la référence constante de la pensée de More.

73. More distingue nettement l'hédonisme et l'eudémonisme.

74. Cette remarque n'est pas seulement une transition littéraire dans le discours de More. Elle souligne la supériorité de tout ce qui touche aux plaisirs spirituels.

75. L'imprimerie est, en 1516, de date récente. Il faut voir en cette mention tout l'intérêt qu'attache More au progrès technique.

76. Une fois encore, More insiste sur l'importance de la législation pour contribuer à la rectitude de la vie morale. Droit et morale, politique et éthique vont de pair.

77. La monogamie est conforme selon More à la loi naturelle. La loi civile d'Utopie est donc en parfait accord avec la loi fondamentale de nature. Les thèses cicéroniennes du *De Republica* et du *De Legibus* peuvent avoir été présentes à l'esprit de More.

78. L'allusion à la débauche qui s'étend en Europe et qui contraste avec la sagesse d'Utopie est évidente.

79. Le Code doit être réduit au maximum parce qu'il a surtout valeur indicative et éducative. Les réminiscences augustiniennes de ce bref passage acheminent More vers les thèses de l'humanisme chrétien qu'il partage avec son ami Erasme.

80. Hythlodée en a décrit les effets pervers dans le Livre I. L'opposition utopie-dystopie demeure donc constante.

81. Les échanges de magistrats et la collaboration entre Etats signifient que, selon More, la bonne politique doit passer les frontières, surmonter les particularismes nationaux et s'ouvrir à l'idéal humaniste de l'*humanitas*. Il y a, dira bientôt Montaigne, un patron universel de l'humaine nature.

82. La *loi naturelle* est plus profonde et plus vraie que toutes les lois positives.

83. Allusion fort probable à la célèbre formule de François Ier : « Tel est notre bon plaisir. »

84. More insiste de nouveau sur la priorité de la *loi naturelle* par rapport à tous les textes du droit écrit.

85. La *guerre* est un des thèmes fréquemment abordé par les humanistes renaissants (Erasme, Machiavel, Rabelais, A. Paré, plus tard, Vittoria, G. Postel... par exemple, ont traité de cette question redoutable). Mais on ne peut oublier tout l'héritage médiéval et, tout particulièrement la célèbre théorie de la *juste guerre* présentée par saint Thomas.

86. La guerre ne peut avoir lieu que si le droit a été violé, que si une *in-juria* a été commise. Grotius, un siècle plus tard, reprendra ce thème dans le *De jure belli ac pacis*.

87. Le respect des trêves, déjà mentionné par Cicéron (*De Off.*, L. III, 29) et par saint Thomas (*Somme théol.* 2,2 ae, Q.40, a.3) s'inscrit dans la question plus générale de l'*humanitas*.

88. La *religion* apparaît à Thomas More comme nécessaire à l'équilibre interne d'une société, parce qu'elle répond au besoin de spiritualité des hommes. La question lui tenant particulièrement à cœur, il insiste avec un grand luxe de détails sur l'organisation de la religion et de ses pratiques.

TABLE DES MATIÈRES

More n'a pas divisé son livre en chapitres. Les éditions ultérieures en ont marqué arbitrairement, qui ne concordent pas avec le texte. Les indications ci-dessous sont destinées simplement à faciliter une recherche dans un ouvrage dont la composition est loin d'être rigoureuse.

N.B. Le premier chiffre renvoie à l'édition Marie Delcourt; le second, en *italiques*, renvoie aux pages de cette édition.

PUBLICATIONS NOUVELLES

Vous trouverez chez votre libraire le catalogue complet des livres de poche GF-Flammarion et Champs-Flammarion.

GF – TEXTE INTÉGRAL – GF

96/10/55253-X-1996 – Impr. MAURY Eurolivres SA, 45300 Manchecourt.
N° d'édition FG046007. – Janvier 1987. – Printed in France.